现代职业教育体系培育教材

C语言程序设计与Keil C

丁向荣　陈丁惠　周伟勋
钟培力　罗德宇　姚柱坚　编著

王　浩　主审

广东高等教育出版社
Guangdong Higher Education Press
·广州·

内容简介

C 语言是目前最为基础、最为流行的程序设计语言，更是电子信息类专业最为重要的程序设计语言，具有简洁、紧凑、灵活、实用、高效、可移植性好等优点。C 语言的数据类型丰富、可直接面向机器，既可用来编写系统程序，又可用来编写应用程序。单片机的 C 语言编程已成为单片机应用的必然趋势，本书新增了 C51 应用编程，着重介绍了 C 语言在 8051 单片机应用编程新增的数据类型、中断函数以及开发工具，体现了 C 语言程序设计的应用特性。

本书结合高职、中职等职业教育类学生的认知规律与认知特点，采用以项目为导向、任务为驱动的教学模式组织教材内容，循序渐进，共分为基础编、进阶编与 C51 应用编，合 13 个项目共 42 个任务。

本书既具有电子信息类专业应用方向的特色，又保留了 C 语言程序设计教材通用性的本色。项目一至项目十为基本内容，项目十一至项目十三为选讲内容；电子类专业选讲项目十二至项目十三，非电子类专业选讲项目十一。本教材既可作为高职、中职理工科专业 C 语言程序设计的教材，也可作为成人教育以及在职人员的培训教材、自学读物。

图书在版编目（CIP）数据

C 语言程序设计与 Keil C/丁向荣等编著 . —广州：广东高等教育出版社，2013. 9
ISBN 978 - 7 - 5361 - 4935 - 9

Ⅰ. ①C…　Ⅱ. ①丁…　Ⅲ. ①C 语言 - 程序设计　②单片微型计算机 - 程序设计
Ⅳ. ①TP312　②TP368. 1

中国版本图书馆 CIP 数据核字（2013）第 173408 号

广东高等教育出版社出版发行
地址：广州市天河区林和西横路
邮政编码：510500　电话：(020) 87553735
http://www.gdgjs.com.cn
广州市穗彩彩印厂印刷
787 毫米 × 1092 毫米　16 开本　20.75 印张　479 千字
2013 年 9 月第 1 版　　2013 年 9 月第 1 次印刷
印数：1 ~ 1500 册
定价：43.00 元

前　言

为推动我省职业教育课程改革和教材开发，推进中高职衔接的工作进程，加快我省现代职业教育体系的建设，广东省教育研究院组织、评审，确定了35门课程教材作为广东省第一批现代职业教育体系建设培育教材，《C语言程序设计与Keil C》教材就是其中之一。

C语言是目前最为基础、最为流行的程序设计语言，更是电子信息类学生最为重要的程序设计语言，具有简洁、紧凑、灵活、实用、高效、可移植性好等优点。C语言的数据类型丰富、可直接面向机器，既可用来编写系统程序，又可用来编写应用程序。单片机的C语言编程已成为单片机应用的必然趋势，本书新增了C51应用编程，着重介绍了C语言在8051单片机应用编程新增的数据类型、中断函数以及开发工具，体现了C语言程序设计的具体应用，为后续单片机、嵌入式系统的学习与应用奠定基础。

本书结合高职、中职等职业教育类学生的认知规律与认知特点，采用以项目为导向、任务为驱动的教学模式组织教材内容，循序渐进，共分为基础编、进阶编与C51应用编，共13个项目。基础编包括课程导引（C语言的特点与发展历程、C语言程序设计的开发工具）、基本数据类型、运算符与表达式、函数、顺序与选择结构程序设计、循环结构程序设计、数组；进阶编包括指针、构造数据类型、编译预处理、文件；C51应用编包括Keil C集成开发环境、C51应用编程。

本书既具有电子信息类专业应用方向的特色，又保留了C语言程序设计教材通用性的本色。项目一至项目十为基本内容，项目十一至项目十三为选讲内容；电子类专业选讲项目十二至项目十三，非电子类专业选讲项目十一。

C语言程序设计方面的教材有很多，相比其他教材，本书具有如下特色：

（1）新增C51应用编，体现了C语言程序设计具体的应用特性，增加C语言程序设计课程与后续课程的连贯性。

（2）采用以项目为导向、任务为驱动的教学模式组织教材内容，符合高职、中职等职业教育类学生的认知规律与认知特点，体现工学结合的职业教育教学特色。

（3）可以作为三二中高职衔接教学的C语言程序设计教材，中职教育阶段学习基础编，高职教育阶段学习进阶编和C51应用编。

本书配有电子课件，以方便教学与读者自学使用。

本书既可作为高职、中职理工科专业C语言程序设计的教材，也可作为成人教育以及在职人员的培训教材、自学读物。

本书由广东轻工职业技术学院丁向荣负责统筹、规划，并组织编写团队（广东轻工职业技术学院：丁向荣、周伟勋、罗德宇，广州市信息工程职业学校：陈丁惠、钟培力、姚柱坚）研讨与开发本教材。丁向荣具体编写项目一、项目九、项目十二与项目十三，周伟勋编写项目二、项目三与项目八，罗德宇编写项目四，钟培力编写项目七与项目十一，陈丁惠编写项目五与项目十，姚柱坚编写项目六。感谢广东轻工职业技术学院王浩教授在百忙之中给予教材的指导和审阅！感谢广东省教育研究院与广东高等教育出版社在教材的研讨、编写与出版等方面给予的指导与帮助！

限于作者水平有限，书中难免存在不当之处，恳请广大读者批评指正！任何批评、交流与建议，请发至 dingxiangrong65@ 163. com，不胜感谢！

作　者

2013 年 6 月于广州

目　录

基　础　编

进　阶　编

C51 应 用 编

附录

JICHUBIAN

基 础 编

项目一　课程导引

课程导引是C语言学习的重要的准备过程，一是了解C语言的作用、特点与发展历史，二是从宏观上掌握C语言源程序的组成结构，三是掌握C语言应用编程的开发过程与C语言开发工具（包括程序的编辑、编译、连接与运行）。

知识点

◇ 计算机指令与程序的概念
◇ 机器语言、汇编语言与高级语言
◇ C语言的特点与C语言源程序的组成结构
◇ C语言源程序的处理过程

技能点

◇ C语言源程序的编辑
◇ C语言源程序的编译与连接
◇ C语言程序的运行

任务1　C语言的发展与主要特点

任务说明

本任务主要让学生了解C语言的作用、特点与发展历程。

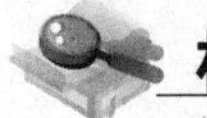

相关知识

一个完整的计算机是由硬件和软件两部分组成的，缺一不可。看得到、摸得着的实体部分是计算机的硬件部分，计算机硬件只有在软件的指挥下才能发挥其效能。计算机采取“存储程序”的工作方式，即事先把程序加载到计算机的存储器中，当启动运行后，计算机便自动地按照程序进行工作。

1. 指令与程序

计算机在人们眼中是“万能”的，能自动完成各种各样的工作。但究其本质，计算机只能完成一些简单的操作，计算机的每一次操作都是根据人们事先指定的指令进行的，通过简单操作的不同组合以及快速运行，计算机就能按照人们的意志完成各种各样的工作。但计算机确实是最伟大的电子产品。

指令是规定计算机完成特定任务的命令，微处理器就是根据指令指挥与控制计算机各部分协调地工作。

程序是指令的集合，是解决某个具体任务的一组指令。在用计算机完成某个工作任务之前，人们必须事先将计算方法和步骤编制成由逐条指令组成的程序，并预先将它以二进制代码（机器代码）的形式存放在程序存储器中。

2. 编程语言

编程语言分为机器语言、汇编语言和高级语言。

机器语言是用二进制代码表示的，是机器能直接识别的语言，因此机器语言程序又称为目标程序。早期的计算机编程就是用二进制代码进行编程的，但机器语言与人们习惯的语言差别太大，难学、难写、难记忆、难阅读、难修改、难推广，当时只有极少数计算机专业人员会使用机器语言编程。

汇编语言是用英文助记符来描述指令的，如用 ADD 表示“加”，SUB 表示“减”等，记忆、阅读、书写方面远胜于机器语言，但计算机并不能直接识别与执行汇编语言指令，需要用一种称为汇编程序的软件，将汇编语言指令转换为机器语言指令代码，才可被计算机识别与执行。助记符指令与机器代码指令有一一对应的关系，与机器语言指令一样，直接面向机器操作，依赖于具体机器，机器语言与汇编语言都称为计算机的低级语言。

高级语言是一种接近于人们习惯使用的自然语言与数学语言的编程语言。20 世纪 50 年代开发出了第一种计算机高级语言——FORTRAN 语言。数十年来，全世界涌现了 2 500种以上高级语言，每种高级语言都有其特定的用途，影响最大的有 FORTRAN 语言和 ALGOL（适合数值计算）、BASIC/QBASIC（适合初学者的小型会话语言）、COBOL（适合商业管理）、PROLOG（人工智能语言）、C 语言（系统描述语言）、C++ 语言（支持面向对象程序设计的大型语言）、Visual Basic（支持面向对象程序设计的语言）等。

高级语言经历了如下几个不同的发展阶段：

（1）非结构化语言：初期的高级语言都属于非结构化设计语言，编程风格比较随意，只要符合语法规则即可，程序中的流程可随意跳转，使程序变得难以阅读与维护。早期的 BASIC、FORTRAN 等都属于非结构化设计语言。

（2）结构化语言：规定程序必须由顺序结构、选择（分支）结构、循环结构等基本模块构成，程序中流程不允许随意跳转，程序总是由上而下顺序执行各个基本模块。这种程序结构具有结构清晰，易于编写、阅读和维护的特点。QBASIC、FORTRAN 77 和 C 语言都属于结构化程序设计语言。

（3）面向对象的语言：非结构化语言、结构化语言都属于基于工作过程语言，编写程序时需要具体指定每一个过程的细节，适用于编写较小规模的程序。在实践应用的发展中，人们又提出了面向对象的程序设计方法。程序面对的不是过程的细节，而是一个个对象，对象是由数据以及对数据进行的操作组成。C++ 、C#、Java 等语言是支持面向对象程序设计的语言。

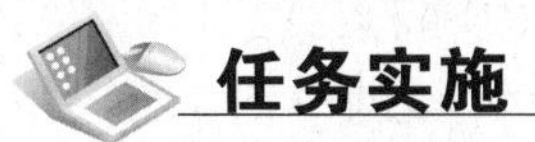

任务实施

C 语言是目前国际广泛使用的高级语言。

一、C 语言的发展历程

C 语言的祖先是 BCPL 语言。BCPL 语言如何演化为 C 语言以及 C 语言的发展历程见表 1－1。

表 1－1　C 语言发展历程表

时间/年	C 语言发展概况
1967	英国剑桥大学的 Martin Riehards 提出了 BCPL（Basic Combined Programming Language）语言
1970	美国 AT&T 贝尔实验室的 Ken Thompson 以 BCPL 语言为基础，设计出了很简单且很接近硬件的 B 语言。但 B 语言过于简单，功能有限
1972—1973	美国 AT&T 贝尔实验室的 D. M. Ritchie 在 B 语言基础上设计出了 C 语言。C 语言既保持了 BCPL 和 B 语言的优点（精炼，接近硬件），又克服了它们的缺点（过于简单，无数据类型）。开发 C 语言的目的是尽可能地降低编程对硬件平台的依赖性，使之具有移植性。C 语言的特点主要体现在具有多种数据类型（如字符、数值、数组、指针等）上
1973	最初的 C 语言是为描述和实现 UNIX 操作系统而提供的一种工作语言，Ken Thompson 和 D. M. Ritchie 合作把 UNIX 的 90% 以上用 C 语言改写。随着 UNIX 的日益广泛使用，C 语言迅速得到推广
1978	Brain W. Kernighan 和 Dennis M. Ritchie 合著了影响深远的名著 *The C Programming Language*，这本书介绍的 C 语言实际成为第一个 C 语言标准。1978 年以后，C 语言先后移植到大、中、小和微型计算机上，C 语言很快风靡全世界，成为世界上应用最广泛的程序设计语言
1983	美国国家标准协会（ANSI）根据 C 语言问世以来各种版本对 C 语言的发展和扩充，制定了第一个 C 语言标准草案（′83 ANSI C）
1989	美国国家标准协会（ANSI）公布了一个完整的 C 语言标准——ANSI X3. 159－1989（常称之为 ANSI C 或 C89）
1990	国际标准化组织 ISO 接收 C89 作为国际标准 ISO/IEC 9899：1990（简称 C90），它和 ANSI 的 C89 基本上是相同的
1995—1999	1995 年，ISO 对 C90 做了一些修订，1999 年又对 C 语言标准进行修订，在基本保留原来 C 语言特性的基础上，针对应用的需要，增加了一些功能，尤其是C++ 中的一些功能，命名为 ISO/IEC 9899：1999，2001 年与 2004 年先后进行了 2 次技术修正。ISO/IEC 9899：1999 及其技术修正被称为 C99 标准

二、C 语言的特点

C 语言既可以编写系统软件，又可以编写应用软件，主要具有以下特点：

（1）语言简洁、紧凑，使用方便、灵活。只有 37 个关键字、9 种控制语句，程序书写形式自由，一行中可书写多条语句，一个语句可分散在多行。

说明：虽然 C 语言书写形式自由，但为了便于阅读、维护，建议在学习与应用编程中养成良好的书写习惯。

（2）运算符丰富。有 34 种运算符，把括号、赋值、强制类型转换等都作为运算符处理，表达式类型多样化。

（3）数据类型丰富。包括：整型、浮点型、字符型、数组类型、指针类型、结构体类型、共用体类型等，C99 又扩充了复数浮点类型、超长整型（long long）、布尔类型（bool）。

（4）模块化结构。具有结构化的控制语句如 if - else 语句、while 语句、do - while 语句、switch - case 语句、for 语句等，用函数作为程序的基本模块单位，便于实现程序的模块化。

（5）语法限制不太严格，程序设计自由度大。如对数组下标越界不做检查，对变量的类型使用比较灵活，因此，不能完全依赖编译查错，程序员更要养成严谨的工作习惯，仔细检查，确保自己的程序正确。

（6）允许直接访问物理地址，能进行位操作，可以直接对硬件进行操作。C 语言具有高级语言的功能和低级语言的许多功能，这种双重性，使它既是成功的系统描述语言，又是通用的程序设计语言。

（7）用 C 语言编写的程序可移植性好。C 语言的编译系统简洁，很容易移植到新系统，在新系统上运行时，可直接编译“标准链接库”中的大部分功能，不需要修改源代码。几乎所有计算机系统都可以使用 C 语言。

（8）生成目标代码质量高，程序执行效率高。

C 语言既可以编写系统软件，又可以编写应用软件。许多以前只能用汇编语言处理的问题，现在都可以改为 C 语言来编程了。如各种单片机、嵌入式系统应用编程都采用 C 语言编程了，C51 编所介绍的就是专门针对 8051 单片机的 C 语言编程知识。

任务拓展

通过查阅书籍、网络资源，了解 C 语言的应用情况，撰写一篇“C 语言应用综述”的论文，要求字数不少于 1000 字，格式规范。

习　题

1. 什么是指令？什么是程序？

2. 计算机编程语言有哪几种？能直接被计算机识别与执行的计算机语言是什么？高级语言有什么特点？

3. C 语言是什么语言演变、发展过来的？C 语言最早诞生在哪一年？

4. C89 与 C99 分别在哪一年制定的标准，由什么机构制定的？

5. C 语言的双重性指的是什么？为什么说 C 语言既可以编写系统软件，又可以编写应用软件？

6. 说明面向过程编程与面向对象编程的概念。C 与C++ 有什么不同？

任务 2　C 程序的基本结构

任务说明

本任务从宏观上掌握一个 C 语言源程序的组成结构，让学生能够更加理性地感受到学习 C 语言是要做什么以及如何做？

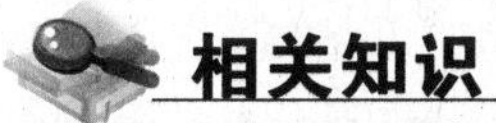

相关知识

1. C 语言程序结构形式

```
#include <stdio.h>                    //包含命令
#define PI 3.1415                     //宏定义
int time;                             //全局变量定义
float fun_1(int a, int b);            //函数声明
/*———自定义函数 1 ————*/
float fun_1(int a, int b)             //函数首部
{                                     //函数体
  声明部分
  执行部分
}
  ⋮
/*———自定义函数 n ————*/
int fun_2 (int x, int y)              //函数首部
{                                     //函数体
  声明部分
  执行部分
}
/*———主函数————*/
void main (void)                      //函数首部
{                                     //函数体
  声明部分
  执行部分
}
```

2．C 程序结构说明

（1）一个 C 程序包括 3 大部分：预编译命令、全局声明和函数定义。

（2）预编译命令包括文件包含命令（#include）、宏定义与宏定义的撤销（#define、#undef）和条件编译（#if、#else、#endif）。

（3）全局声明包括变量声明和函数声明，全部变量声明是指在函数之外进行变量声明，即在函数外定义的变量为全局变量，反之在函数内部定义的变量称为局部变量；当一个函数调用另一个函数时，被调用函数必须先声明，被调用函数的声明既可以在调用函数中声明，也可以调用函数的前面进行声明，在函数外部声明时，一般放在预编译命令之后，函数定义之前处声明。

（4）函数是 C 语言程序的基本单位，一个 C 语言程序可包含多个不同功能的函数，但一个 C 语言程序中只能有一个且必须有一个名为 main（）的主函数。主函数的位置可在其他功能函数的前面、之间或最后。当功能函数位于主函数的后面位置时，在主函数调用时，必须"先声明"。

C 语言程序总是从 main（）主函数开始执行。主函数可通过直接书写语句或调用功能子函数来完成任务。功能子函数可以是 C 语言本身提供的库函数，也可以是用户自己编写的函数。

（5）注释：注释不是 C 程序所必须有的，只是为了便于阅读而设置。有两种注释方式。

1）以//开始的单行注释，这种注释可以单独占一行，也可以出现在一行中其他内容的右侧。

2）以/＊开始、以＊/结束的块式注释，这种注释可以包含多行内容。编译系统会将一个/＊开始符与下一个＊/结束符之间的内容作为注释。

3．函数结构

一个函数包括两部分：函数首部与函数体。

（1）函数首部。函数首部即为函数的第一行，包括函数类型、函数名、函数参数类型、函数参数名。

（2）函数体。函数体是指函数首部下方花括号内的部分，又分为声明部分和执行部分。

1）声明部分包括定义在本函数中所用到的变量和对本函数所调用函数的声明。

2）执行部分由若干个语句组成，指定在函数中所进行的操作。

4．库函数与自定义函数

库函数是针对一些经常使用的算法，经前人开发、归纳、整理形成的通用功能子函数。ANSI C 提供了 100 多个标准库函数，不同的 C 编译系统除提供标准库函数外，还提供一些专门的应用函数，如 Keil C 则包含了针对 8051 单片机应用编程的库函数。

自定义函数是用户自己根据需要而编写的子函数。

任务实施

一、"输入三角形三条边，求面积" C 语言源程序（EX1－2－1. C）

```
#include < stdio. h >
```

```
#include <math.h>
float fun_area(int x, int y, int z)                    //定义求"已知三角形三条边求面积"的子函数
{
float s, temp;
s = (x + y + z)/2;
temp = sqrt(s * (s - x) * (s - y) * (s - z));
return(temp);
}
void main(void)
{
int a, b, c;
float area;
scanf("%d, %d, %d", &a, &b, &c);          //从键盘输入三角形的三条边
area =  fun_area(a, b , c);               //调用"已知三角形三条边求面积"的子函数
printf("area = %f\n", area);              //输出三角形的面积
}
```

二、程序分析

（1）程序首部有2条包含语句，包含了 stdio. h 和 math. h 两个头文件，因为主函数调用了 scanf（）、printf（）输入/输出函数，在 stdio. h 头文件中；自定义函数 fun_area（）调用了 sqrt（）求平方函数，在 math. h 头文件中。

（2）包含一个主函数 main（）和一个子函数 fun_area（），主函数调用了 fun_area（）子函数，fun_area（）子函数位于主函数之前定义，符合“先定义、后使用”的函数调用原则。

任务拓展

函数是C程序的基本组成单位，一个C程序就是由一个主函数和若干个子函数组成的。善于调用库函数程序是C语言程序员的基本技能和必须技能，请查询资料或调研，用表格的形式归纳、总结常用库函数的名称、格式、功能以及所在的头文件。

习　　题

1. 一个C语言程序由哪几部分组成？

2. C语言程序的基本组成单位是什么？

3. 一个C语言程序是否可以没有主函数或有2个以上主函数？一个C语言程序执行时，从哪开始运行？

4. 何为库函数？

任务3　C语言集成开发环境的使用

任务说明

学习C语言是应用C语言编写程序，完成指定的功能。但C语言编写的程序不能直接被计算机识别与执行，必须转换为机器代码（二进制代码），程序才能被计算机识别与执行。

本任务是学习如何应用C语言集成开发环境来处理C语言源程序，包括程序的编辑、编译、连接与运行，C语言集成开发环境是学习C语言和应用C语言的必会工具。

在本任务中，C语言集成开发环境是采用Visual C++ 6.0编译系统。

相关知识

C语言程序是不能直接被计算机识别和执行的，必须经编译程序把C语言源程序翻译成二进制形式的目标程序，然后再将该程序与系统的函数库以及其他目标程序连接起来，形成可执行的目标程序。其工作过程如图1-3-1所示。

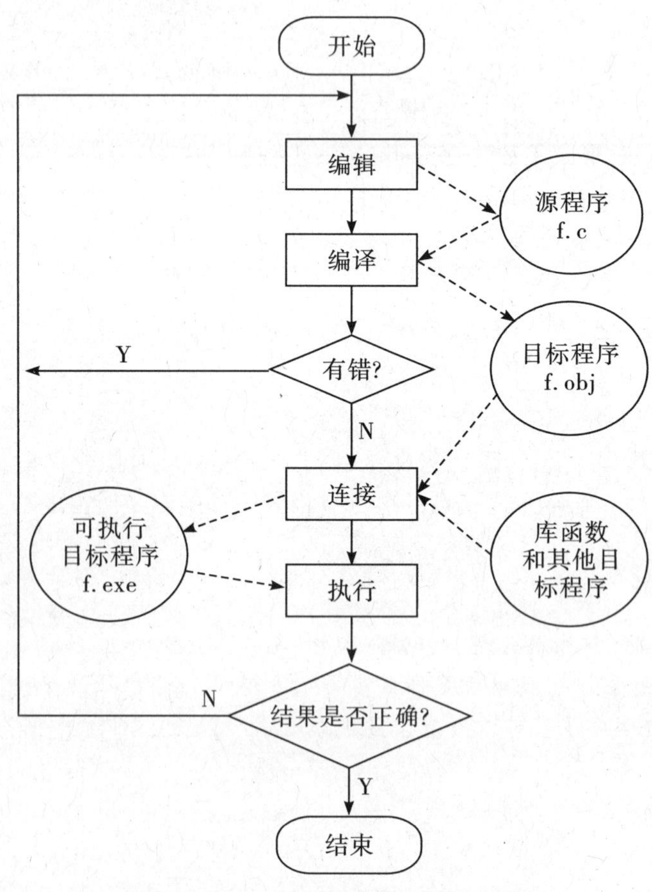

图1-3-1　C语言程序处理的工作过程

C 语言源程序的处理是通过 C 语言编译系统来完成的，早期用 Turbo C、Turbo C++ 3.0，现在多数采用 Visual C++ 6.0 编译系统，Visual C++ 6.0 既可以对C++ 程序进行编译，也可对 C 程序进行编译。

任务实施

一、安装 Visual C++ 6.0 与运行 Visual C++ 6.0 集成开发环境

Visual C++ 6.0 有中文版和英文版，两者使用方法相同。为便于尽快入门，本书采用中文版。Visual C++ 6.0 有绿色版、企业版、完整版等不同的版本，对初学者来说安装一个绿色版即可。

根据用户的方便，选择一个版本按提示进行安装。安装后，点击运行 Visual C++ 6.0 集成开发环境。屏幕上出现 Visual C++ 6.0 的主界面，如图 1－3－2 所示。

图 1－3－2　Visual C++ 6.0 的主界面

Visual C++ 6.0 主界面的顶部是菜单栏，左侧是项目工作区窗口，右侧是程序编辑窗口。

二、输入和编辑 C 语言源程序

1. 新建一个 C 语言源程序

(1) 在 Visual C++ 6.0 主界面菜单栏中选择“文件 (File)”，然后选择“新建 (New)”选项，屏幕上出现一个新建对话框，如图 1－3－3 所示。

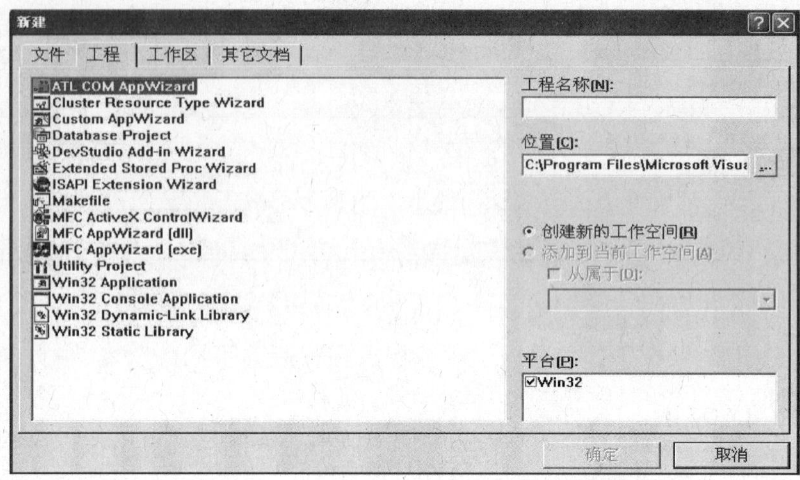

图 1－3－3　Visual C++ 6.0 的新建选项界面

（2）点击新建对话框“文件”选项，选择下拉菜单中的“C++ Source File”项，表示要建立新的C++（兼容 C）源程序文件，然后在对话框的右半部分目录（Location）文本框中输入要编辑程序的存储路径（如 H：/C 程序），在其上方的文件（File）文本框中输入准备编辑的源程序的文件名（如 EX1－2－1. C），设置后对话框如图 1－3－4 所示。

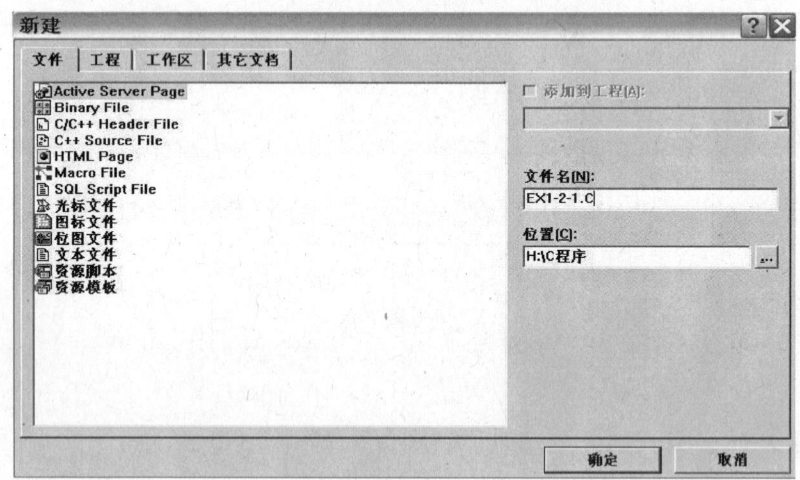

图 1－3－4　C 语言源程序的存储路径与文件名的设置

（3）单击“确定”按钮后，回到 Visual C++ 6.0 主界面，并弹出 EX1－2－1. C 源程序的编辑框，在此框就可以输入与编辑 EX1－2－1. C 源程序，如图 1－3－5 所示。

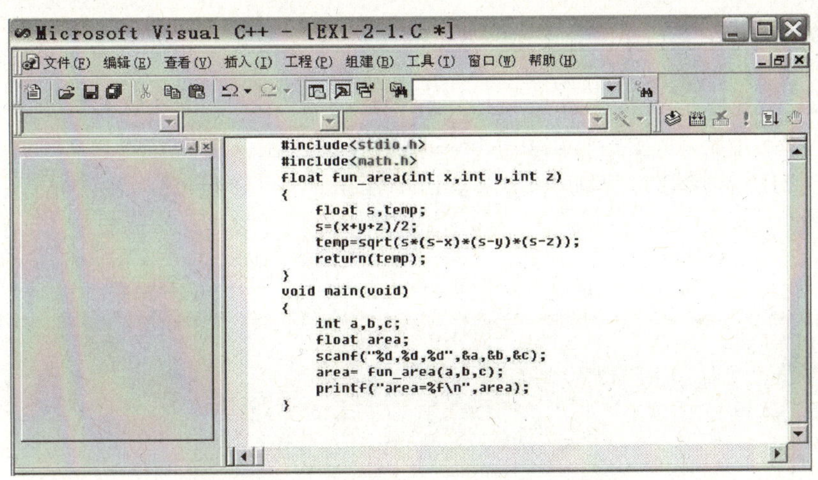

图 1-3-5　EX1-2-1. C 源程序的编辑框

（4）经检查无误后，在主菜单栏中选择“保存（Save）”选项，编辑程序即保存在指定路径（H：\C 程序）的 EX1-2-1. C 文件中。

三、程序的编译

单击主菜单栏的“组建（Build）”，在其下拉菜单中选择“编译［EX1-2-1. C］”选项，EX1-2-1. C 就是刚刚建立、保存的文件。

单击编译命令后，屏幕中弹出一个对话框，提示“This build command requires an active project workspace. World you like to creat a default project workspace?（此编译命令要求一个有效的项目工作区，你是否同意建立一个默认的项目工作区?）”，如图 1-3-6 所示。单击“是（Y）”按钮，表示同意由系统建立默认的项目工作区，然后开始编译。

图 1-3-6　创建项目工作区对话框

编译系统会自动检查程序有无语法错误，然后在主窗口下部的调试信息窗输出编译信息，如有错，则会指出错误的位置与错误性质，提示程序员改正错误；若无错，则提示“0 错误信息”，生成“EX1-2-1. OBJ”目标文件，如图 1-3-7 所示。

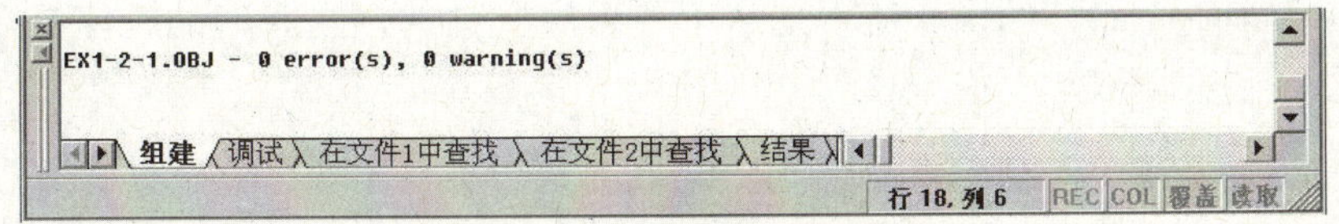

图 1-3-7　编译输出信息窗口

四、程序的连接

后缀为OBJ的目标文件还不能直接运行，还必须把程序和系统的资源（如库文件）建立连接。单击主菜单栏的“组建（Build）”，在其下拉菜单中选择“组建［EX1－2－1. exe］”项，执行连接后，在调试输出窗口中输出连接时的信息，如没错误，则生成一个可执行文件“EX1－2－1. exe”，如图1－3－8所示。

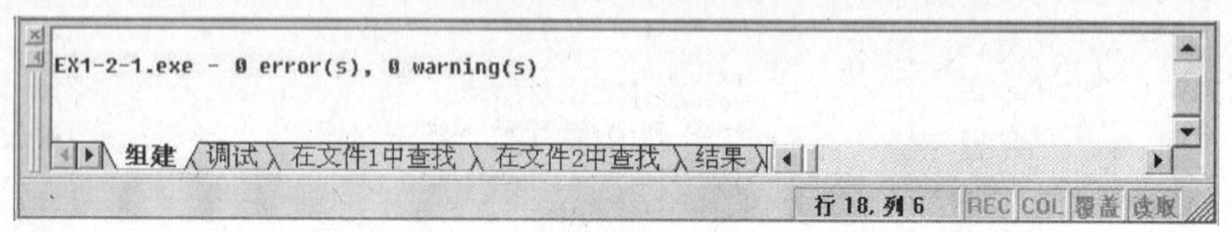

图1－3－8　连接输出信息窗口

说明：程序的编译与连接也可选择主菜单“组建（Build）”中的“组建（Build）”功能项一次完成程序的编译与连接，也可通过热键（F7）一次完成程序的编译与连接。

五、程序的执行

得到EX1－2－1. exe文件后，就可以直接执行了。选择主菜单“组建（Build）”中的“！执行（Build）［EX1－2－1. exe］”选项，执行用户程序，如图1－3－9所示。

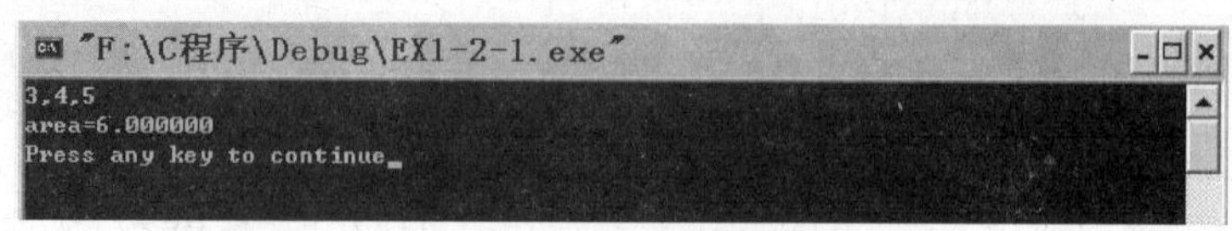

图1－3－9　程序运行窗口

（1）执行scanf语句，从键盘上分别输入a，b，c值，即3，4，5↙。

（2）执行printf语句，输出“area＝”字符和area变量值，即area＝6. 000000。

（3）最后一行“Press any key to continue”并非程序指定输出，而是Visual C++ 6. 0在输出结果后由系统自动加上的一行信息，告知用户“按任何键继续”。当按下任何键时，输出窗口消失，回到Visual C++ 6. 0的主窗口。

说明：通过热键“Ctrl＋F5”，可一次完成程序的编译、连接与执行。

任务拓展

上述Visual C++ 6. 0的操作流程是基于单程序文件的，当我们的程序是单程序文件时，建议采用上述操作方法。

如果一个程序包含多个源程序文件时，需要采用项目管理方法进行程序的编辑、编译、连接与运行。

一、示例程序

将 EX1 -2 -1. C 程序分解成两个源程序文件 EX1 -3 -1. C 和 EX1 -3 -2. C。

EX1 -3 -1. C:

```
#include <stdio.h>
#include <math.h>
void main(void)
{
    float fun_area(int x, int y, int z) ;          //函数声明
    int a, b, c;
    float area;
    scanf("%d, %d, %d", &a, &b, &c);               //从键盘输入三角形的三条边
    area = fun_area(a, b , c);                     //调用“已知三角形三条边求面积”的子函数
    printf("area = %f\n", area);                   //输出三角形的面积
}
```

EX1 -3 -2. C:

```
#include <math.h>
float fun_area(int x, int y, int z)                //定义求“已知三角形三条边求面积”的子函数
{
    float s, temp;
    s = (x + y + z)/2;
    temp = sqrt(s * (s - x) * (s - y) * (s - z));
    return(temp);
}
```

二、操作步骤

1. 创建项目工作区与项目文件

(1) 创建项目工作区。

在 Visual C++ 6.0 主界面菜单栏中选择“文件（File)”，然后选择“新建（New)”选项，在弹出的新建对话框中选择“工作区（Workspace)”选项，在右部工作空间名称文本框中输入自己指定的工作区名称（如 SL)；在位置文本框中输入指定的文件目录（如 F\C 程序)，或点击查找按钮选择指定的文件目录，如图 1 -3 -10 所示。单击“确定”按钮，则完成项目工作区的创建工作。

(2) 创建项目文件。

在新建对话框中，选择“工程（Project)”选项，在对话框左侧列表中选择“Win32 Console Application”选项，在对话框右侧工程名称文本框中输入用户指定的项目名称（如 project_1)，并选中“Add to current workspace”选项，此时位置栏的内容自动变换为 F：\C 程序 \SL \projects_1，表明已确认项目文件 project_1 放在项目工作区 SL 中，如图 1 -3 -11 所示。

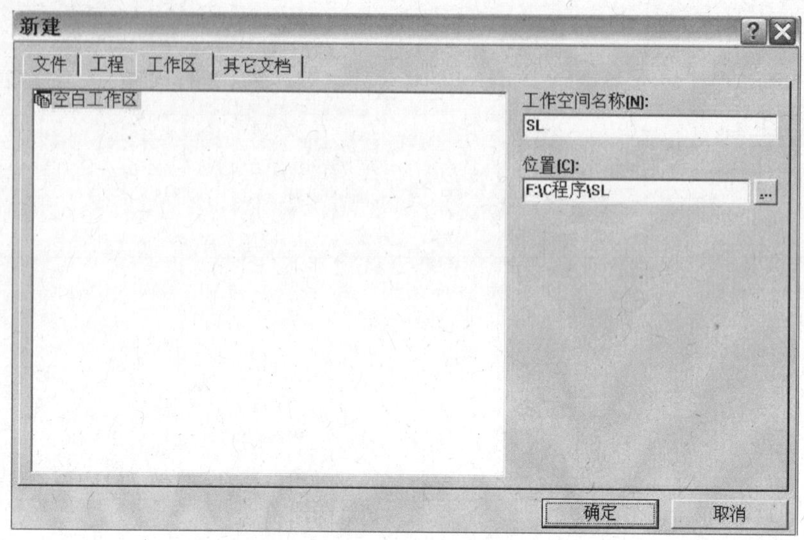

图 1-3-10　项目工作区创建窗口

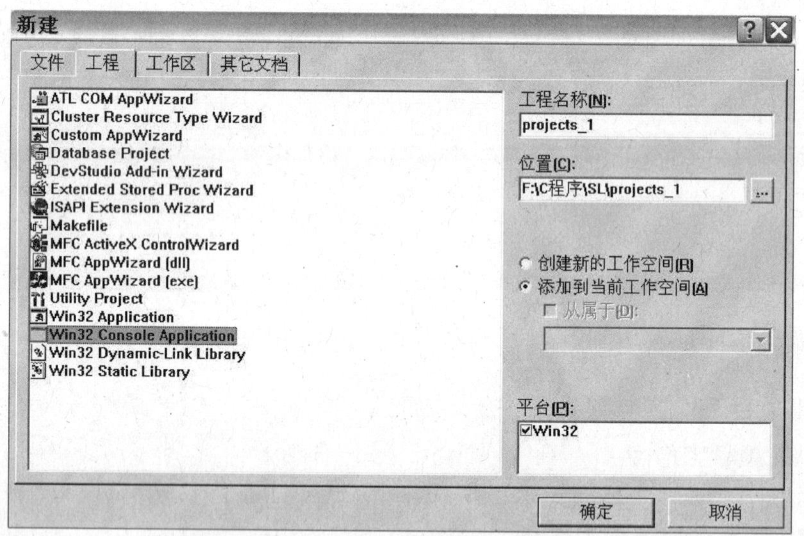

图 1-3-11　项目文件创建窗口

单击“确认”按钮，屏幕弹出一个询问创建什么类型的控制平台程序，如图 1-3-12 所示。选择“一个空工程［E］”选项，并单击“完成”按钮，屏幕弹出新建工程信息提示框，显示刚才建立项目的相关信息，如图 1-3-13 所示。

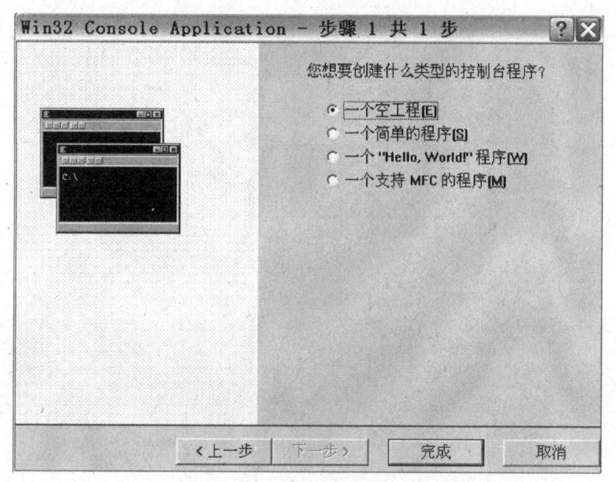

图 1-3-12　选择控制平台程序的类型

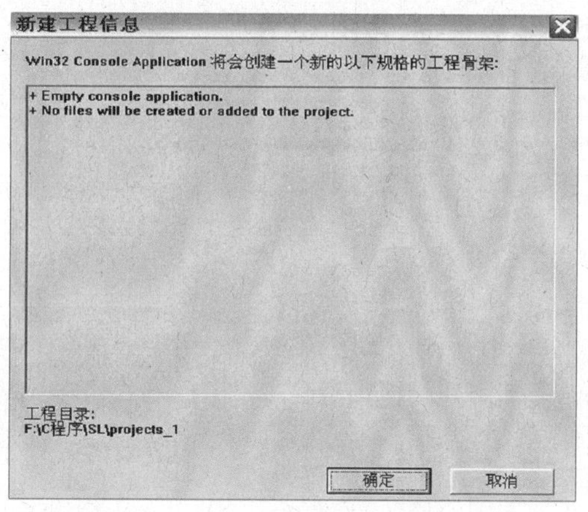

图 1-3-13　新建工程信息提示框

单击“完成”按钮，屏幕回到 Visual C++ 6.0 主界面，观察可以发现左边窗口出现一个工作区窗口，并显示工作区的相关信息，如项目文件名，如图 1-3-14 所示。

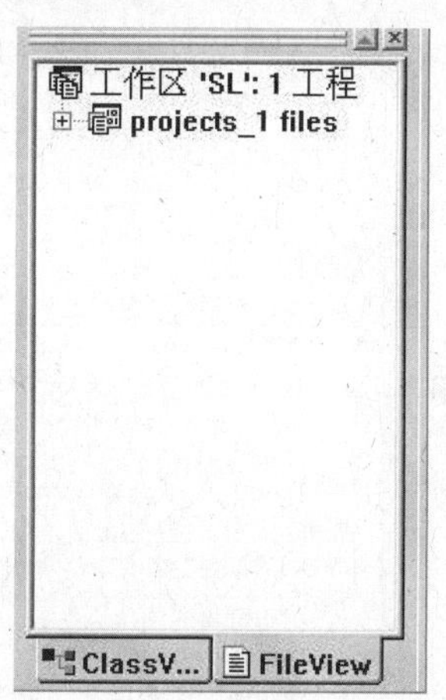

图 1-3-14　项目工作区窗口

（3）创建 C 源程序文件与添加到项目文件中。

利用单程序文件的方法新建 EX1-3-1.C 和 EX1-3-2.C 源程序文件，并在新建文件的对话框中选中“添加到工程”选项，如图 1-3-15 所示。

若需要将已知的 C 语言源文件添加到项目中，方法是：在 Visual C++ 6.0 主界面选择“工程”下拉菜单，并选择“添加到工程”选项，如图 1-3-16 所示。

单击“文件”选项，屏幕弹出添加文件对话框，找到要添加的文件（如 EX1-3-1.C，EX1-3-2.C），单击“确定”就完成添加文件工作，并回到 Visual C++ 6.0 主界面，展开项目工作区的项目文件夹就能看到添加的文件，如图 1-3-17 所示。

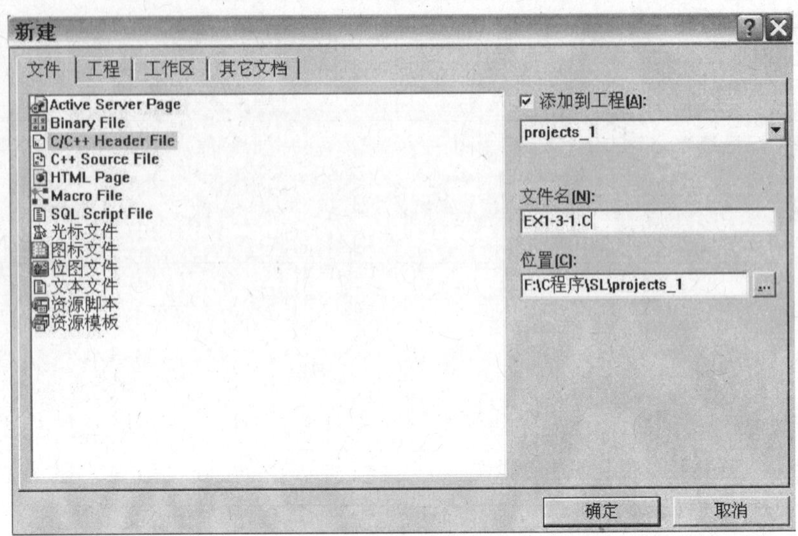

图 1－3－15　创建 C 源程序文件与添加到项目文件中

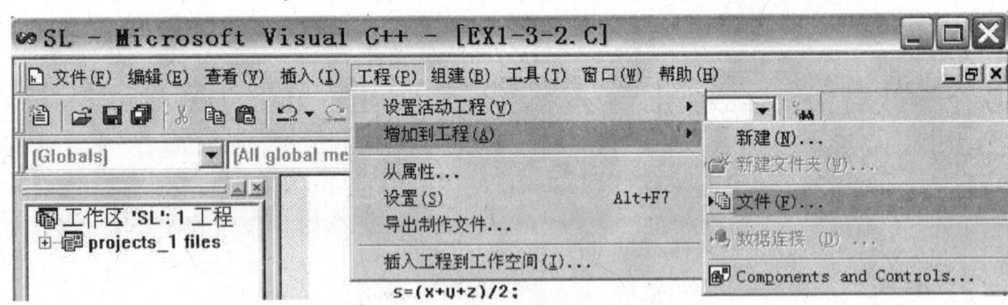

图 1－3－16　给项目添加文件

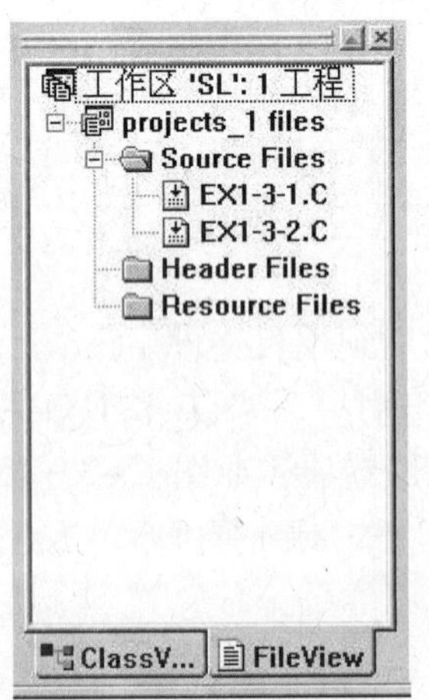

图 1－3－17　查看添加文件

（4）编译与连接项目文件。

在 Visual C++ 6.0 主界面选择组建下拉菜单，单击“组建［project_1. exe］”选项，系统对整个项目文件进行编译与连接，如图 1－3－18 所示。完成后，在窗口下部会显示编译和连接信息。如果程序有错，会显示出错信息；如果无误，会生成可执行文件“project_1. exe”。

图 1－3－18　编译项目文件

（5）程序的执行。

程序的执行同单程序文件的执行是一致的。

习　题

1. Visual C++ 6.0 编译系统除能处理 C 语言源程序文件以外，还能处理什么文件？
2. Visual C++ 6.0 编译系统包含哪些功能？说明其操作流程。
3. Visual C++ 6.0 编译系统处理过程中的编译、连接功能指的是什么？
4. 什么是项目工作区？如何创建？
5. 什么是项目文件？如何创建？
6. 如何处理单程序文件？
7. 如何处理多程序文件？

项目二　基本数据类型

数据是C程序加工、处理的对象，例如对数据进行输入输出，对数据进行算术运算，比较它们的大小等。在这些程序处理的数据中，有些值是在程序运行中不能改变的，有些值是在程序运行过程中可以改变，不是固定的。究竟在C语言中，存在哪些数据类型？

C语言能处理、加工的主要数据类型如图2-1所示。

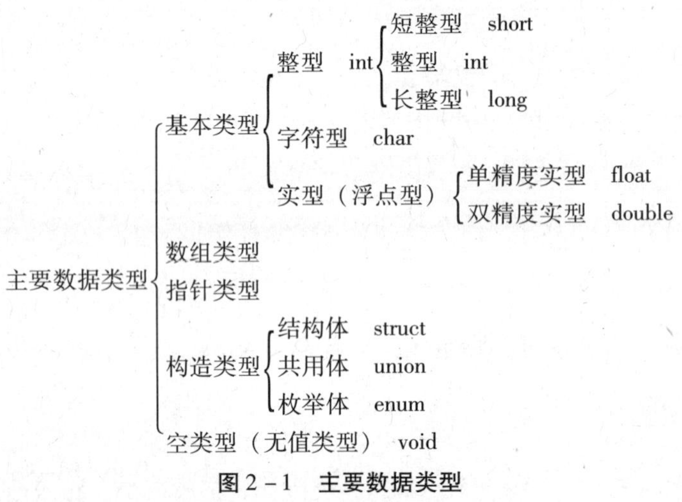

图2-1　主要数据类型

在项目二，我们主要学习C语言的基本数据类型。

知识点

◇ 常量与变量的区别
◇ 常量的类型
◇ 变量的数据类型和存储种类
◇ 局部变量和全局变量
◇ 作用域和生存期

技能点

◇ 转义字符、符号常量的应用
◇ 变量的定义及使用

任务1　常量及其类型

任务说明

在C语言程序中，我们对数据进行操作，要注意区分一些固定的值和可变的值。有些数据的值是不能改变的，这些不能改变的固定值称之为常量。在本任务中，我们将学习常量的类型及其在程序中的应用。

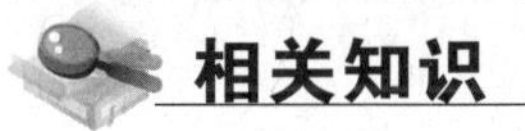

相关知识

一、标识符和关键字

在学习常量和变量之前，让我们先来了解C语言中的标识符和关键字。

在C语言中，我们把用来标识对象（包括常量、变量、函数、数组、类型等）名字的有效字符系列称为标识符，常量、变量、函数名称等都是标识符。简单地说，标识符就是一个对象的名字。标识符的名称可以由用户来决定，但是也需要遵循如下规则：

（1）标识符由字母（A～Z，a～z）、数字（0～9）、下划线“_”组成，并且首字符不能是数字，但可以是字母或者下划线。例如，正确的标识符：abc、a1、progto；不正确的标识符：Student's、263. com、$ 123。

（2）不能把C语言关键字作为标识符，例如：if 、define、for、while 等。关键字是C语言中的保留字，通常已有各自的用途（如函数名）（C语言中的关键字可参考附录二）。

（3）标识符长度不是无限的，而是由机器上的编译系统决定的，过去的C系统一般限制为8字符，现在使用的C编译系统都允许变量名的最大长度为32个字符甚至更多。（注：8字符长度限制是C89标准，C99标准已经扩充长度，大部分工业标准都更长）。

（4）标识符对大小写敏感，即严格区分大小写，如Zhang和zhang是两个不同的标识符。一般的，变量名用小写，符号常量命名用大写。

（5）标识符命名应做到简单易记、见名知意，例如：length（表示长度）、sum（表示求和）、pi（表示圆周率）等。

二、常量的类型

在程序运行过程中有众多的数据类型，不同类型数据的存储方式是不一样的。C语言中使用的常量可按不同的类型分类，如图2－1－1所示。

常量
- 数值常量
  - 整型常量
  - 实型常量
- 字符常量
- 字符串常量
- 符号常量

图 2－1－1　常量的类型

我们结合以下 C 语言程序来认识以上不同类型的常量。

例 2－1－1：输出不同类型的常量数据。

```
#include <stdio.h>
void main()                              //主函数
{
  printf("+125 \n");                     //输出+125 并换行
  printf("-50 \n");                      //输出-50 并换行
  printf("a \n");                        //输出字母 a 并换行
  printf("Hello \n");                    //输出 Hello 并换行
}
```

输出结果如下：

```
+125
-50
a
Hello
```

1．数值常量

数值常量通常表示是数字，就像数字可以分为整型、实型一样，数值常量也可以分为整型常量和实型常量。数字有正负之分，数值常量的值也有正负。

在例 2－1－1 中，+125 和 －50 都是整型常量，其中 +125 前面的“+”可以省略。除了这些常用的十进制形式外，整型常量还允许人们使用八进制形式和十六进制形式表示，对于初学者来说，用得不多，这里暂不做介绍。

实型常量在计算机语言中常称为浮点数（floating point number），它有两种表现形式。

（1）十进制小数形式。由数字和小数点组成（注意必须有小数点），如 12.3、0.0、0.5410、123.0 等，而 10、－50 在 C 语言中不属于实数，而是整数。

（2）指数形式。如 123e5 或 123E5 都代表 123×10 的 5 次方（注意字母 E 或 e 之前必须有数字，之后必须是整数），如 e3、2.1e3.5、e 等都不是合法的指数形式。

一个浮点数可以有多种指数表示形式，但在 C 语言系统进行输出时，是按规范化的指数形式输出的。例如，若指定将实数 5689.65 按指数形式（%e 格式）输出，输出的形式只能是 5.68965e+003，而不会是 0.568965e+004 或 56.8965e+002。

2．字符常量

C 语言的字符常量就是指单引号括起来的单个字符，例如在例 2－1－1 中的“a”就是字符常量。不仅英文字母可以作为字符常量，其他键盘上的字符都可以作为字符常量，如?、￥、@都是。注意，小写字母 a 和大写字母 A 是不同的字符常量。

在 C 语言中能在程序中使用的字符是有限的，附录一常用字符与 ASCII 代码对照表中 ASCII 代码为 32 ~ 126 所对应的字符可以在键盘中找到，可以在程序中直接表示出来。

除了能直接表示和在屏幕上显示的字符外，还有一些字符是不能显示的，用来作为输出信息时的控制符号（如换行、退格等）。这种字符称为转义字符，例如在例 2-1-1 中的"\n"，它是以反斜杠（\）开头，后面跟一个字符或者一个八进制或十六进制，表示将反斜杠"\"后面的字符转换成另外的意义。将常用的转义字符列举如下：

\n　换行符，将当前的输出位置跳到下一行开头。

\t　水平制表符，使输出的数据跳到下一个输出区（一行中一个输出区占 7 列）。

\b　退格符，将当前输出位置退回前一列处，即消除前一个已输出的字符。

\r　回车符，将当前的输出位置返回在本行开头。

\0　"空操作"字符，常用于字符串中，作为字符串的结束标志。

\ddd　1-3 位八进制数所代表的字符。

\xhh　1-2 位十六进制数所代表的字符。

3．字符串常量

在例 2-1-1 程序中，输出的"Hello"就是字符串常量，它是用双引号括起来的字符序列，其值就是双引号里面的字符串。所以字符串常量也可以定义为在一对双引号里的字符序列或转义字符序列，如：

```
printf("Hello \n"); //输出 Hello 并换行
```

在平时应用中，我们要注意区分字符常量和字符串常量。

'a'是字符常量，"a"是字符串常量，比较 "a" 和'a'的不同：

（1）书写形式不同：字符串常量用双引号，字符常量用单引号。

（2）存储空间不同：在内存中，字符常量只占用一个存储空间，而字符串存储时必须有占用一个存储空间的结束标记"\0"，所以'a'占用一个，而 "a" 占用两个。

（3）二者的操作功能也不相同。例如，可对字符常量进行加减运算，而字符串常量则不能。

4．符号常量

以上介绍了数值常量（如 12、12.1）、字符常量（如'a'）、字符串常量（如"Hello"），可以直接从字面形式判定它们是常量和哪一类常量。这种常量称为字面常量或直接常量。此外，当某个常量引用起来较复杂而又经常要被用到时，为了使用方便，可以用一个符号名来代表该常量，我们将该常量定义为符号常量。

（1）符号常量在使用前先定义，定义的格式为：

```
#define <符号常量名> <常量>
```

其中，<符号常量名>通常使用大写表示（变量名用小写，以示区别），<常量>可以是数值常量，也可以是字符常量。

（2）一般情况下，符号常量定义要放在主函数 main（）之前，如：

```
#define PI 3.14159    //表示用符号 PI 代替 3.14159
```

在编译前，系统会自动把程序里所有的 PI 都替换成 3.14159，也就是说在编译运行时系统中只有 3.14159，而没有符号 PI。

（3）符号常量只是符号，不是变量，不能被赋值，不能指定类型。

```
PI = 3.14159;    //错误，不能给符号常量赋值
double PI;    //错误，PI 不是变量，不能指定类型
```

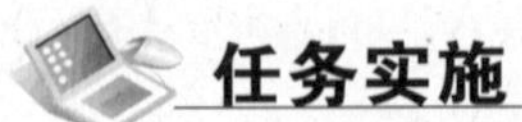

任务实施

1. 任务功能

已知圆的半径 r 为 3，求圆周长 c。要求用符号常量 PI 代表 3.14159。

2. 编程思路

首先定义符号常量 PI，在编程过程中，由于 3.14159 是实型数据，所以需定义 r 和 c 为实型变量，且 r 赋值为 3.0，根据圆周长公式 $c = 2 * PI * r$ 可输出结果。

3. 源程序 EX2 -1 -1.C

```
#define PI 3.14159                     //定义符号常量 PI 代表 3.14159
#include <stdio.h>                     //用输入输出函数时必须用 stdio.h 头文件
void main( )                           //主函数
{
  double r, c;                         //定义实型变量 r, c
  r = 3.0;
  c = 2 * PI * r;
  printf("圆周长 c = %f\n", c); //输出结果
}
```

4. 运行、调试

用 Visual C++ 6.0 对源程序进行编辑、编译与调试，运行结果为：

____。

如果将源程序中的“double r，c;”语句修改为“int r，c;”且“圆周长 c = %f”修改为“圆周长 c = %d”，则运行结果有什么不同？

任务拓展

已知圆柱体的半径 r 为 3，高 h 为 5，求圆柱体的体积 V。要求用符号常量 PI 代表 3.14159。

习 题

1. 以下选项中不能用作为C程序合法的标识符是（　　）。

A. a3_ bc　　B. int　　C. 3d　　D. _ a_

2. 以下转义字符表示将当前的输出位置跳到下一行开头的是（　　）。

A. \ n　　B. \ t　　C. \ b　　D. \ r

3. 判断：

(1)'a'是一个字符，一个字符型变量只能存放1个字符；"a"是一个字符串，它包括'a'和'\ 0'两个字符。(　　)

(2) 可对字符常量进行加减运算，而字符串常量则不能。(　　)

任务2　变量及其类型

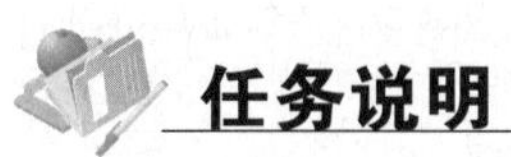

任务说明

在程序运行过程中，其值可以改变的量称之为变量。变量和常量是计算机语言中数据的两种基本表现形式。在本任务中，我们将介绍各类型变量在内存中的存储情况及其在程序中的定义及应用。

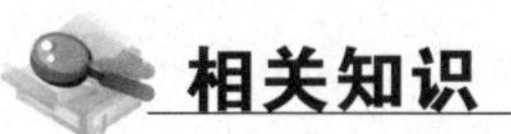

相关知识

一、区别变量名与变量值

变量的值是可以改变的，“EX2 -1 -1. C” 中的r、c都是变量（实型变量），可以在程序运行过程中给它们赋予新的值。它们的值是怎样改变的呢？在程序中定义变量时(double r, c;)，编译系统就会给它分配相应的存储地址以用来存储数据，变量名就是以一个容易记忆的名字代表一个存储单元的地址，或者说，变量名是该存储单元的符号地址。当程序中有一个赋值语句（r=3.0;）时，编译系统就根据变量名找到它对应的存储单元地址，并把值存放到该存储单元。

我们要区别变量名、变量地址、存储单元、变量值的相互关系，见图2-2-1。

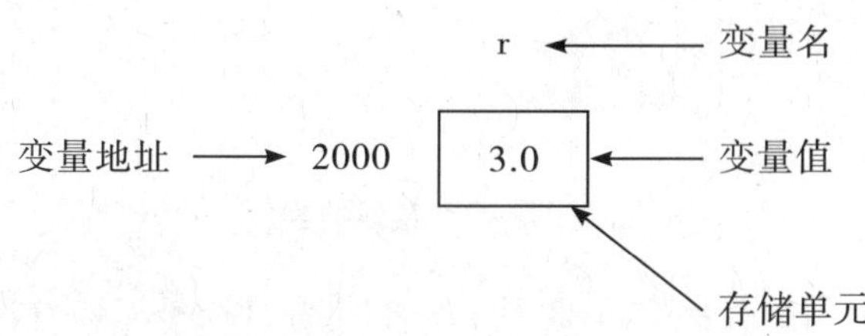

图2-2-1　变量名、变量地址、存储单元、变量值的相互关系

图2－2－1中变量名是r，变量地址是2000，变量值是3.0。提到变量，就想到它代表的是一个地址，通过地址可以找到对应的存储单元，并可以向该存储单元存放或取出数值。

二、变量的定义和取名规则

变量必须“先定义，后使用”。变量的定义语句形式如下，包括变量类型名和变量名两个部分：

变量类型名 变量名；

```
int student;                    //定义变量 student 为整型数据
int i, j, k;                    //定义了三个整型变量
int i, j, k=30;                 //定义了三个整型变量，并给 k 赋值为 10
```

在程序运行前，要对变量进行定义，这样编译器就能根据指定的变量类型为变量分配相应的存储单元，可以优化程序。如程序中指定变量 student 为 int 型，则在 Visual C++ 6.0 中，为 int 型变量 student 分配 4 个字节，并按整数方式存储数据。凡是没有事先定义的，系统不把它认作为变量名，这就能保证变量名使用的正确。例如在声明部分有以下的变量定义：

```
int student;                    //定义整型变量 student
```

而在执行赋值语句中将 student 错写成 stadant：

```
stadant=30;
```

在编译时检查出 stadant 未经定义，则系统输出“Undefined symbol stadant in function main”（在主函数中未有定义的符号 stadant），提醒用户程序出错。

变量名其实就是标识符，它的取名规则跟标识符一致，大小写代表不同的字符，变量名尽量做到见名知意，且在同一程序同一函数中不同变量不能取相同的变量名。

三、变量的类型

相比较于常量的类型，我们可以列出变量的类型分类如图2－2－2所示。

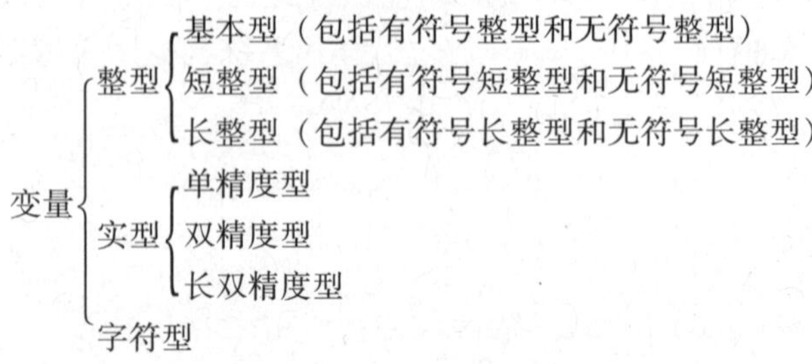

图2－2－2　变量的类型

不同类型的变量占用的存储空间是不一样的，在 Visual C++ 6.0 中的数据类型说明可以参考表2－2－1。

表 2-2-1　Visual C++ 6.0 中的数据类型

数据类型	类型说明符	长度（bit）	范　围
整型	int	32	-2147483648 ~ 2147483647
有符号整型	signed int	32	-2147483648 ~ 2147483647
无符号整型	unsigned（int）	32	0 ~ 4294967295
短整型	short（int）	16	-32768 ~ 32767
有符号短整型	signed short int	16	-32768 ~ 32767
无符号短整型	unsigned short（int）	16	0 ~ 65535
长整型	long（int）	32	-2147483648 ~ 2147483647
有符号长整型	signed long int	32	-2147483648 ~ 2147483647
无符号长整型	unsigned long（int）	32	0 ~ 4294967295
单精度型	float	32	有效位数 6 ~ 7
双精度型	double	64	有效位数 15 ~ 16
长双精度型	long double	128	有效位数 18 ~ 19
字符型	char	8	0 ~ 255

在设计程序中，应该根据数据本身的特点和变化范围来选择数据变量；在不同的 C 编译系统中编译时，同一类型的变量所分配的存储空间大小会有所不同，一般情况下这种差异不会影响 C 程序的通用性。（如整型变量 int，Visual C++ 分配 4 个字节，Turbo C 分配 2 个字节。）

例 2-2-1：整型变量的定义与使用。

```
#include <stdio.h>
void main ()
{
    int a, b;                          //定义整型变量 a, b
    unsigned sum;                      //定义无符号整型变量 sum
    a = 2;                             //给变量 a 赋值
    b = 3;                             //给变量 b 赋值
    sum = a + b;                       //将 a + b 的和赋给变量 sum
    printf( "a + b = %d \n", sum);     //输出变量 sum 的值
}
```

输出结果如下：

```
a + b = 5
```

通过以上程序可以看到不同种类的整型数据之间可以进行算术运算。

例2-2-2：浮点型数据的有效位数。

```
#include <stdio.h>
void main()
{
    float a, b;                          //定义浮点型变量a, b
    a = 123456789.10;                    //给a赋值
    b = a + 10;
    printf("b = %f\n", b);               //输出b的值
}
```

输出结果如下：

```
b = 123456802.000000
```

由表2-2-1可知，float型变量的有效位数是6~7位，后面的数字是无意义的，我们应当避免将一个很大的数和一个很小的数直接相加或相减，否则就会“丢失”小的数。

例2-2-3：字符变量的赋值与输出。

```
#include <stdio.h>
void main()
{
    char ch;                             //定义字符变量ch
    ch = 'a';                            //将字符赋给c1
    printf("字符变量ch的值为%c\n", ch); //输出字符变量ch
}
```

输出结果如下：

```
字符变量ch的值为a
```

任务实施

1. 任务功能

计算大写字母A的ASCII码并转换为小写输出。

2. 编程思路

通过查找ASCII代码表可以知道每一个小写字母比它相应的大写字母的ASCII码大32，可以通过算术运算实现大小写转换。另外，C语言也允许将字符数据赋给整型变量。

3. 源程序EX2-2-1.C

```
#include <stdio.h>
void main()
{
    char ch;                             //定义字符变量ch
```

```
    int value;                              //定义整型变量 value
    ch = 'A';                               //将大写字母赋值给变量 ch
    value = 'A';                            //将大写字母赋值给变量 value
    ch = ch + 32;                           //大小写转换
    printf("%d, %c\n", value, ch);          //输出结果
}
```

4. 运行、调试

用 Visual C++ 6.0 对源程序进行编辑、编译与调试，运行结果为：

____。

如果将源程序中的“printf（"%d,%c\n"，value，ch）;”语句修改为“printf（"%c,%d\n"，value，ch）;”，则运行结果有什么不同？

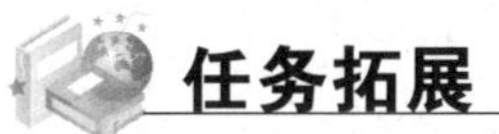

任务拓展

编写程序，将小写字母 b 转换为大写 B，并将字母 B 的 ASCII 码值 value 按字符型和整型数据输出。

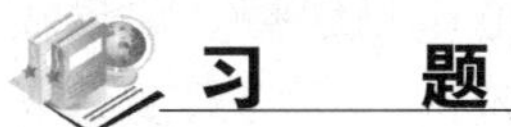

习　　题

1. 下面叙述中正确的是（　　）。

A. C 程序中的变量必须先定义后使用

B. C 程序中变量的命名规则可以不遵守标识符命名规则

C. 不同 C 编译系统对整形数据分配的存储空间是一样的

D. 字符常量可以包括多个字符

2. 整型变量 int，Visual C++ 分配（　　）个字节，Turbo C 分配（　　）个字节。

A. 1　　　B. 2　　　C. 3　　　D. 4

3. 判断：C 语言允许将字符数据赋给整型变量。(　　)

4. 判断：不同种类的整型数据之间可以进行算术运算。(　　)

任务 3　变量的存储种类

任务说明

每一个变量都有两个属性：数据类型和数据的存储类别。在定义变量时，除了需要定义数据类型外，在需要时还可以指定其存储类别。C 语言变量的存储类型有：auto（自动）型、static（静态）型、register（寄存器）型和 extern（外部）型四种。本任务将对变量的四种存储类型进行详细说明。

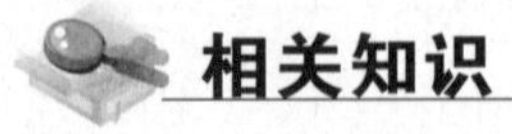

相关知识

一、局部变量和全局变量

在C程序中，根据变量的有效范围将其分为局部变量和全局变量，该有效范围即是变量的作用域。

1．局部变量

在函数和复合语句中定义的变量，只在本函数或复合语句范围内有效，它们称为内部变量或局部变量。如在主函数中定义的变量（m，n）只能在主函数中使用，在此函数以外是不能使用的。

2．全局变量

与局部变量不同，在函数之外定义的变量称为外部变量或全局变量。由于一个程序可以包含一个或若干个源程序文件，而一个源文件可以包含一个或若干个函数，所以全局变量可以为同一文件的所有函数共用，它的有效范围是从定义变量的位置开始到源文件结束。

在一个函数中既可以使用本函数的局部变量，也可以使用有效的全局变量。如果在同一个源文件中，外部变量与局部变量同名，则在局部变量的作用范围内，局部变量有效，外部变量是不起作用的。

全局变量的作用范围如图1-3-1所示：

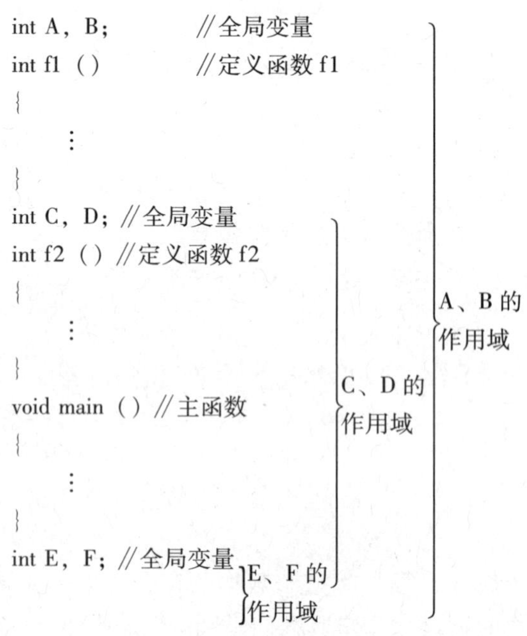

图1-3-1　全局变量的作用范围

其中，A、B、C、D、E、F都是全局变量，但它们的作用范围（作用域）是不一样的。由于同一源程序文件中的所有函数都能引用全局变量，因此如果在一个函数中对该全局变量进行赋值，则会影响到其他函数，即通过设置全局变量增加了函数间的数据联系。在C语言程序设计中，虽然无明确规定，但一些编程人员习惯将全局变量名的第一个字母用大写表示。

在实际使用过程中，建议在非必要时不使用全局变量，因为：

（1）全局变量在程序的全部执行过程中都占用存储单元，跟局部变量在用到时才分配存储空间不一样。

（2）全局变量使得函数的通用性降低。由于程序通常由多人设计的源文件组成，在将一个函数移到另一个文件中时，如果该外部变量与其他文件的变量同名时会出现冲突，降低了程序的可靠性和通用性。

（3）使用全局变量过多，会降低程序的清晰性，人们往往难以清楚地判断出每个瞬时各个外部变量的值。在各个函数执行时，都可能改变外部变量的值，程序容易出错。因此，要限制使用全局变量。

二、作用域和生存期

C程序运行时，所占用的内存空间分为三部分：程序代码区、静态存储区和动态存储区。程序运行时的数据分布存储在静态存储区和动态存储区，即变量值有两种存储方式：

（1）动态存储变量：在程序运行期间根据需要进行动态的分配存储空间。当程序运行调用其所在的函数时才被分配存储空间，在函数调用结束后，所占用的内存空间马上被释放，变量不再存在。

（2）静态存储变量：在程序运行期间分配固定的存储空间。在程序运行期间由系统在静态存储区分配存储空间的方式，在程序运行期间不释放。

即是说，从变量所占存储单元的时间（生存期）来划分，可以将变量分为静态存储变量和动态存储变量。而刚才我们所学的全局变量和局部变量，则是从变量起作用的范围（作用域）这个角度去划分的。全局变量采用的是静态存储方式，在程序开始执行时给全局变量分配存储区，程序执行过程中它们占据固定的存储单元，程序执行完毕后才释放空间。局部变量，则是在其所在的函数被调用时才开始分配动态存储区，函数执行完毕后马上释放空间。

三、变量的四种存储类型

变量的四种存储类型中，auto（自动）型、register（寄存器）型属于动态变量，static（静态）型、extern（外部）型属于静态变量。

1. auto（自动）变量

用auto类型定义的变量属于自动变量，auto变量只用于定义局部变量，存储在内存中动态存储区。定义形式为：

```
auto <数据类型> <变量名表>;
```

局部变量存储类型缺省时为 auto 型。

```
auto int a, b;                    //定义整型变量 a、b 为 auto 型自动变量
int c;                            //定义整型变量 c，缺省存储类型时为 auto 型
```

变量 a，b，c 都是自动变量。在调用函数 main 时，系统给它们分配空间，函数调用结束时释放空间。

2．static（静态）变量

static（静态）变量在静态存储区分配存储单元，在程序运行期间自始至终占用被分配的存储空间。当希望函数中的局部变量的值在函数调用结束后不消失，以便下次调用该函数时可直接引用该值，在这种情况下应该将该局部变量指定为 static 型。

定义形式为：

static <数据类型> <变量名表>;

引用静态局部变量时应注意以下几点：

（1）静态局部变量属于静态存储类型，在程序开始时就被分配固定的存储单元，在程序运行期间不释放。

（2）静态局部变量是在编译时赋初值的，以后每次调用函数时不再重新赋初值，而只引用上次函数调用结束时的值。

（3）静态局部变量如果没有赋初值，编译时自动赋 0 或空字符（对字符变量）。而自动变量如果不赋初值，则它的值是一个不确定的值。

（4）静态局部变量的作用域局限在定义它的本函数内，虽然在本函数调用结束后仍然存在，但却不能被其他函数调用。

（5）静态局部变量是静态存储，长期占用不释放会多占内存，降低程序可读性，多次调用时容易混淆当前值，若非必要，不建议多用静态局部变量。

3．register（寄存器）变量

register（寄存器）变量就是存放在寄存器中的变量。

在 C 程序运行过程中，变量的值一般是存放在内存中的。当要频繁使用某些变量，为了提高存取速度，可将这些变量存放在 CPU 寄存器（对寄存器的存取速度远高于对内存的存取速度）中，需要时直接从寄存器取出参与运算。其定义形式为：

register <数据类型> <变量名表>;

```
register int f;                   //定义 f 为寄存器变量
```

由于编译系统性能的提升，寄存器变量的定义基本上没有必要，因为系统能够不在编程人员的定义下自动识别运用频繁的变量，并将这些变量存入寄存器中。

4．extern（外部）变量

在任何函数之外定义的变量都是 extern（外部）变量。外部变量就是全局变量，全局变量是从作用域角度提出的；外部变量是从其存储方式提出的，表示它的生存存期。

若 extern 型变量的定义在后，使用在前，或者引用其他文件的 extern 型变量，这时

必须用 extern 对该变量进行外部说明。声明形式为：

extern ＜数据类型＞ ＜变量名表＞；

建议将外部变量的定义放在引用它的所有函数之前，这样可以避免在函数中多加一个 extern 声明。

在定义不同类型的变量时，除了需要定义数据类型外，在需要时还可以指定其存储类别。即在定义变量时，同时指定数据类型和存储类型两种属性，分别使用两个关键字。例如：

```
auto char a;                    //自动变量，在函数内定义
static int b;                   //静态内部整型变量或静态外部整型变量
register int c;                 //寄存器变量，在函数内定义
```

可以用 extern 声明已定义的外部变量，例如：

```
extern d;                       //声明，将已定义的外部变量的作用域扩展至此
```

例 1-3-1：输出 1-5 的阶乘值。

```
#include <stdio.h>
int fac(int n)                  //定义 fac 函数
{
  static int f=1;               //静态变量 f,会保留上次调用结束时的值
  f=f*n;                        //在上次的 f 值的基础上再乘以 n
  return (f);                   //返回 f 的值,即是返回 n! 的值
}

void main()                     //主函数
{
  int fac(int n);               //fac 函数声明,表明在 main 函数中要调用 fac 函数
  int i;
  for(i=1;i<=5;i++)             //用 for 语句先后 5 次调用 fac 函数
  printf("%d! =%d\n",i,fac(i)); //用 printf 输出语句计算并输出 i! 的值
}
```

输出结果如下：

```
1! =1
2! =2
3! =6
4! =24
5! =120
```

程序分析：函数从 main 函数开始运行，此时 fac 函数内的静态局部变量 f 已在静态存储区初始化为 1。当第一次调用 fac 时，f=1*1=1，return 语句将 1 带回主函数并输出“1! =1”，第一次调用结束时不释放 f，仍保留值 1；第二次调用 fac 函数时，f=1*2=

2（其中 1 仍是上次保留的结果），第二次调用结束时不释放 f，仍保留值为 2，以便下次调用时再用……

例 1－3－2：extern 型变量的定义及其外部说明。

```
#include <stdio.h>
extern int b = 8;                      //定义 extern 型变量 b, extern 可省略
void main()
{
  extern int a;                        //extern 型变量 a 的外部说明
  printf("a = %d, b = %d \n", a, b);
}
int a = 23;                            //定义 extern 型变量 a
```

运行结果为：

a = 23， b = 8

在 main 主函数中，我们引用 extern 型变量 a，因为 extern 型变量 a 的定义在 main 函数后面，所以在函数中多加了一个 extern 声明。

任务实施

1. 任务功能

设计加密程序，将要发送的数据“China”加密发送。加密原则：用原来字母后面第 3 个字母代替原来的字母。例如字母 A 用后面第 3 个字母 D 代替，即应将“China”加密成“Fklqd”再发送。

2. 编程思路

编程过程中先定义 5 个变量，然后将 C、h、i、n、a 分别赋值给变量，再对变量进行操作，然后输出加密数据“Fklqd”。

3. 源程序 EX2－3－1. C

```
#include <stdio.h>
void main()
{
  char c1 = 'C', c2 = 'h', c3 = 'i', c4 = 'n', c5 = 'a';  //定义字符变量
  c1 = c1 + 3;                                          //按照题意对各个字符变量进行运算
  c2 = c2 + 3;
  c3 = c3 + 3;
  c4 = c4 + 3;
  c5 = c5 + 3;
  printf("password is %c%c%c%c%c \n", c1, c2, c3, c4, c5);  //输出结果
}
```

4. 运行、调试

用 Visual C++ 6.0 对源程序进行编辑、编译与调试，运行结果为：

____。

如果将源程序中的“printf ("password is %c%c%c%c%c\n", c1, c2, c3, c4, c5);”语句修改为“printf ("password is %d%d%d%d%d\n", c1, c2, c3, c4, c5);”，则运行结果有什么不同？

任务拓展

设计加密程序，将要发送的数据“China”加密发送。加密原则：第一个字母用其后面第 1 个字母代替，第二个字母用其后面的第 2 个字母代替，以此类推，即将“China”加密成“Bjlrf”。

习　题

1. 变量的两个属性分别是（　　）和（　　）。

A. 数据类型　　B. 可变性　　C. 存储类别　　D. 见名知意

2. 通过语句“int a;”定义整型变量 a 时，缺省存储类型时为（　　）型。

A. static　　B. auto　　C. register　　D. extern

3. 判断：一般将外部变量的定义放在引用它的所有函数之前，这样可以避免在函数中多加一个 extern 声明。(　　)

4. 判断：C 程序运行时，所占用的内存空间分为三部分：程序代码区，静态存储区和动态存储区。(　　)

5. 已知边长为 $r=2.0$，编程求立方体的面积 s。

项目三　运算符与表达式

在编程过程中，经常要对数据进行运算，C 语言提供了完整的数据类型，用这些运算符以及允许的变量和数据可组成丰富多彩的表达式。

常用的运算包括赋值运算（a=1）、算术运算（a+b）、关系运算（a>b）、逻辑运算（a&&b）等。用来进行各种运算的符号就是运算符，其中“=”是赋值运算符，“+”是算术运算符，“>”是关系运算符，“&&”是逻辑运算符。而表达式是由运算符和运算对象组成的式子。由于运算符具有各自的优先级，一个表达式的计算顺序是由运算符的优先级和结合性来决定的，表达式中还可以通过“()”来改变它们原来的优先级。任何一个表达式经过计算之后都应有一个确定的值和类型，而表达式的值和类型是由运算符的种类和运算符对象的类型来决定的。

知识点

◇ 赋值运算与算术运算
◇ 关系运算、逻辑运算与位运算
◇ 长度运算、逗号运算与条件运算
◇ 运算优先级与数据混合运算

技能点

◇ 运算优先级和结合性
◇ 数据混合运算

任务1　赋值运算与算术运算

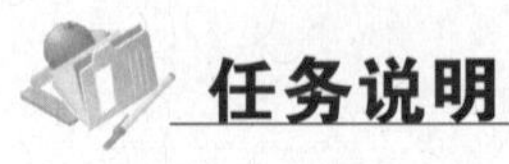

任务说明

赋值运算和算术运算在 C 语言中有大量的运用，对变量赋初值及对变量进行计算都涉及赋值运算与算术运算，在本任务中将学习这两种运算的详细应用。

相关知识

一、赋值运算符和复合的赋值运算符

赋值运算符“=”的作用是将一个数据赋给一个变量，是一个可以改变变量值的运算符。

赋值运算符可以和算术运算符结合构成复合的赋值运算符，采用复合的赋值运算符可以简化程序的书写，在C语言中，包括有10种复合赋值运算符：

+=（加法赋值）、-=（减法赋值）、*=（乘法赋值）、/=（除法赋值）、%=（换算赋值）、<<=（右移赋值）、>>=（左移赋值）、&=（位逻辑与赋值）、|=（位逻辑或赋值）、^=（位逻辑异或赋值）。

二、赋值表达式

用赋值运算符或复合的赋值运算符组成的表达式称为赋值表达式。

赋值表达式的格式为：

变量名=表达式

或

变量名 复合的赋值运算符 表达式

例如：

a=1，b=c+2

或

a+=2 等价于 a=a+2

a*=b-2 等价于 a=a*（b-2）

a%=b-2 等价于 a=a%（b-2）

赋值运算可连续进行，如a=b=c=0等价于a=（b=（c=0）），即先求c=0，再把0赋给b，b的值为0，最后再把0赋给a，a的值为0，整个表达式的值也为0。

三、算术运算符

当算术运算符和赋值运算符同时出现在一个表达式中时，算术运算符的优先级高于赋值运算符。如表3-1-1所示，列出了C语言中基本的算术运算符。

表3-1-1　基本算术运算符

运算符	名称	例子	功能	值
+	加法运算符	1+2	1和2相加	3
-	减法运算符	1-2	1减去2	-1
*	乘法运算符	1*2	1乘以2	2

续上表

运算符	名称	例子	功能	值
/	除法运算符	1/2	1除以2	0
%	模运算符	1%2	1除以2的余数	1

注意：C语言中，两个整数相除的结果为整数，如1/2=0，舍去小数部分；而用模运算符%求余数时要求两侧的分量必须为整型数据。

除了表中所列的基本算术运算符，还有自增、自减运算符：++、--。它们是C语言特有的用于变量递增、递减的特殊运算符，它们的操作对象只能是一个简单变量。

++i，--i（前缀方式，在调用i值前，先使i值加/减1）

i++，i--（后缀方式，在调用i值后，使i值加/减1）

例如：

```
int i =1;
printf ( "%d", ++i);
```

输出结果为2。若改为

```
printf ( "%d", i++);
```

输出结果为1。

四、算术表达式

算术表达式是用算术运算符和运算对象（也称操作数）组成的表达式。表达式的值是一个数值，其类型由所使用的具体运算符和运算对象（包括常量、变量、函数等）决定。算术表达式举例：

1+2 结果为：3

2*（9/3）结果为：6

算术运算表达式中，"( )"的优先级最高，"*、/、%"运算符的优先级高于"+、-"运算符，在优先级相同的情况下是左结合。

任务实施

1. 任务功能

分析下面程序的运行结果。

2. 任务提示

结合本任务赋值运算与算术运算相关知识进行分析。

3. 源程序 EX3-1-1.C

```
#include <stdio.h>
```

```
void main()
{
  int a, b, c;            //定义变量 a, b, c
  a = b = 1;              //变量 a, b 赋初值
  a + = b;                //运用复合赋值运算符 + =, 等价于 a = a + b
  b + = a;                //等价于 b = b + a
  c = a + b;              //将算术运算 a + b 的值赋给变量 c
  printf( "a = %d, b = %d, c = %d \n", a, b, c); //输出 a, b, c 的值
}
```

4. 运行、调试

过程分析：在本程序中要注意各种赋值操作的过程，如赋初值时 a = b = 1 等价于 a = ________；a + = b 等价于 a = ________，求得 a = ________；再将 a 的值代入 b = ______ 得 b = ________；最后用加法运算求出 c = ________。

用 Visual C++ 6.0 对源程序进行编辑、编译与调试，运行结果为：

____。

任务拓展

编写程序，定义变量 a，b 并赋初值 a = b = 2，输出 a% = b - 1 和 b + = b - = b * = b 的值。

习　　题

1. 判断：通过赋值运算符“ = ”可以将一个数据赋给一个变量。(　　)

2. a + =2 等价于 (　　)。

A. a + 2　　B. a + 2 = 2　　C. a = a + 2　　D. a + 2 =

3. a * = b - 2 等价于 (　　)。

A. a = a * (b - 2)　　B. a = a * b - 2　　C. a = * b - 2　　D. a = ab - 2

4. C 程序中，运算对象必须为整型数据的运算符是 (　　)。

A. + +　　B. %　　C. /　　D. *

5. 分析以下程序的运行结果。

```
#include <stdio.h>
void main()
{
    int a = 12, b = 34;
    printf("%d\ n%d\ n", a + +, + +b);
}
```

任务2　关系运算、逻辑运算与位运算

任务说明

在本任务中，我们将学习关系运算、逻辑运算与位运算在C语言中的应用。

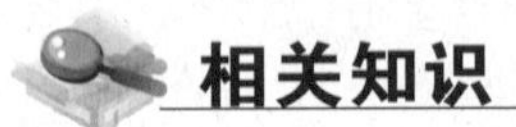

相关知识

一、关系运算符

关系运算符的“关系”即两个运算分量间的大小关系，C语言中提供了6个关系运算符：

＞，＜，＞＝，＜＝，＝＝，！＝

这些运算符用于判断两边操作数的大小关系。其中前4个的优先级高于后面2个的优先级；6个关系运算符都比算术运算符的优先级低，但又比赋值运算符的优先级高。其结合性是：自左向右。

注意：在C语言中“＝＝”和“＝”是两种完全不同的运算符，前者为关系运算符中的相等运算符，后者为赋值运算符。

二、关系表达式

用关系运算符把两个C语言表达式连接起来的式子称为关系表达式，其结果为逻辑型。如果比较后关系式成立，则称之为“真”（结果为非0），如果比较后关系式不成立，则称之为“假”（结果为0）。如：

假设有 int x＝1，y＝2，z＝3；则

x＋y＞0 的值为真，即为1；

（x＋y）！＝z 的值为假（小括号可以不要），即为0；

x＝＝y 的值为假（x和y分别看作一个表达式），即为0。

三、逻辑运算符

逻辑运算符主要用于逻辑运算，C语言中的逻辑运算符有“&&”（逻辑与）、“‖”（逻辑或）、“!”（逻辑非）三个，其中,！为单目运算符，&& 和‖为双目运算符。它们的优先级顺序为:！＞&&＞‖。其结合性为：自左向右。逻辑运算符的真值表如表3－2－1所示。

表 3－2－1　逻辑运算符

a	b	a&&b	a‖b	！a
1	1	1	1	0
1	0	0	1	0
0	1	0	1	1
0	0	0	0	1

四、逻辑表达式

由逻辑运算符连接各个表达式所构成的符合 C 语言语法规则的式子称为逻辑表达式，由于 C 语言中并没有逻辑类型的数据，只是用非 0 表示“真”，用 0 表示“假”，所以逻辑表达式中的操作对象可以是任意合法的表达式或常量。如：

```
int x =3, y =0, z =6;
```

！x&&y＋1&&（z＋＝2）表达式的值为 0，即为假。

y‖z＋3‖（x－＝3）表达式的值为 1，即为真。

五、位运算

在 C 程序中运算除了以字节（byte）作为运算单位，有时也要求对位（bit）进行运算或处理。位操作运算符是用来对操作数按二进制位进行操作的运算符，但其只对 char 和 int 类型的数据进行操作，不能对其他类型的数据操作。C 语言提供了六种位运算符：～（按位求反），＜＜（按位左移），＞＞（按位右移），&（按位与），^（按位异或），｜（按位或）。优先级从前到后为“高－＞低”（其中＜＜和＞＞优先级相同）。

1．逻辑位运算符

C 语言位运算符中，有 4 个归为逻辑移位运算符：～（按位求反），&（按位与），｜（按位或），^（按位异或）。其中，～为单目运算符，&、｜和^为双目运算符。它们的运算规则如下：

～：将操作数的各二进制位按位取反，由 0→1，由 1→0；

&：将两个操作数二进制位中的对应位相与，全 1 为 1，否则为 0；

｜：将两个操作数二进制位中的对应位相或，全 0 为 0，否则为 1；

^：将两个操作数二进制位中的对应位相异或，相同为 0，不同为 1。

2．移位运算符

位运算符“＜＜（左移运算符）”和“＞＞（右移运算符）”是移位运算符，它们是双目运算符。运算规则如下：

＜＜：将一个操作数以二进制位形式按指定的移位次数向左移动，移出的高位丢掉，空出的低位补 0。

> >：将一个操作数以二进制位形式按指定的移位次数向右移动，移出的低位丢掉，空出的高位，根据操作数的类型来定，如果无符号类型数据，补0，否则高位（符号位）保持不变（为移动前的值）。

例如：

```
int x=3, y=-23;
x=x<<2; y=y>>2;
```

执行结果为：x=12，y=-6

其中，3的二进制位为：0000000000000011，执行x=x<<2之后x的值变为12（即为：0000000000001100）。

-23的二进制位为：1111111111101001。执行y=y>>2之后y的值为：-6（即为：1111111111111010，高位不变）。

注意：二进制数的负数用补码的形式表示，正数的原码与补码相同，负数的补码是将原码除了符号位之外，其余位变反，再在最低位加1得到。

例3-2-1：分析下面程序的运行结果。

```
#include <stdio.h>
void main()
{
  int a, b, c;
  a = b = c = 2;
  a = b == c;
  printf("a = %d, b = %d, c = %d \n", a, b, c);
  a = b > c > 1;
  printf("a = %d, b = %d, c = %d \n", a, b, c);
}
```

输出结果如下：

```
a=1, b=2, c=2
a=0, b=2, c=2
```

分析：通过赋值语句a=b=c=2使得变量a，b，c初值都为2，a=b==c是先计算b==c，由于关系表达式b==c为真，则a=1；而在a=b>c>1中是先计算b>c，可求得表达式（b>c）>1为假，则a=0。

任务实施

1. 任务功能

编写程序，写出“判断某数x是否大于等于60小于100”的逻辑表达式，输出当x的值为80时的逻辑结果。

2. 编程思路

首先写出逻辑表达式，要同时满足“大于等于60”和“小于100”两个条件，用逻辑运算符“&&”将两个关系表达式连接在一起得“m>=60&&m<100”。然后将得到逻辑表达式的值赋给变量n并输出结果。

3. 源程序EX3-2-1.C

```
#include <stdio.h>
void main()
{
  int x, n;               //定义变量x, n
  x=80;                   //变量m赋初值
  n=x>=60&&x<100;  //判断x是否同时满足x>=60和x<100,并将逻辑表达式的值赋给n
  printf("经判断得m>=60&&m<100的结果是%d\n", n);  //输出结果
}
```

4. 运行、调试

用Visual C++ 6.0对源程序进行编辑、编译与调试，运行结果为：

____。

如果将源程序中的“printf("经判断得m>=60&&m<100的结果是%d\n", n);”语句修改为“printf("经判断得m>=60&&m<100的结果是%d\n", x>=60&&x<100);”，则运行结果有什么不同?

任务拓展

编程输出以下表达式的值：(x>15&&y==15)<<2，其中x=15，y=15。

习　题

1. 在C语言中“==”和“=”两种运算符，代表相等的关系运算符是（　　）。

A. 前者　　B. 后者　　C. 都是　　D. 都不是

2. 假设有int x=1，y=2，z=3；则关系表达式x+y>z的值为（　　）。

A. 1　　B. 2　　C. 0　　D. 真

3. 已知a=1，b=1，则a||b的值为（　　）。

A. 1　　B. 2　　C. 0　　D. 真

4. 已知int x=3，则x=x<<1后x的值为（　　）。

A. 5　　B. 6　　C. 7　　D. 8

5. 设a=10，执行a+=a-=a*=a*a语句后变量a的值是多少?

任务3　长度运算、逗号运算与条件运算

任务说明

在本任务中，我们将学习用长度运算符计算不同数据所占存储空间大小，学习用逗号运算符将多个表达式组成一个逗号表达式，学习C语言中唯一的一个三目运算符：条件运算符。

相关知识

一、长度运算

不同类型数据所占的存储空间是不同的，例如Visual C++ 6.0为int型变量分配4个字节，为char型变量分配1个字节，可用长度运算符计算不同类型数据的存储空间。长度运算符是一个单目运算符，其运算对象可以是任何数据类型名或变量。

格式为：

sizeof（类型名或变量名）

功能：测试并返回变量或各类型所需字节数。要注意的是，结果会因编译系统的不同而有所不同。

```
int x, m, n;            //定义整型变量x, m, n
m = sizeof(x);          //求整型变量x的长度，赋给m
n = sizeof(int);        //求整型数据的长度，赋给n
```

注：上面求得的m与n值是一样的，因为它们求的都是整型数据的长度。

例3-3-1：输出不同类型数据的长度。

```
#include <stdio.h>
void main()
{
  int no1, no2, no3;       //定义变量，用以存储字节数
  int x;                   //定义整型变量
  char y;                  //定义字符型变量
  no1 = sizeof(x);         //求整型变量x长度
  no2 = sizeof(y);         //求字符型变量y长度
  no3 = sizeof(double);    //求双精度实型数据长度
  printf("%d\n%d\n%d\n", no1, no2, no3); //输出结果
}
```

输出结果如下：

```
4
1
8
```

二、逗号运算符和逗号表达式

C语言中把逗号“,”作为一种特殊的运算符，其功能是将多个子表达式构成一个逗号表达式。该运算符的优先级最低。格式为：

表达式1，表达式2，…，表达式*n*

功能：按照从左到右的顺序逐个求解表达式，而整个逗号表达式的值就是表达式n的值。

例如：

```
x=（a=2，a*3）
```

分析：先求解表达式a=2，再求解a*3的值，则2*3为最后一个表达式的值，为6，再将逗号表达式的值赋给x，得x=6。

三、条件运算符和条件表达式

条件运算符是C语言中唯一的一个三目运算符，它由两个符号“?”和“:”组成。由条件运算符把三个运算对象连接在一起形成的式子称为条件表达式，具有右结合性。格式为：

表达式1？表达式2：表达式3

功能：根据表达式1的真假来决定整个条件表达式的取值，若为真，则将表达式2的值作为整个条件表达式的值；否则就将表达式3的值作为整个表达式的值。

例如：

```
(x>0)？1：2
```

如果x的值大于0，该表达式的值为1，否则表达式的值为2。

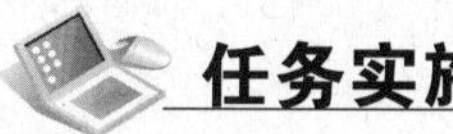

任务实施

1. 任务功能

编写程序，当语文和数学成绩都在60分及以上时，输出字符'Y'，否则输出字符'N'。

2. 编程思路

运用条件运算符可实现判断真假后输出。条件表达式格式：表达式1？表达式2：表达式3，其中表达式1“语文和数学成绩都在60分以上”中引用逻辑与运算符&&。

3. 源程序 EX3 -3 -1. C

```
#include <stdio.h>
void main()
{
  float yuwen, shuxue;      //定义变量，用以存储字节数
  char a = 'Y';             //字符变量 a 赋值为'Y'
  char b = 'N';             //字符变量 b 赋值为'N'
  yuwen = 89;               //定义整型变量
  shuxue = 59;              //定义字符型变量
  printf("考试结果:%c\n", yuwen >= 60&&shuxue >= 60?a:b); //输出结果
}
```

4. 运行、调试

用 Visual C++ 6.0 对源程序进行编辑、编译与调试，运行结果为：

____。

如果将源程序中的“yuwen > =60&&shuxue > =60？ a：b”修改为“yuwen > =60 || shuxue > =60？ a：b”，则运行结果有什么不同？

任务拓展

编写程序，当语文和数学成绩都在 60 分及以上时，输出平均分，否则输出 0。假设语文成绩为 89，数学成绩为 90。

习　　题

1. Visual C++ 6.0 系统编译执行语句 int a, b; b = sizeof (a); 后输出 *b* 的值为（　　）。

A. 1　　B. 2　　C. 4　　D. 8

2. 若 a 是 int 型变量，则表达式((a=2*4, a+2), a+8)的值是多少？

3. 表达式 *x*=(a=1, b=2, c=3) 的值为（　　）。

A. 1　　B. 2　　C. 3　　D. 6

4. 设 *x* 初值为 3，则(*x*>0)？1：2 的值为（　　）。

A. 0　　B. 1　　C. 2　　D. 3

5. 编写程序用 sizeof 长度运算符计算并输出字符型、短整型、整型、长整型、单精度浮点型、双精度浮点型数据的长度。

任务 4　运算优先级与数据混合运算

任务说明

每一种运算符都有一个确定的优先级，用来确定该运算符在表达式中的运算顺序；而结合形式可以在运算符优先级相同时，用来确定表达式的计算顺序。

相关知识

一、运算优先级

前面已经介绍了 C 语言运算的多种运算符及其使用方法，当一个表达式中包含两个或两个以上的运算符时，运算分量的结合方式由优先级决定。在附录三中标识了各 C 语言的运算符种类、优先级与结合性，在运算过程中先计算优先级高的，再计算优先级低的。例如：

```
int a =4 -1 +2 *3;
```

我们根据优先级高低，先乘除后加减，可以计算得到 a =9。当一个表达式包含的运算符优先级相同时，我们可以根据结合性方向来处理，例如：

```
int b =1 *2/3%4;
```

乘、除、求余运算的优先级是相同的，根据左结合特性，从左至右进行运算，可以计算得到 b =0。又如：

```
int a = (4 -1 +2) *3;
```

可以看到圆括号“（ ）”把运算分量“4 -1 +2”结合在一起，先运算括号里面的分量，可以计算得到 a =15。但是在括号里面的分量也要受到优先级和结合性的约束。

二、数据混合运算

在同一个表达式中，可能存在整型（包括 int、short、long）、字符型（char）和浮点型（包括 float、double）数据间的混合运算。在进行运算时，C 编程系统根据“字节少的数据转换成字节多的类型”这一原则，将不同类型的变量先转换成同一类型，然后进行运算。

（1）char 和 short 型转换成 int 型。

（2）float 型转换为 double 型。

（3）整型数据（包括 int，short，long）与 double 型数据进行运算，先将整型转换为 double 型。

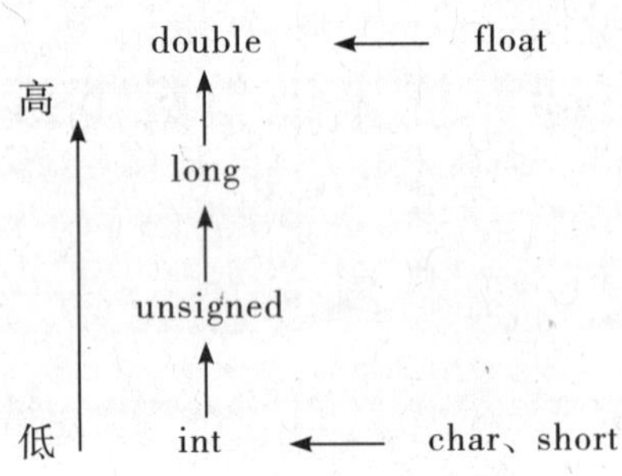

图 3－3－1　混合运算中数据转换

如图 3－3－1 所示这种类型转换是由系统自动进行的。

在表达式中也可以采用“强制类型转换”将数据转换成特定的数据类型。例如：

```
(int) a;                    //将 a 转换成 int 型
(char) b;                   //将 b 转换成 char 型
(double) (a + b);           //将(a + b)的值转换成 double 类型
```

注意：在强制类型转换时，如“（int）a”，得到一个所需类型 int 型的中间变量，而原来的变量 a 的类型并未发生改变。

例 3－4－1：分析以下程序及其结果。

```
#include <stdio.h>
void main()
{
  float result;                       //定义浮点型变量,用以存储表达式值
  int a = 2, d = 5;                   //定义整型变量
  char b = 'a';                       //定义字符型变量
  float c = 6.0;                      //定义浮点型变量
  result = (float) (a + b - c/d);     //计算表达式的值并转换成浮点型
  printf("%f\n", result);             //输出结果
}
```

输出结果如下：

97.800000

程序中表达式 a + b - c/d 里面的变量包括字符型、整型和浮点型，根据数据混合运算数据转换原则，运算结果将转换为较长字节的浮点型数据，即表达式 result =（float）（a + b - c/d）中的强制转换运算“（float）”省去的话，结果也是一样的。

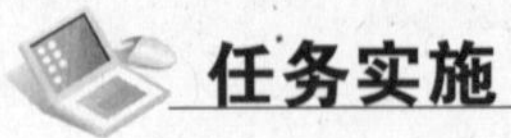

任务实施

1. 任务功能

将摄氏温度 C 转化为华氏温度 F，转换公式为：$F = C * 9/5 + 32$。编写程序，当摄氏温度 C 为 37.5 时，计算华氏温度 F 的值。

2. 编程思路

根据题意知 C 为 37.5 为实型数据，根据混合运算公式可计算 F，在用 printf 语句输出结果时亦要注意数据类型。

3. 源程序 EX3-4-1.C

```
#include <stdio.h>
void main()
{
  float C =37.5;
  float F = C * 9/5 +32;
  printf("转换成华氏温度为%f\n", F);
}
```

4. 运行、调试

用 Visual C++ 6.0 对源程序进行编辑、编译与调试，运行结果为：

____。

如果将源程序中的数据类型“float”替换为“int”，则运行结果有什么不同？

任务拓展

转换公式为：$F = C * 9/5 + 32$。编写程序，当华氏温度 F 为 37.5 时，计算摄氏温度 C 的值。

习　　题

1. 判断：数据间进行混合运算时，C 编程系统根据“字节少的数据转换成字节多的类型”这一原则，将不同类型的变量先转换成同一类型，然后进行运算。(　　)

2. 判断：整型数据与 double 型数据进行运算，先将它们转换为 float 型。(　　)

3. 判断：当一个表达式包含的运算符优先级相同时，我们可以根据结合性方向来处理。(　　)

4. 分析以下程序的运行结果。

```
#include <stdio.h>
void main()
{
    char c;
    int n =100;
    float f =10;
    double x;
    x = f * = n/ = c =50;
    printf("%d\ n%f\ n", n, x);
}
```

项目四 函 数

通过前面几章的学习，我们知道C语言的源程序是由函数组成的。虽然大都只有一个主函数main（），但实用程序往往由多个函数组成。函数是C源程序的基本模块，通过对函数模块的调用实现特定的功能。C语言不仅提供了极为丰富的库函数，还允许用户建立自己定义的函数。用户可把自己的算法编成一个个相对独立的函数模块，然后用调用的方法来使用函数。我们可以这么说：C程序的全部工作都是由各式各样的函数完成的，所以也把C语言称为函数式语言。由于采用了函数模块式的结构，C语言易于实现结构化程序设计，使程序的层次结构清晰，便于程序的编写、阅读、调试。

知识点

◇ 函数的定义与调用
◇ 函数间的参数传递
◇ 函数间的嵌套与递归
◇ 库函数

技能点

◇ 函数的调用和被调用函数的声明
◇ 函数间的嵌套与递归

任务1 函数的定义与调用

任务说明

了解函数的分类和定义形式，掌握函数的调用。

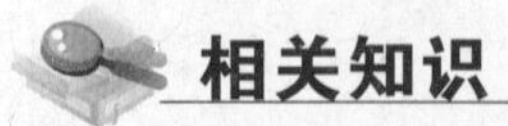

相关知识

一、函数的分类

1. 从函数定义的角度看，函数可分为库函数和用户定义函数两种

（1）库函数：由C系统提供，用户无需定义，也不必在程序中作类型说明，只需在程序前包含有该函数原型的头文件即可在程序中直接调用。在前面用到的 printf、scanf 等函数均属此类。

（2）用户定义函数：由用户按需要写的函数。对于用户自定义函数，不仅要在程序中定义函数本身，而且在主调函数模块中还必须对该被调函数进行类型说明，然后才能使用。

2. 从函数是否有返回值的角度看，函数可分为有返回值函数和无返回值函数两种

（1）有返回值函数：此类函数被调用执行完后将向调用者返回一个执行结果，称为函数返回值。如数学函数即属于此类函数。由用户定义的这种要返回函数值的函数，必须在函数定义和函数说明中明确返回值的类型。

（2）无返回值函数：此类函数用于完成某项特定的处理任务，执行完成后不向调用者返回函数值。这类函数类似于其他语言的过程。由于函数无须返回值，用户在定义此类函数时可指定它的返回值为“空类型”，空类型的说明符为“void”。

3. 从主调函数和被调函数之间数据传送的角度看，函数可分为无参函数和有参函数两种

（1）无参函数：函数定义、函数说明及函数调用中均不带参数。主调函数和被调函数之间不进行参数传送。此类函数通常用来完成一组指定的功能，可以返回或不返回函数值。

（2）有参函数：也称为带参函数。在函数定义及函数说明时都有参数，称为形式参数（简称为形参）。在函数调用时也必须给出参数，称为实际参数（简称为实参）。进行函数调用时，主调函数将把实参的值传送给形参，供被调函数使用。

注意： 在 C 语言中，所有的函数定义，包括主函数 main 在内，都是平行的。也就是说，在一个函数的函数体内，不能再定义另一个函数，即不能嵌套定义。但是函数之间允许相互调用，也允许嵌套调用。习惯上把调用者称为主调函数。函数还可以自己调用自己，称为递归调用。main 函数是主函数，它可以调用其他函数，而不允许被其他函数调用。因此，C 程序的执行总是从 main 函数开始，完成对其他函数的调用后再返回到 main 函数，最后由 main 函数结束整个程序。一个 C 源程序必须有且只能有一个主函数 main。

二、函数的定义

1. 无参函数的定义形式

```
类型标识符 函数名（）
{
  声明部分;
  语句部分;
}
```

其中类型标识符和函数名称为函数头。类型标识符指明了本函数的类型，函数的类型实际上是函数返回值的类型。该类型标识符与前面介绍的各种说明符相同。函数名是由用户定义的标识符，函数名后有一个空括号，其中无参数，但括号不可少。

{}中的内容称为函数体。在函数体中声明部分，是对函数体内部所用到的变量的类型说明。

在很多情况下都不要求无参函数有返回值，此时函数类型符可以写为 void。

我们可以改写一个函数定义：

```
void Hello()
{
  printf ("Hello, world!  \n");
}
```

这里，只把 main 改为 Hello 作为函数名，其余不变。Hello 函数是一个无参函数，当被其他函数调用时，输出“Hello，world!”字符串。

2. 有参函数的定义形式

类型标识符 函数名（形式参数表列）

```
{
  声明部分;
  语句部分;
}
```

有参函数比无参函数多了一个内容，即形式参数表列。在形参表中给出的参数称为形式参数，它们可以是各种类型的变量，各参数之间用逗号间隔。在进行函数调用时，主调函数将赋予这些形式参数实际的值。形参既然是变量，必须在形参表中给出形参的类型说明。

例如，定义一个函数，用于求两个数中的大数，可写为：

```
int max(int a, int b)
{
  if (a > b) return a;
  else return b;
}
```

第一行说明 max 函数是一个整型函数，其返回的函数值是一个整数。形参为 a，b，均为整型变量。a，b 的具体值是由主调函数在调用时传送过来的。在 {} 中的函数体内，除形参外没有使用其他变量，因此只有语句而没有声明部分。在 max 函数体中的 return 语句是把 a（或 b）的值作为函数的值返回给主调函数，有返回值函数中至少应有一个 return 语句。

三、函数的调用

1. 函数调用的一般形式

C 语言中，函数调用的一般形式为：

函数名（实际参数表）;

如果是对无参函数调用时则无“实际参数表”，但是括号不能省略。实际参数表中的参数可以是常数、变量或其他构造类型数据及表达式。如果有多个实参，各参数之间用逗号分隔。

2. 函数调用的方式

按函数在程序中出现的位置来分，有以下三种函数调用方式：

（1）函数表达式：函数作为表达式中的一项出现在表达式中，以函数返回值参与表达式的运算。这种方式要求函数是有返回值的。例如：z = max（x，y）是一个赋值表达式，把 max 的返回值赋予变量 z。

（2）函数语句：函数调用的一般形式加上分号即构成函数语句。例如：printf（"%d"，a）；scanf（"%d"，&b）；都是以函数语句的方式调用函数。

（3）函数实参：函数作为另一个函数调用的实际参数出现。这种情况是把该函数的返回值作为实参进行传送，因此要求该函数必须是有返回值的。例如：printf（"%d"，max（x，y））；即是把 max 调用的返回值又作为 printf 函数的实参来使用的。

3. 被调用函数的声明

在主调函数中对被调用函数作说明的目的是使编译系统知道被调函数返回值的类型，以便在主调函数中按此种类型对返回值作相应的处理。

其一般形式为：

类型说明符　被调函数名（类型 形参，类型 形参）;

或者为：

类型说明符　被调函数名（类型，类型）;

括号内给出了形参的类型和形参名，或只给出形参类型。这便于编译系统进行检错，以防止可能出现的错误。

如果使用库函数，还应该在程序开头用#include 命令将调用有关库函数所用到的信息包含进来，例如：

```
#include <stdio.h>
```

其中“stdio. h”是一个头文件，在“stdio. h”文件中包含了输入输出库函数所用到的一些宏定义信息。如果不包含“stdio. h”文件中的信息，就无法使用输入输出库中的函数。同样，使用数学库中的函数，应该用#include <math. h>在程序开头来声明。其中，“. h”是头文件所用的后缀，标志头文件（header file）。

任务实施

1. 任务功能

分析下面程序的运行结果，认识函数的声明与调用。

2. 任务提示

结合本任务相关知识进行分析。

3. 源程序 EX4 -1 -1. C

```
#include < stdio. h >
int main( )
{
   int add( int x,  int y) ;              //对被调用函数 add 进行声明
   int a, b, c;
   scanf( "% d, % d", &a, &b) ;           //输入两个整数, 赋给变量 a, b
   c = add( a, b) ;                       //函数调用
   printf( "sum is % d \n", c) ;          //输出结果
}
   int add( int x, int y)                 //函数首部
{
   int z;
   z = x + y;                             //函数体
   return( z) ;
}
```

4. 运行、调试

用 Visual C++ 6.0 对源程序进行编辑、编译与调试，键入“1，2”运行结果为：____________________________________。

如果将源程序中，“int main（）”中的函数类型改为 void，则运行结果是否一致？

任务拓展

（1）源程序“ EX4 -1 -1. C”中，对 add（）函数的声明能否放在 main（）函数前面？请修改程序并调试。

（2）若 add（）函数放在 main（）函数的前面，是否要对 add（）函数进行声明？请修改程序并调试。

习　题

1. 在 C 语言程序中，哪个函数是必需的？C 语言程序的执行顺序是怎样的？

2. 若主函数与子函数在同一个程序文件中，调用时要注意什么？若主函数与子函数分属在不同的程序文件中，调用时应注意什么？

3. 函数的调用方式有 3 种，请举例说明 。

4. 如果在一个函数的复合语句中定义了一个变量，则该变量（　　）。

A. 只在该符合语句中有效，在该符合语句外无效

B. 在该函数中任何位置都有效

C. 在本程序的原文件范围内均有效

D. 此定义方法错误，其变量为非法变量

5. C语言允许函数值类型缺省定义，此时该函数值隐含的类型是（　　）。

A. float型　　B. int型　　C. long型　　D. double型

6. C语言规定，函数返回值的类型是由（　　）。

A. return语句中的表达式类型所决定

B. 调用该函数时的主调函数类型所决定

C. 调用该函数时系统临时决定

任务2　函数间的参数传递

任务说明

在本任务中，我们要了解函数间的参数是如何传递的。

相关知识

函数的参数分为形式参数（简称“形参”）和实际参数（简称“实参”）两种。形参出现在函数定义中，在整个函数体内都可以使用，离开该函数则不能使用。实参出现在主调函数中，进入被调函数后，实参变量也不能使用。形参和实参的功能是作数据传送。发生函数调用时，主调函数把实参的值传送给被调函数的形参，从而实现主调函数向被调函数的数据传送。

函数的形参和实参具有以下特点：

（1）形参变量只有在被调用时才分配内存单元，在调用结束时，即刻释放所分配的内存单元。因此，形参只有在函数内部有效。函数调用结束返回主调函数后则不能再使用该形参变量。

（2）实参可以是常量、变量、表达式、函数等，无论实参是何种类型的量，在进行函数调用时，它们都必须具有确定的值，以便把这些值传送给形参。因此应预先用赋值，输入等办法使实参获得确定值。

（3）实参和形参在数量上、类型上、顺序上应严格一致，否则会发生“类型不匹配”的错误。

（4）函数调用中发生的数据传送是单向的。即只能把实参的值传送给形参，而不能把形参的值反向地传送给实参。因此在函数调用过程中，形参的值发生改变，而实参中的值不会变化。

例4－2－1：分析调用函数时的参数传递情况。

```
#include <stdio.h>
void main()
```

```
{
    int a, b;
    int c;
    scanf( "% d, % d", &a, &b) ;
    c = max( a, b) ;
    printf( "Max is % d. \n", c) ;
}
int max( int x, int y)
{
    int z;
    z = x > y?x: y;
    return( z) ;
}
```

键入“2，3”，输出结果如下：

```
2，3
Max is 3.
```

分析：在此程序例中，只能由实参 a，b 向形参 x，y 进行数据传递，这是单向的传递，并且在内存中，实参单元和形参单元是不同的单元，如图 4－2－1 所示。而在执行一个被调用函数时，形参的值如果发生改变，并不会改变主调函数的实参的值，例如在此例中，若形参 x，y 的值变成 10 和 15，实参 a，b 的值仍为 2 和 3，如图 4－2－2 所示。

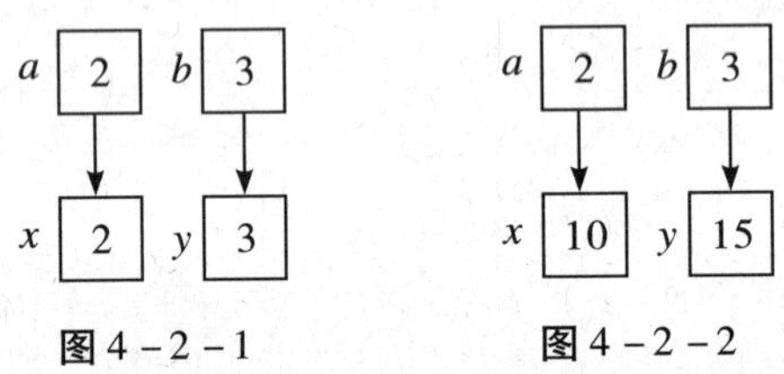

图 4－2－1　　图 4－2－2

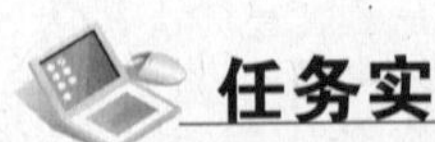

任务实施

1. 任务功能

定义一个函数 s，功能是求 $\sum n_i$ 的值。在主函数中输入 n 值，并作为实参，在调用时传送给 s 函数的形参 n，最后输出实参 n 和形参 n 的值。

2. 编程重点

本源程序中，形参与实参名都是 n，注意区分防止混淆。在 main 函数中调用 s 函数，要求正确理解参数传递的方向。

3. 源程序（EX4－2－1. C）

```
#include < stdio. h >
```

```
void main()
{
  int n;                          //定义整型变量n
  printf("input number: \n");
  scanf("%d", &n);                //输入整型数据，并赋值给实参n
  s(n);                           //调用s(n)函数
  printf("n = %d \n", n);         //输出实参n的值
  }
int s(int n)                      //定义函数s
{
  int i;
  for(i = n - 1; i > = 1; i - -)
  n = n + i;
  printf("n = %d \n", n);         //输出形参n的值
}
```

4. 运行、调试

用 Visual C++ 6.0 对源程序进行编辑、编译与调试，当我们通过键盘输入“100”时，运行结果为：

____。

当输入的 n 值为 100，则实参 n 的值为__________，把此值传给函数 s 时，形参 n 的初值__________，在执行函数过程中，形参 n 的值变为__________。返回主函数之后，输出实参 n 的值为__________，形参 n 的值为__________，可见实参的值不随形参的值变化而变化。

任务拓展

对 EX4－2－1. C 进行调试，使得结果输出变量 n 的所有变化中间值。比如 n 输入 10，得到如图 4－2－3 的结果。

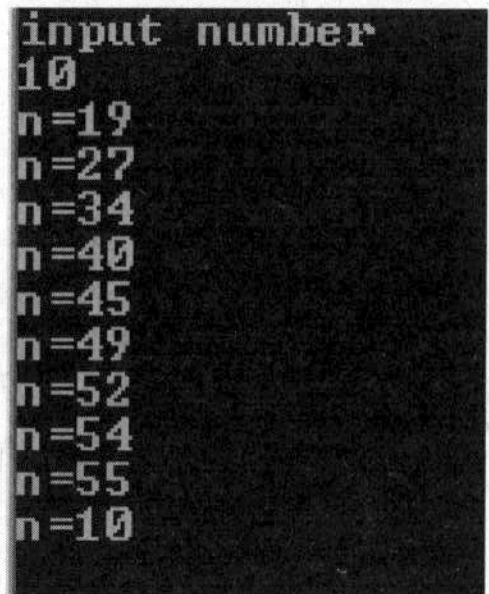

图 4－2－3

习　题

1. 说明“形参”与“实参”的含义。
2. 函数调用传递参数，应注意什么？
3. 在C语言中，当函数调用时（　　）。
   A. 实参和形参各占一个独立的存储单元
   B. 实参和形参共用存储单元
   C. 可以由用户指定实参和形参是否共用存储单元
   D. 由系统自动确定实参和形参是否共用存储单元

任务3　函数间的嵌套与递归

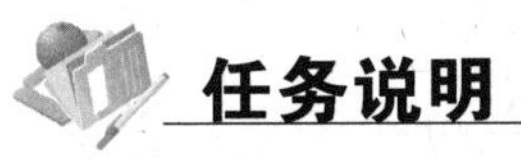

任务说明

在本任务中，我们要学习如何进行函数间的嵌套与递归。

相关知识

一、函数的嵌套调用

C语言中不允许作嵌套的函数定义。因此各函数之间是平行的，不存在上一级函数和下一级函数的问题。但是C语言允许在一个函数的定义中出现对另一个函数的调用。这样就出现了函数的嵌套调用。即在被调函数中又调用其他函数。这与其他语言的子程序嵌套的情形是类似的。其关系可表示如图4－3－1所示。

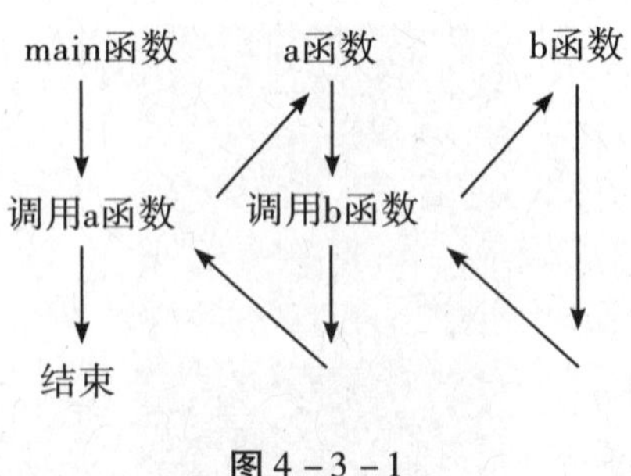

图4－3－1

图4－3－1表示了两层嵌套的情形。其执行过程是：执行main函数中调用a函数的语句时，即转去执行a函数，在a函数中调用b函数时，又转去执行b函数，b函数执行完毕返回a函数的断点继续执行，a函数执行完毕返回main函数的断点继续执行。

接下来通过实例来说明函数的嵌套调用。

例4-3-1：计算 $s=2^2!+3^2!$

分析：本题可编写两个函数，一个是用来计算平方值的函数 f1，另一个是用来计算阶乘值的函数 f2。主函数先调 f1 计算出平方值，再在 f1 中以平方值为实参，调用 f2 计算其阶乘值，然后返回 f1，再返回主函数，在循环程序中计算累加和。

```
#include <stdio.h>
long f1(int p)                          //定义 f1 函数，计算平方值
{
    int k;
    long r;
    long f2(int);
    k = p * p;
    r = f2(k);
    return r;
}
long f2(int q)                          //定义 f2 函数,计算阶乘值
{
    long c = 1;
    int i;
    for(i = 1; i < = q; i + +)
        c = c * i;
    return c;
}
main()
{
    int i;
    long s = 0;
    for (i = 2; i < = 3; i + +) //引用 for 语句计算 s
        s = s + f1(i);
    printf("s = %ld \n", s); //输出结果
}
```

输出结果如下：

```
s = 362904
```

在程序中，函数 f1 和 f2 均为长整型，都在主函数之前定义，故不必再在主函数中对 f1 和 f2 加以说明。在主程序中，执行循环程序依次把 i 值作为实参调用函数 f1 求 i^2 值。在 f1 中又发生对函数 f2 的调用，这时是把 i^2 的值作为实参去调 f2，在 f2 中完成求 i^2! 的计算。f2 执行完毕把 C 值（即 i^2!）返回给 f1，再由 f1 返回主函数实现累加。至此，由函数的嵌套调用实现了题目的要求。由于数值很大，所以函数和一些变量的类型都说明为长整型，否则会造成计算错误。

二、函数的递归调用

一个函数在它的函数体内调用它自身称为递归调用，这种函数称为递归函数。C 语言允许函数的递归调用。在递归调用中，主调函数又是被调函数。执行递归函数将反复调用其自身，每调用一次就进入新的一层。

例如有函数 f 如下：

```
int f( int x)
{
   int y;
   z = f( y) ;
   return z;
}
```

这个函数是一个递归函数。但是运行该函数将无休止地调用其自身，这当然是不正确的。为了防止递归调用无终止地进行，必须在函数内有终止递归调用的手段。常用的办法是加条件判断，满足某种条件后就不再作递归调用，然后逐层返回。下面举例说明递归调用的执行过程。

例 4-3-2：用递归法计算 $n!$

（1）$n!=1$（$n=0, 1$）

（2）$n*(n-1)!$（$n>1$）

```
#include < stdio. h >
long ff( int n)
{
   long f;
   if( n <0)  printf( "n <0, input error") ;
   else if( n = =0 || n = =1)  f =1;
   else f = ff( n -1)  * n;
   return( f) ;
}
main( )
{
   int n;
   long y;
   printf( " \ninput a inteager number: \n") ;
   scanf( "% d", &n) ;                    //输入一个整型数据，并赋值给 n
   y = ff( n) ;
   printf( "% d! = % ld", n, y) ;
}
```

程序中给出的函数 ff 是一个递归函数。主函数调用 ff 后即进入函数 ff 执行，如果 $n<0$，$n==0$ 或 $n==1$ 时都将结束函数的执行，否则就递归调用 ff 函数自身。由于每

次递归调用的实参为 $n-1$，即把 $n-1$ 的值赋予形参 n，最后当 $n-1$ 的值为 1 时再作递归调用，形参 n 的值也为 1，将使递归终止。然后可逐层退回。

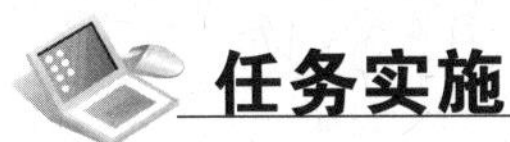

任务实施

1. 任务功能

编写程序，当输入 4 个整数时，找出其中最大的数，用一个函数来实现。

2. 编程思路

根据题目的要求，可以定义一个函数 maxfour 来实现从 4 个数中找出最大的数，定义一个 maxtwo 函数来实现从 2 个数中找出较大的数。于是在 maxfour 函数中多次调用 maxtwo 函数，则可求出 4 个数中的最大数，最后在主函数中输出结果。

3. 源程序 EX4-3-1.C

```
#include <stdio.h>
void main()
{
  int maxfour(int a, int b, int c, int d); // maxfour 函数的声明
  int a, b, c, d, max;
  printf("Please enter 4 interger numbers: ");
  scanf("%d, %d, %d, %d", &a, &b, &c, &d); //输入 4 个整型数据
  max = maxfour(a, b, c, d); // 调用 maxfour 函数求得 4 个数中的最大数，赋给变量 max
  printf("max = %d \n", max);
}
int maxfour(int a, int b, int c, int d)         //定义 maxfour 函数
{
  int maxtwo(int, int);                         // maxtwo 函数的声明
  int m;
  m = maxtwo(a, b);                             //调用 maxtwo 函数，找出 a 和 b 中的较大值
  m = maxtwo(m, c);                             // 调用 maxtwo 函数，找出 a, b, c 中的较大值
  m = maxtwo(m, d);                             // 调用 maxtwo 函数找出 a, b, c, d 中的较大值
  return(m);                                    // 函数返回值 m 是 4 个数中的最大者
}
int maxtwo(int x, int y)                        // 定义 maxtwo 函数
{
  if(x > y)
  return x;
  else
  return y;                                     //函数返回值是 x 和 y 中的较大值
}
```

4. 运行、调试

用 Visual C++ 6.0 对源程序进行编辑、编译与调试，当我们通过键盘输入“2，3，5，4”时，运行结果为：

____。

如果将源程序中的“if (x > y)”改为“if (x < y)”，则运行结果有什么不同？

任务拓展

编写程序，当输入 5 个整数时，找出其中最大的数，用一个函数来实现。

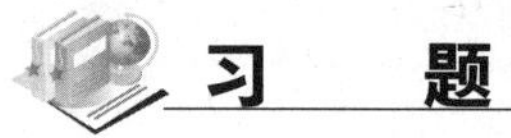

习　　题

1. C 语言程序设计中，是否允许函数嵌套调用？请举例说明。
2. 何为函数的递归调用？举例说明，在什么情况适用函数的递归调用？

任务4　库　函　数

任务说明

通过本任务，我们可以了解相关库函数的知识。

相关知识

库函数并不是 C 语言的一部分，它是由人们根据需要编制并提供用户使用的。每一种 C 编译系统都提供了一批库函数，不同的编译系统所提供的库函数的数目和函数名以及函数功能是不完全相同的。ANSI C 标准提出了一批建议提供的标准库函数。它包括了目前多数 C 编译系统所提供的库函数，但也有一些是某些 C 编译系统未曾实现的。以下为 ANSI C 常用库函数举例，具体参阅附录。

一、数学函数

使用数学函数时，应该在源文件中使用预编译命令：

#include < math. h >或#include "math. h"

表 4－4－1　数学函数

函数名	函数原型	功能	返回值
acos	double acos (double x);	计算 arccos x 的值，其中 －1 < = x < =1	计算结果
asin	double asin (double x);	计算 arcsin x 的值，其中 －1 < = x < =1	计算结果

二、字符函数

在使用字符函数时，应该在源文件中使用预编译命令：

#include <ctype.h>或#include "ctype.h"

表4-4-2　字符函数

函数名	函数原型	功能	返回值
isalnum	int isalnum（int ch）;	检查ch是否字母或数字	是字母或数字返回1，否则返回0
isalpha	int isalpha（int ch）;	检查ch是否字母	是字母返回1，否则返回0

三、字符串函数

使用字符串中函数时，应该在源文件中使用预编译命令：

#include <string.h>或#include "string.h"

表4-4-3　字符串函数

函数名	函数原型	功能	返回值
memchr	void memchr（void *buf, char ch, unsigned count）;	在buf的前count个字符里搜索字符ch首次出现的位置	返回指向buf中ch的第一次出现的位置指针。若没有找到ch，返回NULL
memcmp	int memcmp（void *buf1, void *buf2, unsigned count）;	按字典顺序比较由buf1和buf2指向的数组的前count个字符	buf1<buf2，为负数 buf1=buf2，返回0 buf1>buf2，为正数

四、输入输出函数

在使用输入输出函数时，应该在源文件中使用预编译命令：

#include <stdio.h>或#include "stdio.h"

表4-4-4　输入输出函数

函数名	函数原型	功能	返回值
clearerr	void clearer（FILE *fp）;	清除文件指针错误指示器	无
close	int close（int fp）;	关闭文件（非ANSI标准）	关闭成功返回0，不成功返回-1

五、动态存储分配函数

在使用动态存储分配函数时，应该在源文件中使用预编译命令：

#include <stdlib. h>或#include "stdlib. h"

表 4-4-5　动态存储分配函数

函数名	函数原型	功能	返回值
callloc	void * calloc (unsigned n, unsigned size);	分配 *n* 个数据项的内存连续空间，每个数据项的大小为 size	分配内存单元的起始地址。如不成功，返回 0
free	void free (void * p);	释放 *p* 所指内存区	无

六、其他函数

有些函数由于不便归入某一类，所以单独列出。使用这些函数时，应该在源文件中使用预编译命令：

#include <stdlib. h>或#include "stdlib. h"

表 4-4-6　其他函数

函数名	函数原型	功能	返回值
abs	int abs (int num);	计算整数 num 的绝对值	返回计算结果
atof	double atof (char * str);	将 str 指向的字符串转换为一个 double 型的值	返回双精度计算结果

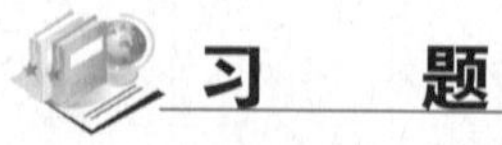

习　题

1. 何为库函数与自定义函数？
2. 常用的输入输出函数的函数有哪些？对应的头文件是什么？
3. 常用的数学函数有哪些？对应的头文件是什么？
4. 常用的字符串函数有哪些？对应的头文件是什么？
5. 在 C 语言程序中，如何调用库函数？

项目五　顺序与选择结构程序设计

计算机程序从执行的过程来看，可以分为三种基本类型：顺序结构、选择结构和循环结构。任何复杂的计算机程序都可以看作这三种基本结构组合而成。本项目着重介绍其中的顺序结构和选择结构，循环结构将在项目六中进行介绍。

顺序结构程序是指计算机按照编写的次序逐条地执行每一条语句，直到所有语句执行完为止。顺序结构的程序设计是最简单的，只要按照解决问题的顺序写出相应的语句就行，它的执行顺序是自上而下，依次执行。

选择结构程序是计算机按不同条件执行不同操作，其特点是：根据所给定选择条件为真（即分支条件成立）与否，而决定从各可能的不同操作分支中执行某一分支的相应操作。无论分支多少，必选择一个且仅选一个。

在项目五中，将结合输入/输出语句介绍顺序程序结构。选择分支程序将在if、switch 语句中介绍。

知识点

◇ 算法的概念和程序流程图的组成、作用和画法

◇ 字符输入/输出函数

◇ 格式输入/输出函数

◇ if 选择分支语句

◇ switch 开关语句

技能点

◇ 输入/输出数据的格式控制方式

◇ 根据实际问题画出顺序、选择程序结构流程图

◇ 运用 if - else - if 多分支语句和 switch 开关语句设计多选一选择程序

任务1 字符数据输入/输出

任务说明

本任务介绍C语言中字符输入、输出的方法，主要就是putchar函数和getchar函数的格式、功能和用法。同时，作为理解程序结构的基础，介绍了算法的概念和程序框图的使用。

相关知识

一、算法与程序框图

1. 算法

算法是对解决某个问题的方法步骤的描述。算法应该能够对一定规范的输入，在有限时间内获得所要求的输出。如果一个算法有缺陷，或不适合于某个问题，执行这个算法将不会解决这个问题。

从计算机角度来说，程序是用某种计算机能理解并执行的计算机语言描述解决问题的方法和步骤的。任何一个程序应包含以下几方面的内容：第一，对数据的描述。在程序中要指定数据的类型和数据的组织形式，即数据结构。第二，如何按一定步骤对数据进行操作，这就是算法。第三，一定的程序设计方法，如结构化程序设计方法。第四，是用某一种计算机语言实现相应的程序设计方法。在这四个方面中，算法是灵魂，数据结构是加工对象，语言是工具，编程需要采用合适的算法。算法是解决“做什么”和“怎么做”的问题。

2. 流程图

以特定的图形符号加上说明表示算法的图，称为流程图或程序框图。

流程图用一些图形框来代表各种操作。用图形表示算法，直观形象，可以用来帮助人们对算法的理解。下图给出了一些常用的流程图符号。

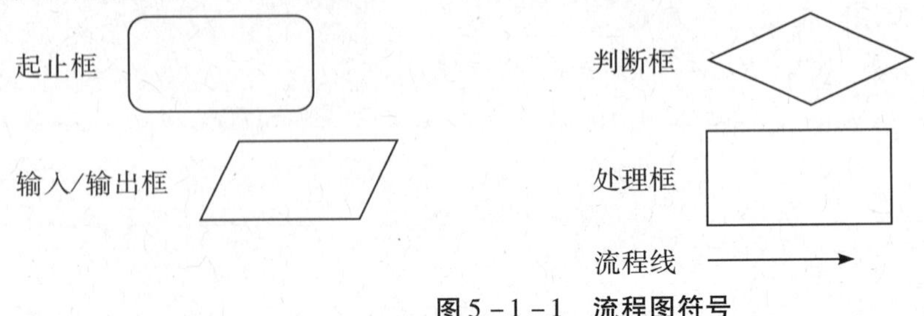

图5-1-1 流程图符号

起止框用于程序的开始和结束。

判断框用来对一个给定的条件作出判断，以决定如何执行其后的操作。

处理框反映做些什么样的操作，如进行数据传输、计算等。它是流程图里最为本质的、出现最多的图形框。

输入/输出框反映程序的输入和输出情况。计算机程序无非就是接收数据，进行处理，然后加以输出，所以输入/输出框是必不可少的。

流程线就是各种框图的连线。

流程图表示算法简单，易于掌握。同时，表示算法直观形象，比较清楚地显示出各个框之间的逻辑关系。

3．顺序结构和选择结构的流程图

（1）顺序结构程序的流程图如图 5－1－2 所示：

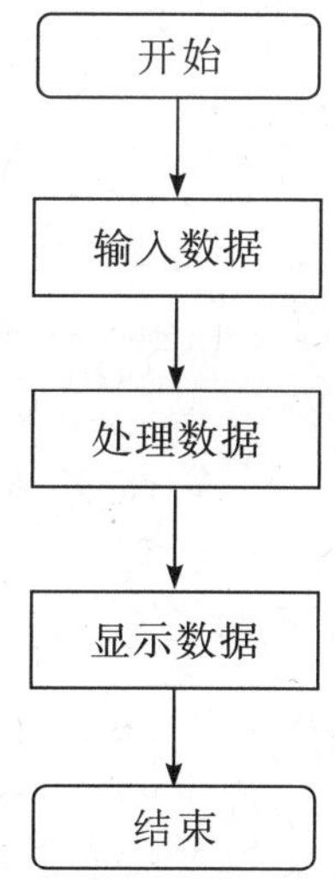

图 5－1－2　顺序结构程序流程图

（2）选择程序结构可以有以下几种流程图：

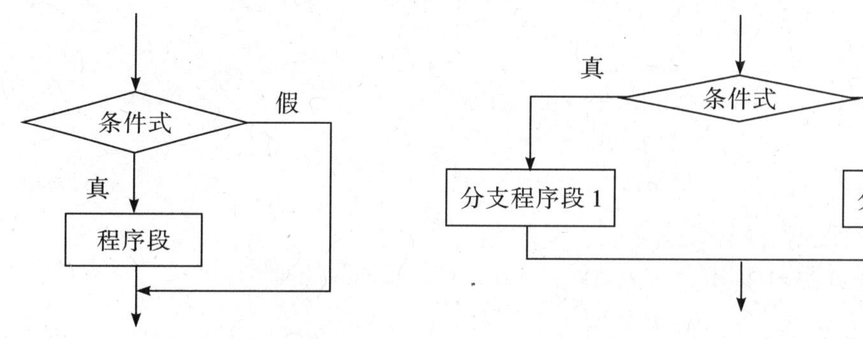

图 5－1－3　单分支结构流程图 1

图 5－1－4　双分支结构流程图 2

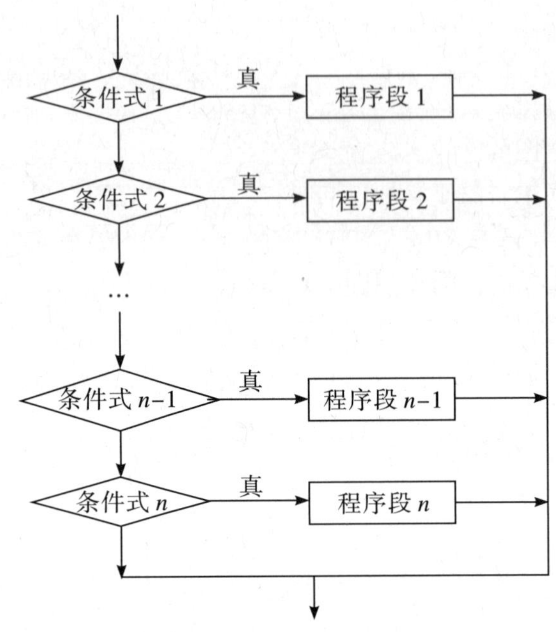

图 5-1-5　多分支结构流程图

二、字符数据输入/输出

1. putchar 函数

格式：putchar（c）

参数：c 为字符常量、变量或表达式。

功能：把字符 c 输出到显示器上。

返值：正常，为显示的代码值；出错，为 EOF（-1）

例如：

```
putchar ('A');        (输出大写字母 A)
putchar (x);          (输出字符变量 x 的值)
putchar ('\101');     (也是输出字符 A)
putchar ('\n');       (换行)
```

对控制字符则执行控制功能，不在屏幕上显示。

使用本函数前要用文件包含命令：#include <stdio. h>

例 5-1-1：

```
#include <stdio.h>
main()
{
   int i = 65;
```

```
    char ch  ='A';
    putchar(i);             /* 输出 字符 'A' */
    putchar('\n');          /* 换行,可以输出控制字符,起控制作用 */
    putchar(ch);            /* 输出 字符变量 ch 的值 'A' */
}
```

2. getchar 函数

该函数的功能是从键盘上输入一个字符。

格式：getchar（ ）

功能：从键盘读一字符。

返值：正常，返回读取的代码值；出错，返回 EOF（ -1）。

通常把输入的字符赋予一个字符变量，构成赋值语句，如：

```
char ch;
ch = getchar ( );
```

说明：getchar 函数无参数。和 putchar 函数一样，在使用前必须要用包含命令 #include <stdio. h>。此外，getchar 函数只能接受单个字符，输入数字也按字符处理。输入多于一个字符时，只接收第一个字符。

例 5 -1 -2：

```
main ( )
{
    char c;
    c = getchar ( );
    putchar (c);
}
```

在运行时，如果从键盘输入字符'x'

```
x↙                      (输入'x'后，按回车键)
x                       (输出变量 c 的值'x')
```

如果从键盘输入字符 xyz↙，则输出仍然是'x'。所以，对于 getchar 函数而言，输入多于一个字符时，只取其中第一个。putchar 也只能输出一个字符。

除了 getchar 函数外，字符输入还有 getch（ ）函数和 getche（ ）函数。getch（ ）函数直接读键盘（而不是读输入缓冲区，也就不必理会输入缓冲区是否为空），此时该函数等待用户从键盘输入一个字符，当用户按任一键后（不必为回车键），getch（ ）将该字符作为函数值返回。注意：为执行 getch（ ）函数而在键盘上键入的字符不显示在屏幕上。该函数常常用来响应用户是否敲击键盘。getche（ ）函数，基本同 getch（ ），只是为执行 getche（ ）函数而将键盘上键入的字符显示在屏幕上。

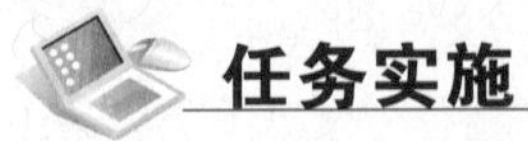

任务实施

一、任务功能

本程序任务是设计一个简单的若干位密码加密程序，将作为密码的字母进行适当处理，产生跟原来密码不一样的其他字母。具体要求是：用原来字母后面的第3个字母代替原来的字母。例如，字母“a”后面第3个字母是“d”，“abcd”加密后成为“defg”。

二、任务分析与编程思路

实现程序任务的方法很多，这里使用字符数据输入/输出函数 getchar、putchar 来实现上述功能。

运用程序流程图的知识，结合顺序程序结构的特点，该任务的程序框图如图5-1-6所示。

（1）首先是要依次输入若干个字符。相关知识中的 getchar 函数可以实现这一功能，但是，由于 getchar 每次只能接受一个字符，所以，要处理4位密码的时候就需要用到4个 getchar 语句。

```
char c1, c2, c3, c4;
c1 = getchar ();
c2 = getchar ();
c3 = getchar ();
c4 = getchar ();
```

（2）把键盘输入的字符进行处理，实现加密。具体说，就是用原字母后面第3个字母代替原来的字母。由于字符数据类型和ASCII码的对应关系，可以直接加3即可。

```
c1 = c1 + 3;
c2 = c2 + 3;
c3 = c3 + 3;
c4 = c4 + 3;
```

（3）直接按第1、2点的代码编程是可行的，但是不够简洁。在充分理解字符和整型的ASCII码之间关系基础上，可以把这两部分代码合并处理，使程序简洁。

（4）最后用所学的 putchar 函数把加密后的字符输出。由于与 getchar 一样，putchar 函数每次也只能输出一个字符，所以也需要有4个 putchar 函数输出。

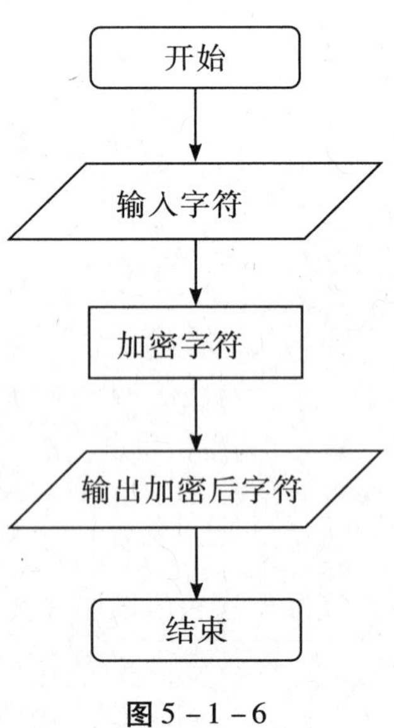

图5-1-6

三、程序分析

EX5－1－1. C:

```
#include  < stdio. h >
main( )
{
   char c1, c2, c3, c4;
   c1 = getchar( ) +3;
   c2 = getchar( ) +3;
   c3 = getchar( ) +3;
   c4 = getchar( ) +3;
   putchar ( c1) ;
   putchar ( c2) ;
   putchar ( c3) ;
   putchar ( c4) ;
}
```

四、运行、调试

用 Visual C++ 6.0 对源程序进行编辑、编译与调试，运行结果为：

第一次：

输入 abcd ↙

输出结果为：defg

第二次：

输入 EFGH ↙

输出结果为：________

第三次：

输入 ASdr ↙

输出结果为：________

第四次：

输入 asxy ↙

输出结果为：dv{ |

在上述结果中，第四次显然不合理。这主要是因为语句 c = c +3 到了 x，y，z 后就超出了字母范围。处理的方法在任务拓展里介绍。

此外，在使用 getchar 进行字符输入时，按回车键表示输入结束，但同时按回车键也产生一个转义字符'\n'，这个字符会被后面的 getchar 函数接收，因此利用连续多个 getchar 函数给多个字符变量赋值时应注意只在最后一个字符后面按回车键，其他字符连续输入，字符间不要添加任何符号，否则会产生错误。

任务拓展

（1）如果在上述程序中输入多于 4 个字符密码，输出结果会是怎样？

（2）在上述程序中，如果输入的字母密码是 x，y，z，按照我们的想法应该用 a，b，c 代替。但用 c = c + 3 显然不能够实现，而应该用 c = c − 23。在学习了选择分支的 if 语句之后，我们就有办法解决这个问题。事实上，加上选择分支语句，不但能解决这个问题，它还能处理数字密码。即使输入了错误的不合规格密码字符，也能给出错误提示。所以，请大家学习了后面的内容后，再回过头来完善这个程序。

（3）在学习了任务 2 的 printf（）函数之后，程序后面的 4 个 putchar（）可以用一个 printf（）函数实现。结合后面的学习，写出这个语句。

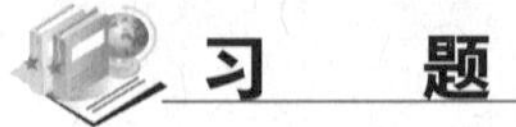

习　　题

1. 判断题

（1）使用 getchar 函数前必须包含头文件 stdio. h。（　　）

（2）getchar 函数的功能是接收从键盘输入的一个整数。（　　）

2. 用 getchar 函数可以从键盘读入一个（　　）。

A. 整型变量表达式值　　B. 实型变量值

C. 字符串　　　　　　　D. 字符或字符型变量值

3. 问答题

为什么 putchar（'\101'）输出 A?

4. 编程题

用 getchar 函数从键盘读入两个字符并赋值给变量 c1、c2，然后用 putchar 函数分别输出这两个字符。并回答以下问题：

（1）变量 c1、c2 应定义为字符型还是整形？抑或二者皆可？

（2）要求输出 c1 和 c2 的 ASCII 码，应如何处理？

任务 2　格式输入/输出函数

任务说明

本任务是格式输入 scanf 函数和格式输出 printf 函数的使用。在 C 语言中，经常需要按指定格式从键盘读入数据或者按指定格式向显示器输出数据，因此，这两个函数使用频率很高。

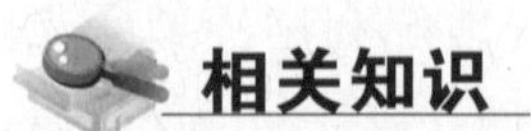

相关知识

一、printf 函数（格式输出函数）

格式：printf（“格式控制串”，输出表）。

功能：按指定格式向显示器输出数据。

返值：正常，返回输出字节数；出错，返回 EOF（-1）。

printf 函数称为格式输出函数，其关键字最末一个字母 f 即为“格式”（format）之意。其功能是按用户指定的格式，把指定的数据显示到显示器屏幕上。在前面其他项目的例题中已使用过这个函数。

printf 函数是一个标准库函数，它的函数原型在头文件“stdio. h”中。但作为一个特例，不要求在使用 printf 函数之前必须包含 stdio. h 文件。

在 printf（“格式控制串”，输出表）的格式中，格式控制字符串用于指定输出格式。格式控制串可由格式字符串和非格式字符串两种组成。格式字符串是以%开头的字符串，在%后面跟有各种格式字符，以说明输出数据的类型、形式、长度、小数位数等。如：

“%d”表示按十进制整型输出；

“%ld”表示按十进制长整型输出；

“%c”表示按字符型输出等。

详细格式控制字符如下：

表 5-2-1　C 语言格式控制字符

字符	字符意义
d	以十进制形式输出带符号整数（正数不输出符号）
o	以八进制形式输出无符号整数（不输出前缀 0）
x，X	以十六进制形式输出无符号整数（不输出前缀 0x）
u	以十进制形式输出无符号整数
f	以小数形式输出单、双精度实数
e，E	以指数形式输出单、双精度实数
g，G	以%f 或%e 中较短的输出宽度输出单、双精度实数
c	输出单个字符
s	输出字符串

非格式字符串在输出时原样输出，在显示中起提示作用。如：

```
printf(" 个人通讯录 \n");
printf(" 张三  |  13811111111 \n");
```

则原样输出以下内容：

```
个人通讯录
张三        |       13811111111
```

输出表列中给出了各个输出项，要求格式字符串和输出表中各项在数量和类型上都要对应。

第二个参数是要显示其值的参数列表。如果格式描述串中没有特殊字符"%"，那么该输出语句里就不能有输出列表，也不需要表示分隔的逗号。这就是上面 printf（）函数的原样输出。

例5-2-1：

```
#include <stdio.h>
main()
{
  int x=88, y=89;
  printf("%d%d\n", x, y);
  printf("%d %d\n", x, y);
  printf("%d, %d\n", x, y);
  printf("%c, %c\n", x, y);
  printf("X的ASCII码为: %d, Y的ASCII码为: %d\n", x, y);
}
```

运行结果如下：

```
8889
88 89
88,89
X，Y
X的ASSII码为：88，Y的ASCII码为：89
```

上例中第一次输出 printf（"%d%d\n"，x，y）时，%d 规定了输出的是整数形式，并且%d%d 是连续没有空格的，所以输出的结果 88 和 89 也是连续的。其中"\n" 起到换行作用。作为对比，第二次输出 printf（"%d %d\n"，x，y）时，由于%d 之间加了空格，所以 88 与 89 之间也就有了空格。第三次输出 printf（"%d,%d\n"，x，y）时，%d 之间加了逗号，所以 88 与 89 之间也就有了逗号。上述三个输出都是由格式符%d 控制，因此都是输出整数。在第四次输出 printf（"%c,%c\n"，x，y）时，控制符换了%c，因此输出的结果不再是整数，而是字符。88 与 89 对应的 ASCII 码分别是 X 和 Y，所以输出的结果也就是 X 和 Y。在这个程序中，请大家注意定义的变量"*x*，*y*"和输出的字符"X，Y"不是一回事。

格式控制符%d、%c 等前面的东西是原样输出的，这从第五次输出 printf（" x 的 ASCII 码为:%d，y 的 ASCII 码为:%d\n"，x，y）中可以看得很清楚。

另外，输出列表参数个数要与格式控制符%d、%c 等的个数一致。

结合上述分析，请大家自行判断以下程序输出结果。

```
#include <stdio.h>
main( )
{
  int a;
  char c;
  c='x';
  a=99;
  printf("c=%d, c=%c \n", c, c);
```

```
    printf( "a = %d,  a = %c  \n",  a,  a) ;
}
```

在 printf 的格式控制串中% m. nf（m，n 为正整数）的含义为：指定输出的数据共占 m 列，其中有 n 位小数。如果数值长度小于 m，则左端补空格；如果超过 m，则忽略 m 的限制。

双精度数默认情况下精确到 6 位小数。以指数形式输出单、双精度实数时默认情况下也是精确到 6 位小数。

例 5 -2 -2：

```
main()
{
    int a = 15;
    float b = 123. 1234567;
    double c = 12345678. 1234567;
    char d = 'p';
    printf( "a = %d, %5d, %o, %x \n", a, a, a, a) ;
    printf( "b = %f, %lf, %5. 4lf, %e \n", b, b, b, b) ;
    printf( "c = %lf, %f, %8. 4lf \n", c, c, c) ;
    printf( "d = %c, %8c \n", d, d) ;
}
```

运行结果：

```
a = 15,    15, 17, f
b = 123. 123459, 123. 123459, 123. 1235, 1. 23123e +02
c = 12345678. 123457, 12345678. 123457, 12345678. 1235
d = p,         p
```

本例第七行中以四种格式输出整型变量 a 的值，其中“%5d ”要求输出宽度为 5，而 a 值为 15 只有两位故补三个空格。第八行中以四种格式输出实型量 b 的值。其中“%f”和“%lf ”格式的输出相同，说明“l”符对“f”类型无影响。“%5. 4lf”指定输出宽度为 5，精度为 4，由于实际长度超过 5 故应该按实际位数输出，小数位数超过 4 位部分被截去。第九行输出双精度实数，“%8. 4lf ”由于指定精度为 4 位故截去了超过 4 位的部分。第十行输出字符量 d，其中“%8c ”指定输出宽度为 8，故在输出字符 p 之前补加 7 个空格。

三、scanf 函数（格式输入函数）

格式：scanf（“格式控制串”，地址表）

功能：按指定格式从键盘读入数据，存入地址表指定的存储单元中，并按回车键结束。

返值：正常，返回输入数据个数。

scanf 函数是一个标准库函数，它的函数原型在头文件“stdio. h”中，与 printf 函数相同，C 语言也允许在使用 scanf 函数之前不必包含 stdio. h 文件。

scanf 函数的一般形式中，格式控制字符串的作用与 printf 函数相同，但不能显示非格式字符串，也就是不能显示提示字符串。地址表列中给出各变量的地址。地址是由地址运算符“&”后跟变量名组成的。

例如：

&a，&b

分别表示变量 a 和变量 b 的地址。

这个地址就是编译系统在内存中给 a，b 变量分配的地址。在 C 语言中，使用了地址这个概念，这是与其他语言不同的。应该把变量的值和变量的地址这两个不同的概念区别开来。变量的地址是 C 编译系统分配的，用户不必关心具体的地址是多少。

变量的地址和变量值的关系如下：

如 a =567

则，a 为变量名，567 是变量的值，&a 是变量 a 的地址。

在赋值号左边是变量名，不能写地址，而 scanf 函数在本质上也是给变量赋值，但要求写变量的地址，如 &a。这两者在形式上是不同的。& 是一个取地址运算符，&a 是一个表达式，其功能是求变量的地址。

例 5 -2 -3：

```
main()
{
    int a, b, c;
    printf("input a, b, c \n");
    scanf("% d% d% d", &a, &b, &c);
    printf("a = % d, b = % d, c = % d", a, b, c);
}
```

在本例中，由于 scanf 函数本身不能显示提示串，故先用 printf 语句在屏幕上输出提示，请用户输入 a、b、c 的值。执行 scanf 语句，则进入用户屏幕等待用户输入。用户输入 7 8 9 后按下回车键，此时，系统又将返回屏幕。在 scanf 语句的格式串中由于没有非格式字符在“% d% d% d”之间作输入时的间隔，因此在输入时要用一个以上的空格或回车键作为每两个输入数之间的间隔。如：

7 8 9

或

7

8

9

1. scanf 格式字符串的一般形式

% [*] [输入数据宽度] [长度] 类型

其中有方括号［］的项为任选项。各项的意义如下：

（1）类型：表示输入数据的类型，其格式符和意义如下表所示。

表 5－2－2　C 语言格式符

格式符	字符意义
d	输入十进制整数
o	输入八进制整数
x	输入十六进制整数
u	输入无符号十进制整数
f 或 e	输入实型数（用小数形式或指数形式）
c	输入单个字符
s	输入字符串

（2）“＊”符：用以表示该输入项，读入后不赋予相应的变量，即跳过该输入值。如：

```
scanf("%d %*d %d", &a, &b);
```

当输入为：1　2　3 时，把 1 赋予 a，2 被跳过，3 赋予 b。

（3）宽度：用十进制整数指定输入的宽度（即字符数）。

例如：

```
scanf("%5d", &a);
```

输入：12345678

只把 12345 赋予变量 a，其余部分被截去。

又如：

```
scanf("%4d%4d", &a, &b);
```

输入：12345678

将把 1234 赋予 a，而把 5678 赋予 b。

（4）长度：长度格式符为 l 和 h，l 表示输入长整型数据（如%ld）和双精度浮点数（如 %lf）。h 表示输入短整型数据。

2. 使用 scanf 函数时，以下几点是很容易犯错的，初学者必须谨记

（1）scanf 函数中没有精度控制，如：“scanf（"%5. 2f"，&a）;”是非法的。不能用此语句输 入小数为 2 位的实数。

（2）scanf 中要求给出变量地址，如给出变量名则会出错。如“scanf（"%d"，a）;”是非法的，应改为“scnaf（"%d"，&a）;”才是合法的。

（3）在输入多个数值数据时，若格式控制串中没有非格式字符作输入数据之间的间隔则可用空格，TAB 或回车作间隔。C 编译在碰到空格，TAB，回车或非法数据（如对

“%d” 输入 “12A” 时，A 即为非法数据）时即认为该数据结束。

（4）在输入字符数据时，若格式控制串中无非格式字符，则认为所有输入的字符均为有效字符。

例如：

```
scanf ("%c%c%c", &a, &b, &c);
```

输入为：

```
d␣e␣f
```

则把'd'赋予'a'， ␣（也就是空格）赋予 b，'e'赋予 c。

只有当输入为：

```
def
```

时，才能把'd'赋于 a，'e'赋予 b，'f'赋予 c。

如果在格式控制中加入空格作为间隔，

如：

```
scanf ("%c %c %c", &a, &b, &c);
```

则输入时各数据之间可加空格。

例 5 -2 -4：

```
main()
{
  char a, b;
  printf("input character a, b \n");
  scanf("%c%c", &a, &b);
  printf("%c%c \n", a, b);
}
```

由于 scanf 函数"%c%c" 中没有空格，输入 A B，结果输出只有 A。而输入改为 AB 时则可输出 AB 两字符。

（5）如果格式控制串中有非格式字符则输入时也要输入该非格式字符。

例如：

```
scanf ("%d,%d,%d", &a, &b, &c);
```

其中用非格式符 “，” 作间隔符，故输入时应为：

```
5, 6, 7
```

又如：

```
scanf (" a=%d, b=%d, c=%d", &a, &b, &c);
```

则输入应为：

```
a=5, b=6, c=7
```

（6）如输入的数据与输出的类型不一致时，虽然编译能够通过，但结果将不正确。

例5－2－5：

```
main()
{
  int a;
  printf("input a number \n");
  scanf("%d", &a);
  printf("%ld", a);
}
```

程序运行结果：

```
input a number
34
2228258
```

由于输入数据类型为整型，而输出语句的格式串中说明为长整型，因此输出结果和输入数据不符。若动程序如下：

```
main()
{
  long a;
  printf("input a long integer \n");
  scanf("%ld", &a);
  printf("%ld", a);
}
```

运行结果为：

```
    input a long integer
    111111111
111111111
```

可见，输入的数据与输出的类型一致时，输入输出数据才相等。

例5－2－6：

```
main()
{
  char a, b, c;
  printf("input character: \n");
  scanf("%c %c %c", &a, &b, &c);
  printf("%d, %d, %d \n%c, %c, %c \n", a, b, c, a - 32, b - 32, c - 32);
}
```

程序运行结果：

```
input character:
```

```
ads
97, 100, 115
A, D, S
```

该程序在输入三个小写字母后，分别输出其ASCII码和对应的大写字母。注意ASCII码和大写字母分别由%d和%c控制。

3. printf项目列表除了表达式外，还可以是函数。函数的知识可参照有关章节

例5-2-7：

```
main()
{
  int a;
  long b;
  float f;
  double d;
  char c;
  printf("\nint:%d\nlong:%d\nfloat:%d\ndouble:%d\nchar:%d\n",sizeof(a),
         sizeof(b),sizeof(f),sizeof(d),sizeof(c));
}
```

程序运行结果：

```
int: 2
long: 4
float: 4
double: 8
char: 1
```

程序输出各种数据类型的字节长度。其中sizeof（a）等都是函数。

在详细了解了常用输入\输出函数之后，下面列举一些顺序程序的例子。通过这些程序例子，加深对顺序程序结构的理解。

例5-2-8：

由键盘输入三角形三条边的长度，求三角形面积。

计算公式：

$$area = \sqrt{s(s-a)(s-b)(s-c)},$$

其中$s=(a+b+c)/2$

```
#include <math.h>
#include <stdio.h>
main()
{
  float a,b,c,s,area;
  scanf("%f,%f,%f",&a,&b,&c);
  s=1.0/2*(a+b+c);
  area=sqrt(s*(s-a)*(s-b)*(s-c));
```

```
    printf("a = %7.2f, b = %7.2f, c = %7.2f, s = %7.2f\n", a, b, c, s);
    printf("area = %7.2f\n", area);
}
```

程序运行结果：

```
4, 8, 7
a =4.00, b =8.00, c =7.00, s =9.50
area = 14.00
```

说明：三角形三条边之间是有一定约束条件的，即任何两条边的和必然大于第三边。请大家在学习选择程序之后再补充程序相关的内容。

例 5-2-9：

输入一个三位数，逆序显示该数。比如输入的是 123，则显示 321。

```
#include <stdio.h>
main( )
{
    int a , b , c , n ;
    printf( "输入一个三位数 :");
    scanf( "%d" , &n );
    a = n / 100 ;/ * 百位数字 * /
    b = n % 100 / 10 ;/ * 十位数字 * /
    c = n % 10 ;/ * 个位数字 * /
    printf( " %d\n" , c * 100 + b * 10 + a);
}
```

程序运行结果：

```
输入一个三位数：627
逆序后三位数：726
```

程序中，a = n / 100 是提取百位数字，而 b = n % 100 / 10，c = n % 10 分别是提取十位数字和个位数字。

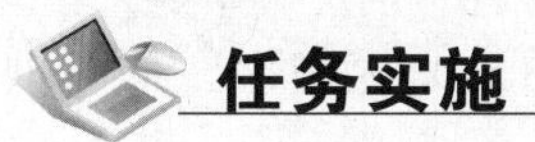

任务实施

一、任务功能

编写程序，根据输入的人口数据和年人口增长率，用计算公式 $p = p_0 1 + (\text{rate})^n$ 得到若干年后人口总数，并按要求输出结果。

二、任务分析与编程思路

在人口统计中，人口增长率为一定时间内（通常为一年）人口增长数量。计算公式为：“人口增长率 = （年末人口数 - 年初人口数）/年平均人口数 × 100%”。使用格式输入 scanf 函数输入现有的人口数量和增长率，调用系统里的数学函数作乘方运算计算出结果，最后用 printf 函数按照一定的格式控制输出结果。通过合理应用 printf 函数以及转义字符“\t”、“\n”等，可以进行简单的界面设计。程序框图如图 5－2－1 所示。

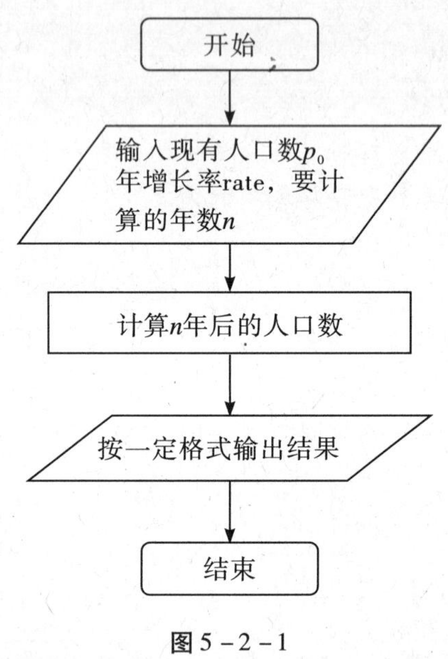

图 5－2－1

（1）程序要引入数学函数所在的头文件#include <math. h>，因为在计算公式 $p = p_0 1 + (rate)^n$ 时需要有 math. h 的支持。

（2）人口数，增长率，年数的数据类型根据实际需要分别为双精度型，单精度型和实型。scanf（"%lf%f%d"，&p_0，&rate，&n）是从键盘输入数据，%lf，%f 分别是双精度和单精度的格式控制符。注意输入数据时数据之间要有空格。

（3）$p = p_0 * pow$（（1 + rate），n）的计算表达式要符合函数格式要求。函数 pow（a，b）是表示 a^b 的意思。

（4）输出%10. 2lf 是保留双精度数两位小数，可根据要求设定%10. ＊中的数字。

（5）屏幕界面设计的基本方法就是 printf（""）里" " 的东西是原样输出。具体可参照相关知识里的例题和说明。

三、程序分析

EX5－2－1. C:

```
#include <stdio. h>
#include <math. h>
main()
{
  int n;
```

```
    float rate;
    double p0, p;
    printf("请输入现在人口总数(亿),增长率(小数),年数: \n");
    scanf("%lf%f%d", &p0, &rate, &n);
    printf(" 人口计算\n");
    printf("- - - - - - - - - - - - - - - - - - - - - - - - - - - - - - - - \n");
    printf(" 现在人口总数(亿)  |  增长率(小数)  |  年数\n");
    printf("- - - - - - - - - - - - - - - - - - - - - - - - - - - - - - - - \n");
    p = p0 * pow((1 + rate), n);
    printf(" %10.0lf  |  %f  |  %d\n", p0, rate, n);
    printf("- - - - - - - - - - - - - - - - - - - - - - - - - - - - - - - - \n");
    printf("未来人口总数(亿):%10.2lf\n", p);
}
```

四、程序运行与调试

用 Visual C++ 6.0 对源程序进行编辑、编译与调试，运行结果如下图：

```
请输入现在人口总数(亿),增长率（小数）,年数:
2.5 0.002 5
                人口计算
------------------------------------------------------
 现在人口总数(亿)  |   增长率（小数）   |   年数
------------------------------------------------------
           2       |     0.002000      |    5
------------------------------------------------------
未来人口总数(亿):         2.53
```

图 5-2-2　程序运行结果

写出当输入 5.0　0.001　0 时的输出结果。并回答：把 scanf（"%lf%f%d"，&p_0，&rate，&n）改为 scanf（"%lf,%f,%d"，&p_0，&rate，&n）后能否像原来那样输入数据?

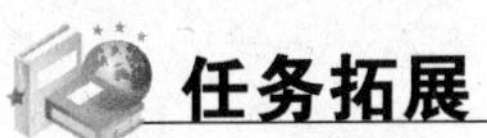

任务拓展

（1）人口数如果用单精度数据类型，结果有何区别。为什么?

（2）从键盘输入数据时，如果数据之间没有空格或者数据之间用逗号分隔，结果如何?

（3）用 printf（ ）语句中，设计一个不同的界面，使用转义符" \t" 实现。

习　　题

一、选择题

1. 若 m 为 float 型变量，则执行以下语句后的输出为________。

```
m = 1234.123;
printf("%-8.3f\n", m);
printf("%10.3f\n", m);
```

A. 1234.123　　B. 1234.123　　C. 1234.123　　D. -1234.123
   1234.123　　　 1234.123　　　 1234.123　　　 001234.123

2. 若 x，y，z 均为 int 型变量，则执行以下语句后的输出为________。

```
x = (y = (z = 10) + 5) - 5;
printf("x = %d, y = %d, z = %d\n", x, y, z);
y = (z = x = 0, x + 10);
printf("x = %d, y = %d, z = %d\n", x, y, z);
```

A. x = 10，y = 15，z = 10
   x = 0，y = 10，z = 0

B. x = 10，y = 10，z = 10
   x = 0，y = 10，z = 10

C. x = 10，y = 15，z = 10
   x = 10，y = 10，z = 0

D. x = 10，y = 10，z = 10
   x = 0，y = 10，z = 0

3. 若 x 是 int 型变量，y 是 float 型变量，所用的 scanf 调用语句格式为：

scanf（" x = %d，y = %f"，&x，&y）；

则为了将数据 10 和 66.6 分别赋给 x 和 y，正确的输入应是：________。

A. x = 10，y = 66.6 <回车>　　B. 10 66.6 <回车>

C. 10 <回车>66.6 <回车>　　D. x = 10 <回车> y = 66.6 <回车>

二、读程序写结果

1.
```
main()
{ int x, y;
  scanf("%2d%*2d%ld", &x, &y);
  printf("%d\n", x + y);
}
```
执行时输入：1234567

2.
```
main()
{ float x; int i;
  x = 3.6; i = (int)x;
  printf("x = %f, i = %d", x, i);
}
```

三、编程

将华氏温度转换为摄氏温度和绝对温度的公式分别为：

$C = \frac{5}{9}(F - 32)$（摄氏温度）

$K = 273.16 + C$（绝对温度）

请编程序：当给出华氏温度 F 时，输出相应的摄氏温度和绝对温度。

任务3　if　语　句

任务说明

在本任务，需要掌握 if 分支语句的三种形式的不同特点，特别是用 if - else - if 解决多选一问题。

相关知识

一、if 语句的三种形式

1. if 语句

if 语句是条件分支语句最基本的形式。

格式：

if (表达式) 语句

功能：首先计算表达式的值，若表达式的值为“真”（非 0），则执行语句，若表达式的值为“假”（0），不执行语句。

例如：

```
if (x > y) printf ("%d", x);
```

2．if - else 语句

if - else 语句是条件分支语句的标准使用形式。

格式：

if (表达式) 语句 1
else 语句 2

功能：首先计算表达式的值，若表达式的值为“真”（非 0），则执行语句 1，若表达式的值为“假”（0），则执行语句 2。

例如：

```
if (x > y) printf ("%d", x);
else printf ("%d", y);
```

3．if - else - if 语句

前面两种 if 语句一般都用于 两个分支的选择结构。对于多个分支选择时，可采用 if - else - if语句。

格式：

if (表达式 1) 语句 1

```
  else if (表达式2) 语句2
else if (表达式3) 语句3
  ⋮
else if (表达式n-1) 语句n-1
else 语句n
```

功能：首先计算表达式1的值，若为“真”（非0），执行语句1，否则进行下一步判断；若表达式2为真，执行语句2，否则进行下一步判断，直至所有表达式都为假时，执行语句 $n+1$。

其流程图如图5-3-1所示。

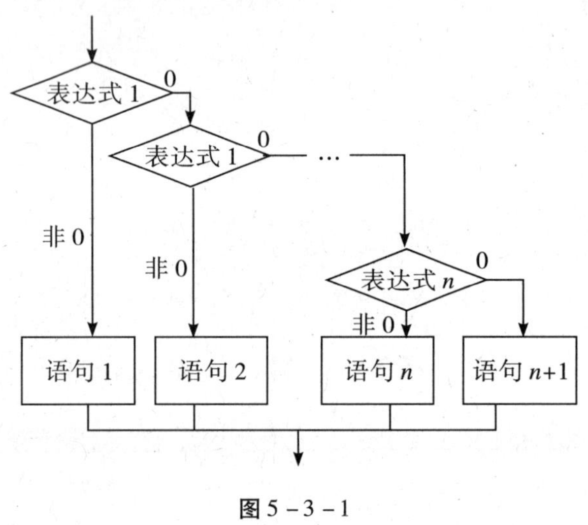

图5-3-1

关于if语句的说明：

(1) if后面圆括号中的表达式一般是关系表达式或逻辑表达式，用于描述选择结构的条件，但也可以是任意的数值类型表达式（包括整型、实型、字符型、指针型数据表达式）。

例如：if (2) printf ("OK!");

是合法的，因为表达式的值为2，非0，按“真”处理，执行结果输出“OK!”

(2) 第二种、第三种格式的if语句中，在每个else前面有一个分号，整个语句结束处也有一个分号。这是由于分号是C语句中不可缺少的部分，这个分号是if语句中的内嵌语句所需要的。

(3) 在if和else后面可以只含有一个内嵌的操作语句，也可以含有多个操作语句，此时应用大括号“{ }”将几个语句括起来，构成一个复合语句，复合语句的“{”和“}”之后不能加分号。

例5-3-1：输入两个实数，按代数值由小到大输出这两个数。

```
main ( )
{
  float a, b, t;
```

```
    scanf ("%f,%f", &a, &b);
    if (a > b)
    {
        t = a; a = b; b = t;
    }
    printf ("%5.2f, %5.2f", a, b);
}
```

程序运行结果：

```
4.9, 2.9↙
2.90, 4.90
```

例 5-3-2：输入一个字符，判别它是否大写字母，如果是，将它转换成小写字母；如果不是，不转换。然后输出最后得到的字符。

```
main ( )
{
    char ch;
    printf ("Please enter a charcter: \n");
    scanf ("%c", &ch);
    ch = (ch >= 'A'&&ch <= 'Z') ? (ch + 32) : ch;
    printf ("%c", ch);
}
```

程序运行结果：

```
Please enter a charcter:
A↙
a
```

条件表达式中的（ch+32），其中 32 是小写字母和大写字母 ASCII 码的差值。

例 5-3-3：任意输入一个年份，判断是否是闰年。闰年的条件需要符合下面条件之一：

（1）能被 4 整除，但不能被 100 整除；

（2）能被 4 整除，又能被 400 整除。

算法思路：

（1）输入年份；

（2）判断是否为闰年。

判断闰年的表达式：

条件一：

能被 4 整除：year%4 = =0

不能被 100 整除：year%100！ =0

组合：(year%4 = =0 && year%100！ =0)

条件二：
能被4整除：year%4 = =0
能被400整除：year%400 = =0
组合：(year%4 = =0 && year%400 = =0)
总条件式：(year%4 = =0 && year%100! =0) ‖ (year%4 = =0 && year%400 = =0)
可改写为：((year%4 = =0) && (year%100! =0)) ‖ (year%400 = =0)
(3) 若是，输出“某某年是闰年”；若不是，则输出“某某年不是闰年”。

```
#include "stdio.h"
main()
{int year;
printf("请输入年份:");
scanf("%d", &year);
if(((year%4 = =0) && (year%100! =0)) ‖ (year%400 = =0))
    printf("%d 是闰年\n", year);
else printf("%d 不是闰年\n", year);
}
```

运行结果：

```
请输入年份：2008
2008 是闰年
请输入年份：1987
1987 不是闰年
```

例5-3-4：输入三角形的三条边长，求三角形的面积（需判断边长能否构成三角形）。

解：在前面的任务里，也有一条例题是计算三角形面积的，但当时由于还没有学习选择语句，所以没有考虑三条边是否符合条件的问题。现在就来讨论这个问题。

算法思路：
(1) 通过键盘输入三边长的值a，b，c；
(2) 判断是否构成三角形；
条件式：(a+b>c) && (b+c>a) && (a+c>b)
(3) 若能构成，计算三角形的面积并输出；若不能构成则输出错误提示信息。

```
#include "stdio.h"
#include "math.h"
main()
{float a, b, c, l, s;
printf("请输入三角形的三个边长:");
scanf("%f%f%f", &a, &b, &c);
if((a+b>c)&&(b+c>a)&&(a+c>b))
{
```

```
    l = (a + b + c)/2;
    s = sqrt(l * (l - a) * (l - b) * (l - c));
    printf("面积 S = %.2f", s);
  }
  else printf("构不成三角形! \n");
  }
```

程序运行结果：

```
请输入三角形的三个边长：12 23 18
面积 S = 106. 92
请输入三角形的三个边长：12 23 78
构不成三角形!
```

二、if 语句的嵌套

在 if 语句中有包含一个或多个 if 语句称为 if 语句的嵌套。要处理多重分支选择结构问题，除了用 if - else - if 语句外，还可以利用 if 语句的嵌套来实现。

（1）if 和 else 的配对规则为：else 总是与它上面的最近的未配对的 if 配对。

（2）if 与 else 的个数最好相同，从内层到外层一一对应，以避免出错。

（3）在嵌套内的 if 语句既可以是 if 语句形式，也可以是 if - else 语句形式，但最好使内嵌 if 语句也包含 else 部分。如果 if 与 else 的个数不同，可以用花括号来确定配对关系。例如：

```
if ( )
  {if ( ) 语句 1}
else
  语句 2
```

这时“{ }”限定了内嵌 if 语句的使用范围，因此 else 与第一个 if 配对。

例 5－3－5：有一函数：

```
      -1      (x<0)
y =    0      (x=0)
       1      (x>0)
```

编一程序，输入一个 x 值，输出 y 值。

解：

```
main ( )
{
  int x, y;
  scanf ("%d", &x);
  if (x<0) y = -1;
    else if (x = =0) y =0;
```

```
    else y = 1;
    printf ("x = % d, y = % d \n", x, y);
}
```

例5-3-6：输入三个整数，输出最大数和最小数。

解：

```
main( )
{
    int a, b, c, max, min;
    printf( "input three numbers: ");
    scanf( "% d% d% d", &a, &b, &c);
    if( a > b)
      { max = a; min = b; }
    else
      { max = b; min = a; }
    if( max < c)
      max = c;
    else
      if( min > c)
    min = c;
    printf( "max = % d \nmin = % d", max, min);
}
```

程序运行结果：

```
input three numbers：23 45 89
max = 89
min = 23
```

本程序中，首先比较输入 a，b 的大小，并把大数装入 max，小数装入 min 中，然后再与 c 比较，若 max 小于 c，则把 c 赋予 max；如果 c 小于 min，则把 c 赋予 min。因此 max 内总是最大数，而 min 内总是最小数。最后输出 max 和 min 的值即可。

例5-3-7：任意输入一个成绩，给出评语：

90-100：优秀；80-89：良好；60-79：及格；0-59：不及格。

解：

算法思路：

（1）输入一个成绩数，存入变量 score；

（2）判断 score 在哪个分数段中；

（3）根据所在分数段输出对应的评语。

```
#include "stdio. h"
main()
{
```

```
    int score;
    printf( "input your score: ");
    scanf( "%d", &score);
    if( score >100 || score <0)  printf( "input error. \n");
    else if( score > =90)  printf( "优秀. \n");
        else if( score > =80)  printf( "良好. \n");
            else if( score > =60)  printf( "及格. \n");
                else printf( "不及格. \n");
}
```

程序运行结果：

```
input your score：67
及格
input your score：90
优秀
input your score：87
良好
input your score：50
不及格
```

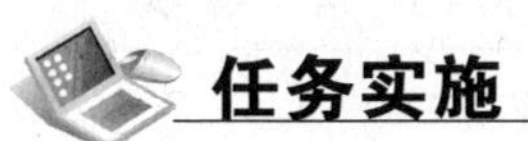

任务实施

一、任务功能

这是一个企业发放奖金的利润提成问题，具体如下：

企业利润（i）低于或等于 10 万元时，奖金可提 10%；利润高于 10 万元，低于 20 万元时，低于 10 万元的部分按 10% 提成，高于 10 万元的部分，可提成 7.5%；20 万到 40 万之间时，高于 20 万元的部分，可提成 5%；40 万到 60 万之间时，高于 40 万元的部分，可提成 3%；60 万到 100 万之间时，高于 60 万元的部分，可提成 1.5%，高于 100 万元时，超过 100 万元的部分按 1% 提成，从键盘输入当月利润 i，求应发放奖金总数。

二、任务分析与编程思路

这是一个适合用多分支结构解决的问题。

（1）利润数 i 要定义为长整数 long，是因为问题所涉及的数据超出了一般整数类型 int 的数据范围。int 的数据范围是 -32768 ~ 32767。与长整数对应的，输入格式控制符必须是"%ld"。

（2）利润在 10 万元以内按 0.1 提成奖金，直接用 bon1 = 100000 * 0.1 计算。利润在 10 万至 20 万元时的奖金根据题意，在 10 万元以内提成奖金基础上，再加上超额部分（i - 100000） * 0.075，所以有 bonus = bon1 + （i - 100000） * 0.075 的表达式。这种分配方法可以理解为每一个区间都有一个基数，然后新增部分一定比例提成。因此，程序的

7~10 行就是先把这些基数计算出来，16~24 行就在上述基数基础上加上超额部分而得出提成数。

（3）使用 if-else-if 语句处理问题时要根据流程图安排好 if，else if 和 else 各个位置所要处理的任务，不要出现逻辑混乱。

程序框图如图 5-3-2 所示。

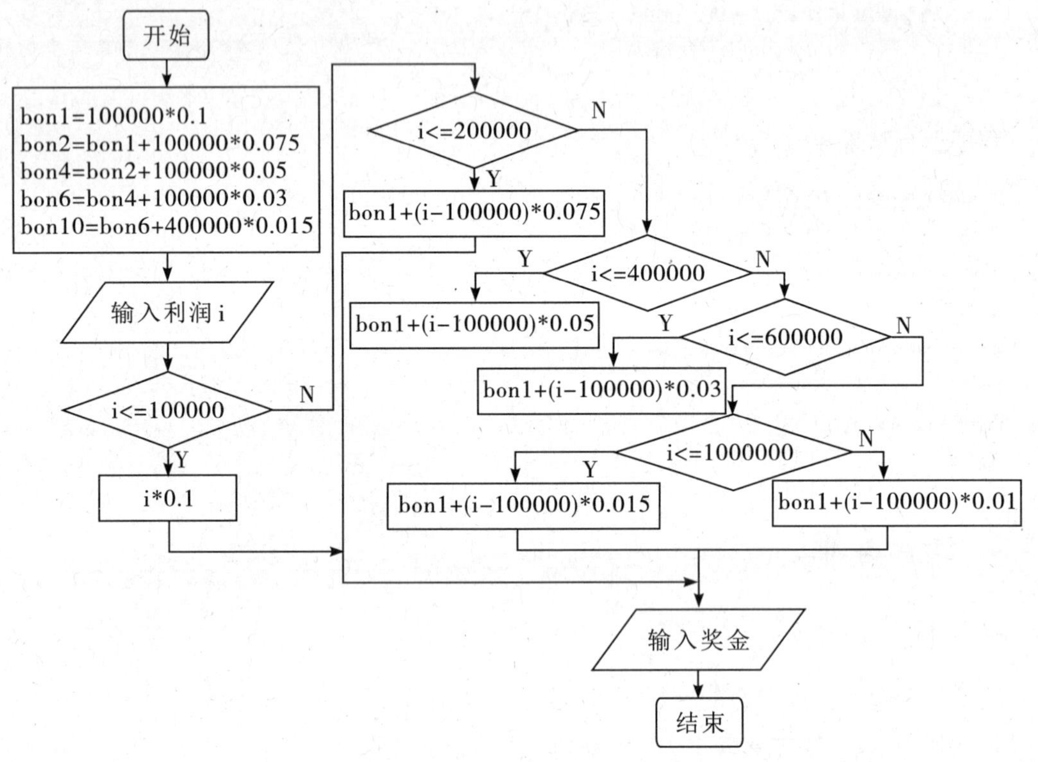

图 5-3-2　程序框图

三、程序分析

EX5-3-1. C:

```
#include <stdio. h>
main()
{
   long i;
   float bonus, bon1, bon2, bon4, bon6, bon10;
   bon1 = 100000 * 0. 1;                    /* 利润为 10 万元时的奖金 */
   bon2 = bon1 + 100000 * 0. 075;           /* 利润为 20 万元时的奖金 */
   bon4 = bon2 + 200000 * 0. 05;            /* 利润为 40 万元时的奖金 */
   bon6 = bon4 + 200000 * 0. 03;            /* 利润为 60 万元时的奖金 */
   bon10 = bon6 + 400000 * 0. 015;          /* 利润为 100 万元时的奖金 */
```

```
    printf("请输入利润 i:");
    scanf("%ld",&i);
    if(i<=100000)
      bonus=i*0.1;                            /*利润在10万元以内按0.1提成奖金*/
    else if(i<=200000)
      bonus=bon1+(i-100000)*0.075;            /*利润在10万至20万元时的奖金*/
    else if(i<=400000)
      bonus=bon2+(i-200000)*0.05;             /*利润在20万至40万元时的奖金*/
    else if(i<=600000)
    bonus=bon4+(i-400000)*0.03;               /*利润在40万至60万元时的奖金*/
    else if(i<=1000000)
    bonus=bon6+(i-600000)*0.015;              /*利润在60万至100万元时的奖金*/
    else
    bonus=bon10+(i-1000000)*0.01;             /*利润在100万元以上时的奖金*/
    printf("奖金是%10.2f\n",bonus);
}
```

四、程序运行与调试

用 Visual C++ 6.0 对源程序进行编辑、编译与调试，运行结果为：

第一次运行结果为：
请输入利润 i：10000↙
奖金是 1000.00
第二次运行结果为：
请输入利润 i：150000↙
奖金是________
第三次运行结果为：
请输入利润 i：500000↙
奖金是________

程序中，else if 语句里 i<=200000，i<=400000，i<=600000，i<=1000000 的顺序能否改变？试改变 i<=400000，i<=600000 的位置，再测试程序运行结果并对结果进行分析。

任务拓展

（1）在学习了 switch 语句之后，试用 switch 语句实现上述功能。

（2）试根据数值区间的方法来编写程序，如 200000<=i 与 i<=400000 一个区间，100000<=与 i<=200000 又另一区间，等等，每一个区间直接写出提成表达式。

习　题

一、选择题

1. 若$x=0$，$y=3$，$z=3$，以下表达式值为0的是（　　）。

A. ! x　　B. x<y? 1: 0　　C. x%2&&y==z　　D. y=x || z/3

2. 以下运算符中优先级最低的运算符为（　　），优先级最高的为（　　）。

A. &&　　B. !　　C. !=　　D. ||　　E. ?:　　F. ==

3. 若$w=1$，$x=2$，$y=3$，$z=4$，则条件表达式 w<x? w: y<z? y: z 的结果为（　　）。

A. 4　　B. 3　　C. 2　　D. 1

4. 若w，x，z均为int型变量，则执行以下语句后的输出为（　　）。

```
w=3; z=7; x=10;
printf("%d\n", x>10?x+100: x-10);
printf("%d\n", w++ || z++);
printf("%d\n", !w>z);
printf("%d\n", w&&z);
```

A.	B.	C.	D.
0	1	0	0
1	1	1	1
1	1	0	0
1	1	1	0

二、读程序写结果

1.
```
include <stdio.h>
main()
{ int a=-1, b=4, k;
  k=(a++<=0)&&(!(b--<=0));
  printf("%d, %d, %d\n", k, a, b);
}
```

2.
```
main()
{ int x, y, z;
  x=3; y=z=4;
  printf("%d", (x>=z>=x)?1:0);
  printf("%d", z>=y && y>=x);
}
```

三、编程

1. 输入三个整数，求其中最大数和最小数的差值。

2. 输入一个数，判断它能否被3或者被5整除，如至少能被这两个数中的一个整除，则将此数打印出来，否则不打印，编出符合要求的程序。

3. 输入一个字符，判断它如果是小写字母输出其对应大写字母；如果是大写字母输出其对应小写字母；如果是数字输出数字本身；如果是空格，输出“space”；如果不是上述情况，输出“other”。

任务 4　switch - case 语句

任务说明

本任务主要是介绍 switch 开关语句（switch - case）。同 if - else - if 语句一样，switch 开关语句也是用来处理多分支程序。某些时候，使用 switch 语句显得更为方便。

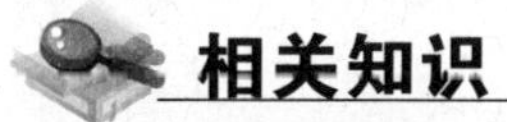

相关知识

switch 语句是一条多分支选择语句，在实际应用中，需要在多种情况中选择一种情况执行时，当然可以使用嵌套的 if 或 if - else - if 语句来处理，但其分支过多，程序冗长，难读，有时使用起来不方便。switch 语句是 C 语言中处理多路选择问题的一种更直观和有效的手段。在测试某个表达式是否与一组常量表达式的某一值相配时，常用 switch 开关语句。

一、switch 语句格式

```
switch (表达式)
{case 常量表达式 1：语句 1
  case 常量表达式 2：语句 2
  ⋮
  case 常量表达式 n：语句 n
  default：语句 n + 1
}
```

其中 default 和语句 n + 1 可以同时省略。

二、功能

（1） switch 的表达式通常是一个整型或字符型变量，也允许是枚举型变量，其结果为相应的整数、字符或枚举常量。case 后的常量表达式必须是与表达式对应一致的整数、字符或枚举常量。

（2） switch 语句中所有 case 后面的常量表达式的值都必须互不相同。

（3） switch 语句中的 case 和 default 的出现次序是任意的 。

（4） 由于 switch 语句中的“case 常量表达式”只是起语句标号的作用，而不起条件判断作用，可以用一个 break 语句来终止 switch。

利用 switch 语句，可以把任务 3 例 5-3-7 中的成绩和等级转换方式改写如下：

```
switch( grade)
{
case 'A': printf ( "90 ~ 100 \n") ; break;
case 'B': printf ( "80 ~ 89 \n") ; break;
case 'C': printf ( "60 ~ 79 \n") ; break;
case 'D': printf ( " <60 \n") ; break;
   default: printf ( "error \n") ;
}
```

最后一个分支（default）可以不加 break 语句。

（5）每个 case 的后面既可以是一个语句，也可以是多个语句，当是多个语句的时候，也不需要用花括号括起来。

（6）多个 case 的后面可以共用一组执行语句，如：

```
switch ( n)
{
case 1:
case 2:
   x = 10;
   break;
      ⋮
}
```

它表示当 $n=1$ 或 $n=2$ 时，都执行下面两个语句：

```
x = 10;
break;
```

注意：

（1）switch 后面括弧内的“表达式”，ASCII 标准允许它为任何类型。

（2）当表达式的值与某一个 case 后面的常量表达式的值相等（即匹配）时，就执行此 case 后面的语句，若所有的 case 常量表达式的值都没有与表达式的值匹配的，就执行 default 后面的语句。

（3）每一个 case 的常量表达式的值必须互不相同，否则就会出现互相矛盾的现象。

（4）在执行 switch 语句时，根据 switch 后面表达式的值找到匹配的入口，就从此标号开始执行下去，不再进行判断。可以用一个 break 语句跳出 switch 结构。

（5）switch 语句不等同于 if 语句之处，在于 switch 只能进行值的相等性的检查，而 if 语句不但可以进行相等性的检查，还可以计算关系表达式或逻辑表达式，进行逻辑判断的真假。

三、程序举例

例 5-4-1：从键盘上输入一个百分制成绩 score，按下列原则输出其等级：score≥90，等级为 A；80≤score<90，等级为 B；70≤score<80，等级为 C；60≤score<70，等级为 D；score<60，等级为 E。

解：

```
main()
{
int score;
char grade;
printf("Input a score(0~100): ");
  scanf("%d", &score);
    switch (score/10)
    {
    case  10:
    case  9: printf("grade = A \n"); break;
    case  8: printf("grade = B \n"); break;
    case  7: printf("grade = C \n"); break;
    case  6: printf("grade = D \n"); break;
    case  5:
    case  4:
    case  3:
    case  2:
    case  1:
    case  0: printf("grade = E \n"); break;
    default: printf("The score is out of range! \n");
  }
}
```

程序运行情况如下：

第一次：
Input a score (0~100): 65 ↙
grade = D
第二次：
Input a score (0~100): 90 ↙
grade = A
第三次：
Input a score (0~100): 35 ↙
grade = E

例 5-4-2：键盘输入 0~6 之间的整数，分别代表每周的星期日，星期一，…，星期六。

```
#include <stdio.h>
main( )
{
  int day;
  printf("请输入星期的数字编号(0-6): ");
  scanf("%d", &day);
  switch (day)
  {case 0: printf("星期日 \n"); break;
   case 1: printf("星期一 \n"); break;
   case 2: printf("星期二 \n"); break;
   case 3: printf("星期三 \n"); break;
   case 4: printf("星期四 \n"); break;
   case 5: printf("星期五 \n"); break;
   case 6: printf("星期六 \n"); break;
   default: printf("输入有误,请输入0-6之间的数字! \n");
  }
}
```

程序运行结果:

请输入星期的数字编号（0-6）:
第一次:
请输入星期的数字编号（0-6）:
1↙
星期一
第二次:
请输入星期的数字编号（0-6）:
4↙
星期四
第三次:
请输入星期的数字编号（0-6）:
0↙
星期日

例5-4-3：计算器程序。用户输入运算数和四则运算符，输出计算结果。

解:

```
main()
{
  float a, b;
  char c;
  printf("input expression: a+(-, *,/)b \n");
```

```
    scanf("%f%c%f", &a, &c, &b);
    switch(c)
    {
        case '+': printf("%f\n", a + b); break;
        case '-': printf("%f\n", a - b); break;
        case '*': printf("%f\n", a * b); break;
        case '/': printf("%f\n", a/b); break;
        default: printf("input error\n");
    }
}
```

程序结果：

```
第一次：
input expression：a+ (-, *, /) b
20+10↙
30.0000
第二次：
input expression：a+ (-, *, /) b
20-10↙
10.0000
第三次：
input expression：a+ (-, *, /) b
20*10↙
200.000
第四次：
input expression：a+ (-, *, /) b
20/10↙
2.00000
```

任务实施

一、任务功能

本任务的程序是用 C 语言做一个台历。具体说，就是从键盘输入年号和月号，要计算这一年的这一月共有多少天。程序需要对不同的月份进行处理，特别是闰年的 2 月。

二、任务分析与编程思路

（1）switch 的表达式是 month，与数字 1 ~ 12 比较，从而实现不同月份的分支处理程序。

（2）编写该程序需要考虑闰年问题，因为二月份的天数与闰年有关。闰年的判断依据是：若某年能被 4 整除，但不能被 100 整除，则这一年是闰年；或者这一年号能被 400

整除，也是闰年。闰年：2 月为 29 天；非闰年：2 月为 28 天。

1）判断是否为闰年时可参考图 5 -4 -1。

2）if（ year%4 = =0 && year%100！ =0 ‖ year%400 = =0 ）通过逻辑与和逻辑或的结合，实现图 5 -4 -1 的流程图。详细的论述请参照任务 3 例 5 -3 -3。

3）整个程序的流程图如图 5 -4 -2 所示。

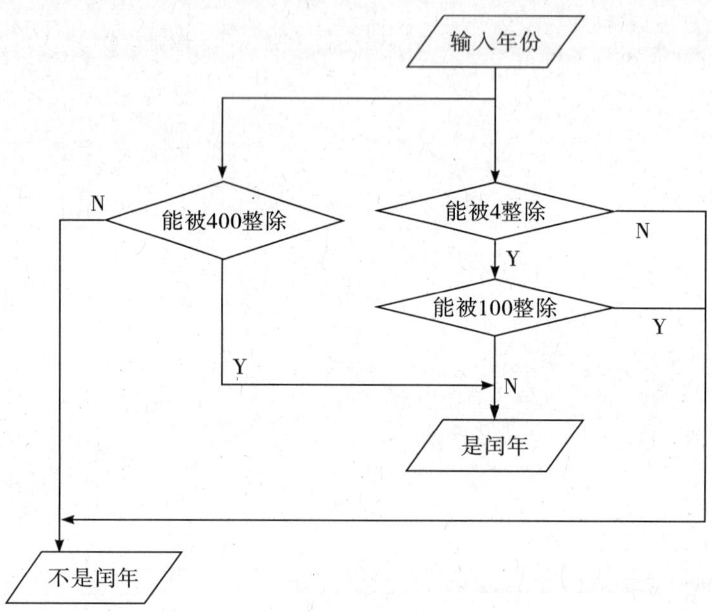

图 5 -4 -1　判断闰年的程序流程图

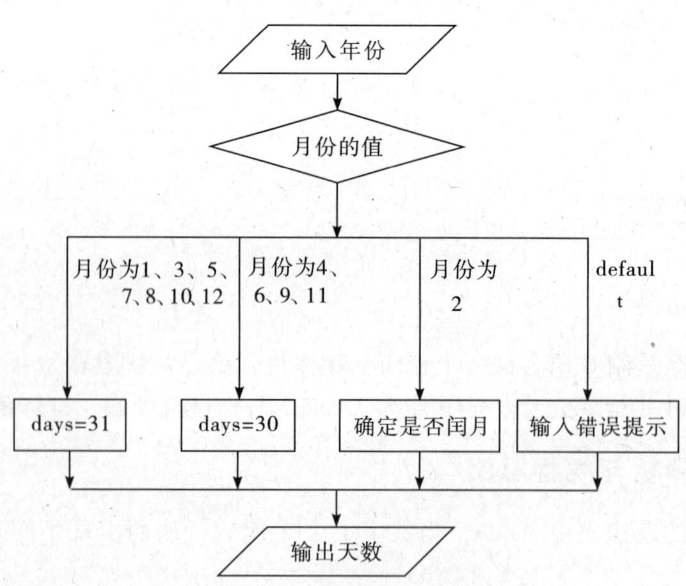

图 5 -4 -2　台历程序流程图

三、程序分析

EX5－4－1. C:

```
#include <stdio.h>
main( )
  { int year, month, days;
    scanf("%d%d", &year, &month);
    switch (month)
    { case 1:
      case 3:
      case 5:
      case 7:
      case 8:
      case 10:
      case 12:
            days = 31;
            break; /* 处理"大"月 */
      case 4:
      case 6:
      case 9:
      case 11:
            days = 30;
            break; //处理"小"月
      case 2:
            if (year%4 = =0 && year%100! =0 || year%400 = =0 )
                days = 29; // 如果是闰年
            else
                 days = 28; //不是闰年 break;
      default:
            printf("Input error! \n\n");
                  days = 0; // 月份错误
    }
    if (days! =0)
        printf ("%d, %d is %d days \n\n", year, month, days);
}
```

四、程序运行与调试

用 Visual C++ 6.0 对源程序进行编辑、编译与调试，运行结果为：

第一次运行结果为：

1966 03 ↙

1996, 3 is 31 days

第二次运行结果为:

1996 02↙

1996, 02 is 29 days

第三次运行结果为:

2007 02↙

2007, 02 is 28 days

将程序中的break语句去掉,再输入2007 02↙

程序运行结果为:

____

为什么会有这样的结果?

任务拓展

(1) 对于任务3所涉及的程序问题,也可以所以switch解决。以下是程序实现多分支的部分参考代码:

```
switch(c)
{case 0: bonus = i * 0.1; break;
case 1: bonus = bon1 + (i - 100000) * 0.075; break;
case 2:
case 3: bonus = bon2 + (i - 200000) * 0.05; break;
……………………………………………………
}
```

请补上其他部分,完整解决任务3的问题。

(2) 试用if-else-if语句解决任务4的问题,并与用switch语句的解决方法进行比较。

习　　题

一、选择题

1. 有如下程序

```
main( )
{int x = 1, a = 0, b = 0;
switch(x)
  {
  case 0: b + +;
  case 1: a + +;
  case 2: a + +;b + +;
  }
  printf("a = % d, b = % d \n", a, b);
}
```

该程序的输出结果是（ ）。

A. a=2，b=1 B. a=1，b=1 C. a=1，b=0 D. a=2，b=2

2. 若输入B，以下程序的输出结果是（ ）。

```
main( )
{char grade;
   scanf("%c", &grade);
   switch(grade)
   {
      case 'A': printf(">=85.");
      case 'B':
      case 'C': printf(">=60.");
      case 'D': printf("<60.");
      default: printf("error.");
   }
}
```

A. >=85. B. >=60. C. >=60 <60 error. D. error.

二、读程序写结果

```
main()
{ int x=1, y=0, a=0, b=0;
     switch(x)
     {case 1: switch(y)
          { case 0: a++; break;
             case 1: b++; break;
          }
      case 2: a++; b++; break;
      case 3: a++; b++;
      }
   printf("a=%d, b=%d\n", a, b);
}
```

三、编程

1. 用switch语句编写程序，实现如下功能。

输入一个实数后，屏幕显示如下菜单：

(1) 输出相反数

(2) 输出平方数

(3) 输出平方根

(4) 退出

选择相应的数字则输出对应的结果。

2. 用switch语句编写程序：根据输入字符［0-9及A-F（a~f）］显示与该字符所表示的十六进制数相对应的十进制数。

（例如，输入'A'，输出10，输入'0'，输出0）

项目六　循环结构程序设计

循环结构又可以称为重复结构，即反复执行一个操作。循环结构是C语言结构化程序设计的基本结构之一，它和顺序结构、选择结构共同作为各种复杂程序的基本构造单元。循环结构是程序中一种很重要的结构。给定的条件称为循环条件，反复执行的循环段称为循环体。在解决实际的问题过程中，常常会遇到一些需要重复处理的问题，循环语句可以方便地用来解决这些需要重复处理的问题。例如：应用AT98C51芯片实现1毫秒的延时，那么可能要执行1000多次空语句才能达到延时的目的，如果是写1000多条空语句那是多么枯燥和麻烦的事情，再者就是要占用很多的存储空间。我们知道这1000多条空语句，无非就是一条空语句重复执行1000多次，因此我们如果用循环语句去写，这样不但使程序结构清晰明了，而且使其编译的效率大大提高。

C语言中循环结构主要由for、while、do－while三个语句构成。它一般由四部分组成：循环变量的初始化、循环控制条件、循环体、循环变量的增值。其中，循环变量的初始化是指在进入循环前，给循环变量赋初值；循环控制条件是重复执行循环体所需要的条件，即当条件成立时执行，不成立时结束执行；循环体是需要重复执行的操作；循环变量是决定循环条件是否成立的变量。循环变量的增值反映了循环变量的改变规律，它使循环变量的值向着使循环结束的方向改变。利用这些语句可以组成各种不同形式的循环结构。一般情况下它们可以互相替换，但它们又各有特点，略有区别。循环语句可以相互组合又可以嵌套使用，以组成各种不同形式的循环结构。

知识点

◇ 关键字：for、while、do－while、goto

◇ C语言的三种循环语句while、do－while和for的结构

◇ 使用关系运算符构建控制循环的表达式

技能点

◇ 循环语句的构成

◇ 循环语句的循环条件

◇ 循环体的循环次数、循环的结束

任务1　while 与 do－while 语句

任务说明

while 与 do－while 都是循环语句，它们都是根据设定的条件是否成立来判断循环体是否重复执行，它们的运行过程略有区别。要想正确使用它们，我们应该学懂这两个语句的语法、循环条件、执行过程。

在本任务中，通过实例详细地分析 while 与 do－while 的执行过程和使用方法。读者学完本任务后，可以用 while 与 do－while 语句编写一些需要多次重复运算的函数，解决许多实际应用的问题。

相关知识

一、while 语句的语法结构

while（表达式）
循环体；

其执行过程，如图 6－1－1 所示。

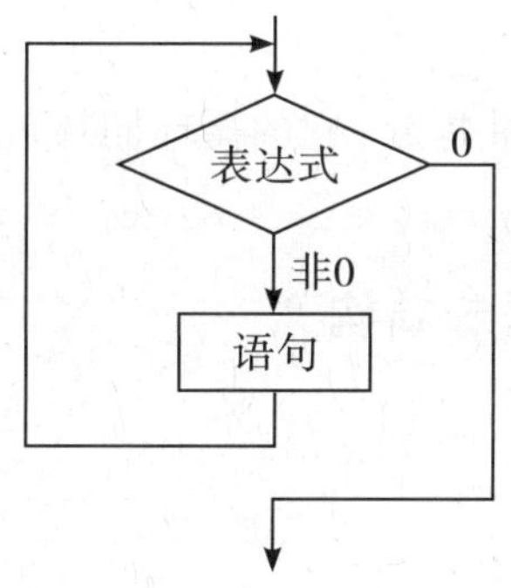

图 6－1－1　while 语句执行过程

其表达式是循环控制条件，语句是循环体。

while 语句的执行过程如下：首先判断表达式的值是否为真（值为非 0），若表达式的值是真（值为非 0），那么条件成立，执行语句。然后再后返回判断表达式的值是否为真（值为非 0），若是真，则再执行语句，如此循环，直到表达式的值是假（值为 0）才结速循环。

二、while 语句知识要点

（1）表达式可以是任何表达式，可以是一个变量、关系运算表达式、逻辑运算表达式或者是一个字符，只要值是真就满足循环条件；

（2）循环体有可能一次也不执行；

（3）循环体可以是由多个语句组成的，也可以是空语句，若循环体是由多个语句组成的，那么这个循环体要用花括号括起来；

（4）循环的次数由表达式控制，一般表达式的值都是通过循环体的运行来改变的。

例 6 –1 –1：

```
int loop;
loop = 6;
while (loop--)
{
  …        //循环体
}
```

例子 6 – 1 – 1 就是 while 语句的一种常见用法。它的循环次数由变量 loop 控制，在这循环体部分共要执行 6 次。

例 6 –1 –2：

```
while (1)
{
  …        //循环体
}
```

例子 6 – 1 – 2 的循环控制条件是 1。它的循环控制条件永远成立，所以这样的循环语句是一个无限循环语句。

三、do – while 语句的语法结构

```
do
{
  循环体;
}while (表达式);
```

其执行过程，如图 6 – 1 – 2 所示。

其表达式是循环控制条件，循环体的循环体次数要表达式控制。

do – while 语句的执行过程如下：首先执行循环体语句，然后判断表达式的值是否为真（值为非 0），若是真，则返回再执行循环体语句，再判断表达式的值是否为真，如此循环，直到表达式的值是假（值为 0）才结束循环。

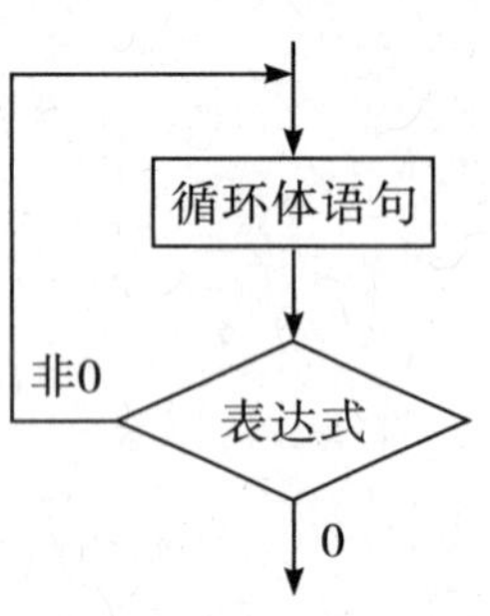

图 6 – 1 – 2　do – while 语句执行过程

四、do－while 语句知识要点

（1）先执行一次循环体语句，然后才判断表达式的值。表达式可以是任何表达式，可以是一个变量、关系运算表达式、逻辑运算表达式或者是一个字符，只要值是真就满足循环条件；

（2）循环体最少执行一次；

（3）若表达式的值是真（值为非0）就重复循环，循环体可以由多个语句组成，也可以是空语句，若循环体是由多个语句组成的，那么这个循环体要用花括号括起来；

（4）循环次数由表达式控制，一般表达式的值都是通过循环体的运行来改变的。

例6－1－3：

```
int loop;
int add;
loop = 10;
do
{
  add++;
}
while (loop < 10);
```

例6－1－3的循环条件loop＜10，虽然循环条件一开始就不成立，但是还是执行一次add＋＋后才结束循环。

五、使用关系运算符和逻辑运算符作为表达式的循环结构

循环结构中控制循环次数的表达式可以是任何形式，使用得最多的是比较大小的表达式。表达式不管多么复杂，它的运算结果只有真（值为非0）和假（值为0）两种。

下面是使用关系运算符作为表达式的三个循环语句，它们的意思显而易见。

（1）while（getchar（）！＝'\n'）//输入回车字符才可以结束循环。

```
    n++;
```

（2）while（ch！＝'X'）//变量ch不等于大写英文字母的X就满足循环条件。

```
    count++;
```

（3）while（number＜＝6）//变量number小于或等于6就满足循环条件。

```
    number--;
```

第一个循环语句的表达式里用了stdio.h文件里的getchar（）函数，其作用是从键盘上读入一个字符（包括空格、回车和Tab）。第二个循环语句是用了英语字母的X作为比较。进行比较的时候使用字符的ASCII码进行判断条件成立就重复循环。

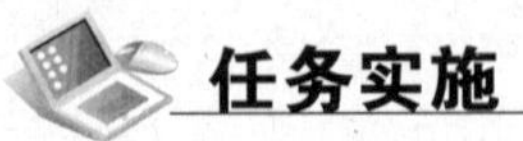

任务实施

一、体会 while 的应用

分析、学习 EX6－1－1. C 程序，体会 while 的应用，并上机运行、调试程序。

EX6－1－1. C:

```
#include < stdio >
main()
{
   int Loop;
   Loop = 3;              //第 5 行;
   while(Loop)            //第 6 行,循环条件,循环次数控制;
   {
      printf("Loop = %d\n", Loop);
      Loop--;             //第 9 行;
      printf("now Loop is: %d\n", Loop);
   }
   printf("the loop has finished. \n");
}
```

程序上机运行后，会输出如下结果：

```
Loop = 3
now Loop is：2
Loop = 2
now Loop is：1
Loop = 1;
now Loop is：0
the loop has finished.
```

说明： 程序的循环控制条件是变量 Loop，Loop 在第 5 行已经赋予值 3，满足非零的循环条件。Loop 的值会在循环体内自减（第 9 行），每重复一次循环体，Loop 的值就自减 1，直到 Loop 的值是零才结束循环。所以 while 的循环体是执行了 3 次。

如果把程序的第五行的 loop = 3 改成 loop = 5 后，编译、运行程序。观察输出的结果，并分析运过程。

二、体会应用 while 与 do－while 分别计算的区别

分析、学习 EX6－1－2. C、EX6－1－3. C 程序，体会应用 while 与 do－while 分别计算 1＋2＋3＋…＋100 的值的区别，并上机运行、调试程序。

1. EX6 -1 -2. C（应用 while 编程）

```
#include < stdio. h >
main( )
{
   int loop, sum;
   loop  =  100;
   sum  =  0;
   while( loop)                    //循环入口
   {
        sum  =  sum  +  loop;  //循环体
        loop - - ;
   }
   printf( "% d \n", sum) ;  //输出结果
}
```

2. EX6 -1 -3. C（应用 do - while 编程）

```
#include < stdio. h >
main( )
{
   int loop, sun;
   loop  =  100;
   sum  =  0;
   do                              //循环入口
   {
     sum  =  sum  +  loop; //循环体
     loop - - ;
   } while( loop) ;  //循环条件
   printf( "% d \n", sum) ;  //输出结果
}
```

说明：EX6 - 1 - 2. C 和 EX6 - 1 - 3. C 两个程序 while 和 do - while 都是执行了 100 次，输出相同的结果，都是 5050。我们可以观察到，对同一个问题可以用 while 语句处理，也可以用 do - while 处理。

参考以上程序的写法，实现 0 ~ 200 的偶数相加。运行程序，观察输出结果。

三、进一步体会 while 与 do - while 应用的区别

分析、学习 EX6 - 1 - 4. C、EX6 - 1 - 5. C 程序，进一步体会 while 与 do - while 应用的区别，并上机运行、调试程序。

1. EX6 −1 −4. C（应用 while 编程）

```
#include < stdio. h >
main( )
{
   int sum, loop;
   sum  =  0;
   scanf( "% d", &loop) ;
   while( loop  < =  5)
   {
         sum + =2;
         loop + + ;
   }
   printf( "The sum is  =  % d, loop  =  % d \n", sum, loop) ;
}
```

2. EX6 −1 −5. C（应用 do −while 编程）

```
#include < stdio. h >
main( )
{
   int sum, loop;
   sum  =  0;
   scanf( "% d", &loop) ;
   do
   {
         sum + =2;
         loop + + ;
   } while( loop  < =  5) ;
   printf( "The sum is  =  % d, loop  =  % d \n", sum, loop) ;
}
```

程序 EX6 – 1 – 4. C 运行情况如下：

1↙

the sum is 10，loop = 6

8↙

the sum is 0，loop = 8

程序 EX6 – 1 – 5. C 运行情况如下：

1↙

the sum is 10，loop = 6

8↙

the sum is 2，loop = 9

从这两个程序中我们可以看到，当循环条件在第一次判断时就为真时，while 和 do – while 语句在执行过程中没有什么区别；而当循环条件在第一次判断时就为假时，while 的循环语句一次也不执行，do – while 的循环语句仍要执行一次。

运行以上两个程序，输入 100 观察输出结果。

四、体会 do－while 与 switch 的应用编程

分析、学习 EX6－1－6. C 程序，体会 do－while 与 switch 的应用编程，并上机运行、调试程序。

EX：6－1－6. C

```
#include < stdio. h >
#include < conio. h >
main()
{
  char ch;
  do
  {
      ch = getche();
      switch(ch)
      {
          case'A':
              printf("\nPlease Check Spelling \n");
              break;
          case'B':
              printf("\nPlease Check Errors \n");
              break;
          case'C':
              printf("\nPlease Check Display \n");
              break;
          default:
              printf("\n－－－－－－－OK－－－－－－－\n");
      }
  }while(ch != 'A' && ch != 'B' && ch != 'C');
}
```

说明：上面的程序使用了“&&”逻辑表达式来做循环控制条件。只要输入的字符不是 A、B 或 C 时都会输出“－－－－－－OK－－－－－－”。A、B 或 C 输入其中一个字符，do－while 循环语句就会结束循环。

表达式的形式很灵活，但要注意不可以用关系运算符和逻辑运算符来比较字符串。

参考以上程序，把它修改成输入“Q”或“P”就结束循环，若不是输入“Q”或“P”就输出：Please Input Again。

任务拓展

一、while 和 do－while 的嵌套应用

while 和 do－while 都可以嵌套使用。内嵌套的循环语句可以再嵌套循环结构，这样

就形成多重循环结构的嵌套。内嵌套的循环语句要完全地包含在外循环里，不能发生交叉。

1. while 的基本嵌套形式

```
while（表达式1）          //外循环
{
   while（表达式2）       //内循环
   {
       循环体;
   }
}
```

2. do-while 的基本嵌套形式

```
do
{
   do
   {
       循环体;
   }while（表达式2）;     //内循环
}while（表达式1）;        //外循环
```

使用嵌套的时候要注意程序的效率，提高循环体效率的基本方法是降低循环体的复杂性。如果有可能，应当将循环次数多的放在最内层，循环次数小的放在最外层，以减小 CPU 跨切循环的次数。

二、拓展要求

任务功能：用 while 嵌套实现 99 乘法表输出。

编程提示：用外循环控制输出行数，用内循环控制输出乘法表。

习　题

1. 输入一组整数（以 0 作为输入结束标志），分别统计其中正整数和负整数的和。要求分别用 while 和 do-while 实现。

2. 统计从键盘输入一行字符的个数。

3. 输入一个整数，计算它各位上数字的和。（注意：是任意位的整数）

4. 编写一个译码程序，把一个英语句子译成数字代码。译码规则是以数字 1 代替字母 A，数字 2 代替字母 B，…，26 代替字母 Z，如遇空格则打印一个星号'*'，英文句子以'.'结束。

5. 编程求出下式中 n 的最大值：

2*2+4*4+6*6+…+n*n<1500

任务2　for　语　句

任务说明

for 循环功能特别强大，也特别灵活，它的灵活来自于它的三个表达式，它完全可以代替 while 和 do－while 语句。由于 for 结构简单、明晰、灵活，使其在 C 语言中得到广泛应用。

相关知识

一、for 循环语句语法结构

```
for（表达式1；表达式2；表达式3）
{
  循环体;
}
```

其执行过程如图 6－2－1 所示。

for 语句执行过程如下：

（1）求解表达式 1。

（2）判断表达式 2 的值，若是真（值为非 0）值，就运行循环体的语句，然后运行下面第 3 步，若是假（值为 0）就结束循环，跳转到第 4 步。

（3）运行循环体，循环体运行完后，先回到表达式 3，求解表达式 3 的值。然后再回到第 2 步。

（4）结束循环，执行 for 语句下面的语句。

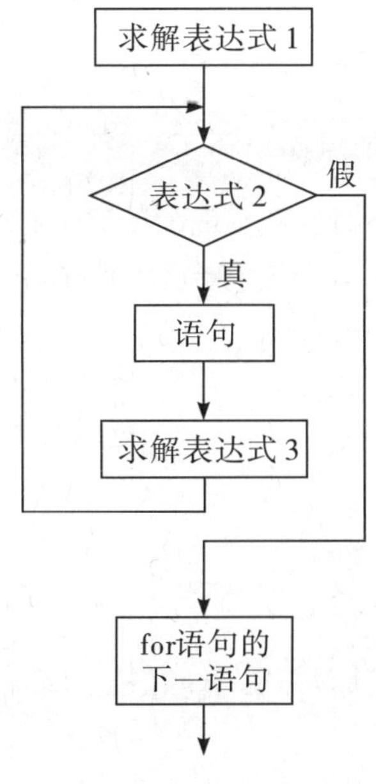

图 6－2－1　for 语句执行过程

二、for 语句的知识要点

（1）语句的循环体可以是简单语句，可以是复杂语句，也可以是空语句。语句多于一句就要用花括号括起来。

（2）表达式可以是任何合法的 C 语言表达式。

（3）三个表达式要用分号相隔。

（4）三个表达式可以部份省略，也可以全都省略，但分号要保留。

for 语句是用于循环结构的，所以表在式 1 一般是用于循环变最初始化。表达式 2 用于决定循环次数。表达式 3 用于修改循环变量，使得循环能够趋于结束。

三、for 语句的灵活应用

（1）for 一般形式的使用方法。

例 6 -2 -1：

```
#include < stdio. h >
main( )
{
  int i,  sum;
  for( i  =  1;  i < =  100;  i + + )                 //循环 100 次.
  {
    sum  +  = i;                                       // 实现 1 加到 100;
  }
  printf( "sum is: % d \n", sum) ;
}
```

输出结果是：

```
sum is：5050
```

这个例子是实现了计算 1 +2 +3⋯ +100 的值。

（2）可根据需要把计数加数大于 1，或减小计数值。

例 6 -2 -2：

```
#include < stdio. h >
main( )
{
  int n;
  for( n  =  0;  n  <  10;  n =  n + 3)
  {
    printf( "n  =  % d \n", n) ;
  }
  printf( "n end. ")
}
```

输出结果是：

```
  n  =  0
  n  =  3
  n  =  6
  n  =  9
  n end.
```

这个例子里每次循环变量 n 的增量是 3。

（3）可以用字符来代替数字控制循环次。

例6-2-3：

```
#include < stdio. h >
main()
{
  char ch;
  for(ch = 'A' ; ch < 'Z' ; ch + +)
  {
    printf( "The ch is: % c \n", ch) ;
    printf( "The ASCII value is: % d \n", ch) ;
  }
}
```

输出结果是：

```
The ch is：A
The ASCII value is：65
 ⋮
The ch is：Z
The ASCII value is：90
```

字符在计算机里是以整数的形式储存的，所以循环次数还是以整数的形式计数。

（4）表达式1可以是给循环变量初始化的，也可以是与循环变量无关的其他表达式。如：

```
for (i = 0; loop < = 100; loop + + ) i = i+2;
```

（5）表达式1和表达式3可以是一个简单的表达式，也可以是各种多样式，如：

```
for (i = 0, j = 20; i < = j; i+ +, j- - ) k = i+j;
```

上面语句的表达式1和表达式3都使用了逗号运算符，同时设置了两个初始值和两个增值变量。逗号运算符是按自左到右顺序求解，整个逗号运算符的值为其中最右边的表达式的值。

（6）表达式一般是关系表达式或逻辑表达式，但也可以是数值表达式或字符表达式，只要其值为非零，就执行循环体。分析以下例子：

```
for (i = 0; (C = gethcar ()) ! = '\n'; ) i = i + C;
```

在表达式2中，先从键盘接收一个字符给C，然后判断此赋值表达式的值是否不等于'\n'（回车符），如果不等于'\n'，就执行循环体。它作用就是不断输入字符，将它们的ASCII码相加，直到输入一个回车符为止。

四、for语句的变形用法

for语句的灵活多变，主要体现在三个表达式上。三个表达式控制着循环的要素。但这三个表达的形式可以任意变形，也可以根据需要省略其中的表达式。在省略表达式时要注意表达式与表达式之间的“;”绝不能省略，不然程序会报错。

1. 省略表达式1

表达式1的省略，就是省略了循环变量的初始化。变量的初始化，可以根据需要在别的函数或程序里给循环变量初始化，这样也可以灵活控制循环次数。

```
for( ; i < 100; i + + )
{
    sum  + = i
}
```

以上语句可以在别的函数或程序里控制i的初始值，让for语句从i的某个值开始执行循环。

2. 省略表达式2

表达式2控制着for语句是否结束。若表达式2省略了，那么循环条件就永远是真，这样会让for循环进入死循环。当然，我们可以在循环体里加入跳转语句，在适当的时候跳出循环。

```
for( i = 2; ; i+ + )
{
    sum  + = i;
}
```

上面的for语句里，不管变量“i”值怎样变化，循环条件总是为真。它也相当于while（1）一样。

3. 省略表达式3

表达式3一般是用于控制着循环趋向于结束。省略了表达式3就是省略了循环变量增值，没法使循环趋于结束 。同样会进入死循环。所以一般会在循环体内添加修改循环变量的语句。如：

```
for(i = 0; i < 100; )
{
    i = sum + i;
}
```

从上面介绍可以看到for变化形式多样，可以把一些循环体和一些与循环没关的语句放在表达式1或者表达式3中完成，使得程序变得简洁。但过多这样应用又会让for语句显得杂乱，降低了程序的可读性。所以还是建议大家用3个表达式。第一个用于循环变量赋值，第二个用于循环判断，第三个用于循环变量增值。编写程序，应当尽量让程序可读性强、方便、结构化，用简单直观的算法解决较复杂的问题。

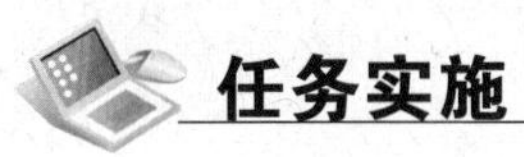

任务实施

一、体会 for 的应用编程

分析、学习 EX6－2－1. C 程序，体会 for 的应用编程，并上机运行、调试程序。

1. 程序功能

求 $\sum_{1}^{10} n!$，即 1＋2！＋3！＋…＋10！之和。

2. 分析程序

EX6－2－1. C:

```
main()
{
  unsigned char n;
  float s;                          //定义两个单精度实数变量
  float t;
  s = 0;                            //变量初始化
  t = 1;
  for(n = 1; n < = 10; n + +)       //求
{
    t = t * n;
    s = s + t;
  }
  printf("1 +2! +3! + ... +10! is: %e \n", s); //输出结果,注意数据格式.
}
```

3. 上机运行、调试程序

运行结果如下：

1＋2！＋3！＋…＋10！is：4. 03791e＋06

4. 编程实现

1＋2！＋3！＋…＋n！，n 从键盘输入，并调试程序。

二、进一步体会 for 的应用编程

分析、学习 EX6－2－2. C 程序，进一步体会 for 的应用编程，并上机运行、调试程序。

1. 程序功能

求 $\sum_{K=1}^{40} K + \sum_{K=1}^{20} K^2 + \sum_{K=}^{10} \frac{1}{K}$之和。

2. 分析程序

EX6－2－2.C

```
main()
{
  unsigned char loop1;
  unsigned char loop2;
  unsigned char loop3;
  float K;
  float SUM1;
  float SUM2;
  float SUM3;
  loop1 = 40;                                   //变量初始化
  loop2 = 20;
  loop3 = 10;
  SUM1 = SUM2 = SUM3 = 0;
  for(K = 1; K < loop1; K++)                    //计算 $\sum_{K=1}^{40} K$
  {
    SUM1 = SUM1 + K;
  }
  for(K = 1; K < loop2; K++)                    //计算 $\sum_{K=1}^{20} K^2$
  {
    SUM2 = SUM2 + K*K;
  }
  for(K = 1; K < loop3; K++)                    //计算 $\sum_{K=1}^{20} \frac{1}{K}$
  {
    SUM3 = SUM3 + 1/K;
}
  printf("The Sum is: %f\n", SUM1 + SUM2 + SUM3); //输出结果
}
```

3. 上机运行、调试程序

运行结果如下：

The Sum is：3692.928968

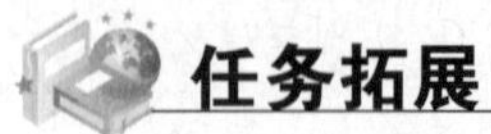

任务拓展

一、for 循环嵌套应用

各种语言关于循环的方法都是一样的。一个循环体内又包含别一个完整的循环体，

内循环体中还可以嵌套循环，这就是多层循环。各层的循环控制条件可以是独立的，还可以是相互制约的。

二、阅读 EX6 －2 －3. C 程序，分析 for 相互制约的循环条件，运行程序，查看输出结果

1. 阅读与分析 EX6 －2 －3. C 程序

```
EX6 - 2 - 3. C:
#include < stdio. h >
main( )
{
  int i, j, k;
  for( i =0; i < =4;  i + +)                    //第 5 行
  {
    for( j  =  0;  j< =  3 - i;  j + +)         //第 7 行
      printf( "  ");                            //输出空格
    for( k  =  0;  k  < =  2 * i;  k + +)       //第 9 行
      printf( " * ");                           //输出"*"号
    printf( " \n");                             //换行
  }
  for( i  =  0;  i  < =  3;  i + +)             //第 13 行
  {
    for( j  =  0;  j  < =  i;  j + +)           // 第 15 行
      printf( "  ");                            //输出空格
    for( k  =  0;  k  < =  6 - 2 * i;  k + +)   //第 17 行
      printf( " * ");                           //输出"*"号
    printf( " \n");
  }
}
```

说明：先把图形分成两部分来看待，前 5 行一个规律，后 4 行一个规律，利用双重 for 循环，第 1 层控制行，第 2 层控制列。程序第 5 行的 for 循环是控制前 5 行输出空格个数“＊”的个数。第 7 行和第 9 行的循环次数受外循环（第 5 行）的循环条件制约。第 13 行的 for 循环是控制后 4 行输出空格个数和“＊”号的个数第 15 行和第 17 行的循环次数都受外循环（第 13 行）的循环条件制约。

2. 程序运行与调试果

运行结果的输出图形如下：

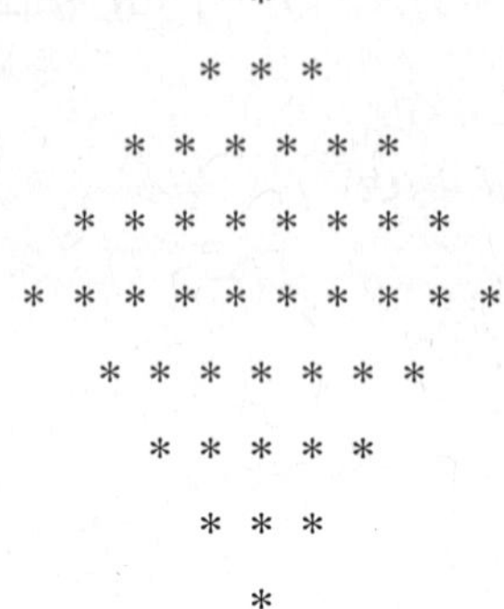

习　题

1. 用 for 语句求累加和 2 +4 +6 +⋯ +200 的值。

2. 设计程序，要求输出的任意一个正整数输入的阶乘。

3. 求 1 +2！ +3！ +⋯ +20！的和。

4. 求 100 至 200 间的全部素数。

5. 输入一个整数 n，求 11 + 22 + 33 +⋯ + nn 的值。

6. 利用公式$\frac{\pi}{4}=1-\frac{1}{3}+\frac{1}{5}-\frac{1}{7}+\cdots$，求 π 的值。

7. 任意输入 10 个数，求其最大数和最小数并打印输出。

8. 有一份数序列：2/1，3/2，5/3，8/5，13/8，21/13，⋯求出这个数列的前 20 项之和。

9. 输出 9 * 9 乘法口诀。

任务3　转移语句——goto、break、continue

任务说明

break 和 continue 是循环辅助语句，goto 是跳转语句。for、while 和 do – while 在执行循环过程中都一定要让循环条件是假时才可以结束循环。如果想提前跳出循环可以用 break 语句，如果想在正在执行循环体的时候就提前进入下次循环可以用 continue 语句，而 goto 语句还可以跳转到当前函数的任何地方。适当使用 goto、break 和 continue 可以大大提高循环结构的效率。

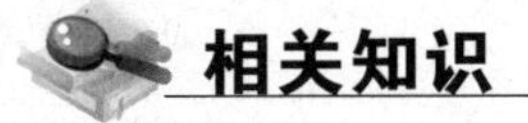

相关知识

一、goto 语句语法知识

goto 语句包适两部分：goto 和一个标号。格式如下：

```
goto 标号;
```

goto 语句可以直接跳转到当前函数的标号处并执行其后的语句。标号是一个有效的 C 语言标识符，标号后要带个“:”一起出现在函数某处。

注意：标号必须与 goto 语句在同一个函数里。

goto 语句可以毫无制约地直接跳转，非常灵活。使用恰当，可以带来很大的方便。但要注意不要滥用，谨慎使用，使用不当会使整个程序出现不可估计的后果。

理论上说，goto 语句是没有必要的，不用它也可以写出代码。如果不熟识 goto 语句，不要使用它，如果已经习惯使用它，试着训练自己不要使用。

二、goto 语句常用情形

1. 把 goto 应用于多重深度嵌套中，可以直接跳出多重循环

例 6-3-1：

```
for(loop1 = 0; loop1 <100 ; loop1 + + )          //第一重循环
{
  for(loop2 = 0; loop2 < 20 ; loop2 + + )        //第二重循环
  {
      for(loop3 = 0; loop3 < 10; loop3 + +)      //第三重循环
      {
          if(Err = = True)
          goto skip;                             //跳转到第一重循环外
      }
  }
}
skip: * * * *; // * * * * 代表标号 skip 后面的语句
```

2. 若 if 需要处理多条语句的情况下使用 goto

例 6-3-2：当 Size 大于 10 时，转到 AQ1 标号处执行，Nembs 赋值为 10；否则，Nembs 赋值为 5。

```
if(Size > 10)
  goto AQ1;
    Nembs = 5;
    goto AQ2;
AQ1: Nembs = 10;
```

```
AQ2: Size_count = Nembs * 5;
```

3. 当循环体中出现异常情况时，用 goto 跳出循环体

例 6－3－3：当循环体中出现异常情况时，比如 A_fig 等于 Err 时，就退出循环。

```
while(1)
{
  for(loop1 = 0; loop1 < 100; loop1 + +)
  {
      for(loop2 = 0; loop2 < 50; loop2 + +)
      {
          A_fig = Ex_fig & In_fig;
          if(A_fig = = Err)          //判断异常条件是否成立
              goto Restar;           //跳转到 Restar 处
          }
      }
  Restar: A_fig = Err_code;
  …                                  //其他语句
}
```

说明：细心观察以上三种 goto 语句的应用中，我们可以发现完全可以用别的语句替代它。例如：例 6－3－2 的例子里，我们可以用以下程序代替它：

```
if (Size > 10)
  Nembs = 10;
else
  Nembs = 5;
Size_count = Nembs * 5;
```

可以看出，不用 goto 语句，程序可读性更强，所以还是强烈建议不要使用 goto 语句。

三、break 语句语法知识

break 语句的一般形式：

break;

其作用是终止 break 所处的循环语句的执行，转去执行循环语句的后续语句。在循环过程中有时候直接退出来更为方便一些，这样就可以用 break 语句。break 常用于 for、while 和 do－while 的循环体内，更常用在 switch 语句里。嵌套循环中的 break 语句，它是跳出（结束）当前的循环，而不是跳出（结束）整个嵌套循环。

例 6－3－4：体会 break 语句用法。

```
main()
{
  int K1;
  int K2;
```

```
    scanf( "%d\n", &K1);                    //输入 K1 的值
    while( K1 > 0)                          //while 外循环
    {
        pritnf( "%d\n", K1);
        scanf( "%d", &K2);                  //输入 K2 的值
        while( K2 > 0)                      //while 内循环
        {
        pritnf( "%d\n", K2)
        if( K2 > 100)
            break;                          //跳出里层循环
        scanf( "%d", &K2);
      }
    if( K2 > 100)
        break;                              //跳出外层循环
      scnaf( "%d", &K1);
    }
}
```

以上程序用了 while 语句的嵌套，嵌套中的 break 只能跳出里层的循环，要跳出外循环还需要多一个 break 语句。

四、continue 语句语法知识

continue 语句的一般形式：

continue;

continue 语句的作用是跳过当次循环，强行执行下一次循环。它只用于 for、while 和 do－while 的循环体里。

例 6－3－5：体会 continue 语句用法。

```
int count;
count = 0;
while( count < 10)
{
  ch = getchar();
  if( ch = = '\n')
      continue;
  putchar( ch);
  count + +;
}
```

说明：输入 10 个字符，并回显它们，不包括换行符。如果输入的是换行符，continue 语句会跳过 count + +；语句，继续执行。

例 6－3－6：处理数组 table 中的非负元素。如果某个元素的值为负，那么就跳过不

处理。

```
for(i = 0; i < n; i++)
  {
    if(table[i] < 0)                   //跳过负元素
      continue;
  ..................                   //处理正元素
  }
```

任务实施

一、分析、学习 EX6-3-1.C 程序，体会 break 的应用编程，并上机运行、调试程序

1. 程序功能

输入一组数，分别统计其正整数和负整数的和，并以数字 0 作为结束标志。

2. 程序分析

EX6-3-1.C：

```
#include "stdio.h"
main()
{
  while(1)
  {
      int sum1, sum2, d;
  sum1 = 0;
  sum2 = 0;
      scanf("%d", &d);
      for(;;)
      {
          if(d == 0)               //判断是否输入了0
          {
              printf("\n The End \n");
              break;               //第13行,跳出for的无限循环
          }
          if(d > 0)
              sum1 = sum1 + d;  //统计正数的和
          else
              sum2 = sum2 + d;  //统计负数的和
          scanf("%d", &d);
      }
      printf("\nThe result is: %d, %d\n", sum1, sum2); //输出结果
```

```
        printf( " \nThe game is over . Please repeat. \n \n") ;
    }
}
```

说明：以上程序的功能是：输入一组数，分别统计其正整数和负整数的和，并以 0 作为结束标志。在程序的第 13 行放了 break 语句。虽然 for 是用的无限循环，但是当输入 0 时，就会执行 break 退出无限循环，输出结果并进入下一次循环。

3．上机运行程序与调试

输入：

5 2 6 8 －5 －9 －12 0

输出结果：

The End
The result is：21 －26
The game is over，Please repeat.

二、分析、学习 EX6－3－2. C 程序，体会 continue 的应用编程，并上机运行、调试程序

1. 程序功能

求若干个大于等于 0，小于等于 100 的浮点数的平均值。数量多少由用户输入。

2. 程序分析

EX6－3－2. C：

```
#include "stdio. h"
main( )
{
   float Data, Total;
   int count;
   int loop;
   while( 1)
   {
        printf( "Please Input float Quantity: ") ;
        scanf( "% d", &count) ;                         //第 10 行，输入要求求平均数求的数量
        printf( "Your Input the Quantity is: % d \n", count) ;
        for( loop  =  0;  loop  <  count;  loop + + )            //循环控制输入浮点数
         {
             scanf( "% f", &Data) ;                        //第 14 行
             if( ( 0 > Data)  ‖ ( Data > 100) )               //第 15 行，用于判断输出是否超出范围
             {
                  printf( "Input Error, Please Input Agnin \n") ;
```

```
            loop - -;
            continue;                                       //退出当前循环，重新输入数据
        }
        Total  + =  Data;
        printf( "loop is: % d \n \n", loop + 1) ;           //打印当前是第几次输入数据
    }
    printf( "The % d Data average is: %0. 01f \n", count, Total/count) ;          //输出结果
printf( " - - - - - - - - - - - - - - - - - - - - - - - - - - \n") ;
    total  =  0;                                            //数据清零
}
}
```

说明：程序第 10 行用于输入要求求平均数的数量，第 14 行输入数据，第 15 行判断输入的数据是否在要求的范围里，若不是范围之内的数据就执行 continue 语句退出当前的一次循环，继续输入数据。

3. 上机运行程序与调试

运行结果：

```
Please Input float Quantity：6          (用户输入 6)
You Input the Quantity is：6
80. 8                                   (用户输入 80. 8)
Loop is：1
90. 8                                   (用户输入 90. 8)
Loop is：2
110                                     (用户输入 110)
Input Error Please Input Again
80. 6                                   (用户输入 80. 6)
Loop is：3
78. 6                                   (用户输入 78. 6)
Loop is：4
80                                      (用户输入 80)
Loop is：5
-66                                     (用户输入 -66)
Input Error Please Input Again
56. 9                                   (用户输入 56. 9)
Loop is：6
The 6 Data average is：78. 0
```

习　题

1. 运行以下程序分析程序功能。

```
#include < stdio. h >
main( )
{
   int loop =0;
   char en;                //定义字符变量
   while( 1)               //设置循环
   {
       en =' \0';          //字符变量赋值
       while( en! =13 && en! =27) //第 9 行,键盘接收字符直到按回车或 Esc 键
       {
           en  =  getch( ) ;
           printf( "% c \n", en) ;
       }
       if( en  = =  27)  //第 14 行
           break;        //判断若按 Esc 键则退出循环
       loop + + ;
       printf( "The No. is% d \n", loop) ; //第 17 行
   }
   printf( "The end") ;
}
```

2. 源程序如下：

```
#include < stdio. h >
int main( void)
{
   char ch;
   while( ( ch  =  getchar( ) ) ! ='#')
   {
       if( ch  = =  ' \n')
           continue;
       printf( "Step 1 \n") ;
       if( ch  = =  'c')
           continue;
       else if( ch  = =  'b')
           break;
       else if( ch  = =  'g')
           goto laststep;
       printf( "Step 2  \n") ;
```

```
        laststep: printf( "Step 3 \n");
    }
    printf( "done \n");
    return 0;
}
```

（1）分析程序功能；

（2）运行与调试程序，当输入如下参数时，运行结果是什么？

q

c

g

b

3. 编写一个程序。该程序读取输入的字符，直到遇到#字符，然后报告读取到的空格数目、读取到的换行符数目以及读取的所有其他字符数目。

4. 编写一个程序。该程序读取整数，直到遇到#字符，然后报告输入的偶数（不包括0）总个数、输入的奇数总个数。

项目七　数　组

每次考试，都要进行全班成绩的统计。统计包括平均成绩、最高分、最低分、不合格人数、排名次。因为要经常使用，所以老师希望你能够编写一个程序来完成这个任务，减轻老师的工作负担。

因为要对成绩进行不同的计算，所以要在内存中存放每位同学的成绩。每位同学的成绩用一个变量来存放。如果一个班有 40 位同学，我们就要定义 40 个变量。因为班里每位同学都有一个学号，为了简单起见，我们将学号编入变量名字里。定义如下：

```
float score01, score02, score03, score04, …, score39, score40;
```

然后，1 号同学的分数存放在 score01，2 号同学的分数存放在 score02，…，40 号同学的分数存放在 score40。

为了在程序运行时输入成绩，我们在程序中写 80 行程序：

```
printf ("请输入成绩:");
scanf ("d%", &score01);
printf ("请输入成绩:");
scanf ("d%", &score02);
……
printf ("请输入成绩:");
scanf ("d%", &score40);
```

然后计算总分：

```
float Sum =0;

Sum + = score01;
Sum + = score02;
Sum + = score03;
……
Sum + = score40;
```

观察以上程序，大家是否看出什么规律了呢？语句大部分都相同，只有一点点差别！如果能用循环来完成，那就简洁了！

C 语言提供了相应的方法来完成这个任务。就是使用数组！

定义有 40 个变量的 float 数组：

```
float scores[40];
输入数据:
for(int i =0; i <40; i + +)
{
  printf();
  scanf("d% ", &scores[i]);
}
计算总分:
float sum =0;
for(int i =0; i <40; i + +)
{
  sum + = scores[i];
}
```

程序设计中，经常要处理大量相同性质的数据。如刚才的处理学生的分数，计算员工每月的工资等。如果使用普通的变量，数据的定义和处理就变得十分繁琐。C 语言使用数组来处理这个问题。

一个或多个相同类型的变量组合在一起构成数组。其中的每一个变量，称为数组的元素。按位置顺序给每一个元素编号，这个“编号”称为数组的下标。下标从 0 开始。将下标放在方括号里，跟在数组的名字后面，就可以指定数组的某个元素。数组 float scores [100] 的第一个元素是 scores [0]，最后一个元素是 scores [99]。C 语言标准规定，数组的元素位置是一个紧接一个的，中间没有空开位置，也没有其他变量。这样的规定，有利于使用循环来处理数组的元素。数组中的每一个元素相当于一个独立的变量。所以，使用数组元素就像使用普通变量一样。下标可以是直接的整型数值，也可以是整型的表达式，包括简单的整型变量和整型常量。C 语言不检查下标范围，由程序员自己负责。

知识点

◇ 一维数组的概念

◇ 二维数组的概念

◇ 字符数组的概念

技能点

◇ 一维数组的定义、初始化与引用

◇ 二维数组的定义、初始化与引用

◇ 字符数组的定义、初始化与引用

任务1　一维数组

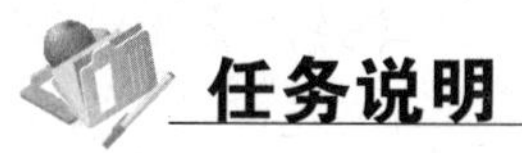

任务说明

数组是C语言内置支持的唯一一个数据结构，数组的重要性不言而喻。其中，一维数组是编程中最常用的。在数组的应用之中，排序和查找算法是经常使用的。

本次任务学习一维数组的基本概念和使用方法，以及经常使用的排序和查找算法。

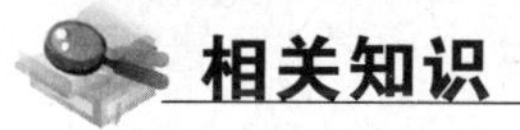

相关知识

一、一维数组的定义

C语言的数组和变量一样，必须先定义，后使用。

1. 数组的定义格式

类型说明符 数组名字[数组大小]；

例：

```
int a[4]; // 有4个元素，每个元素为int类型，数组名字为a的数组
long numbers[99]; // 有99个元素，每个元素为long类型，数组名字为numbers的数组
float scores[5]; //有5个元素，每个元素为float类型，数组名字为scores的数组
double data[893]; //有893个元素，每个元素为double类型，数组名字为data的数组
char name[8]; //有8个元素，每个元素为char类型，数组名字为name的数组
```

2. 一维数组的注意事项

(1) 类型说明符说明数组元素的类型。

(2) 数组大小表示数组元素的个数。例，数组int a[4]，有4个元素，分别是a[0]，a[1]，a[2]，a[3]。

(3) 数组大小可以是符号常数或常量表达式。

例如：

```
#define MAX 7
main()
{
    int a[3 +5], b[MAX], C[MAX -2];
    ……
}
```

其中，int a[3+5]，b[MAX]，C[MAX-2] 都是合法的。

注意： 下述定义方式，不符合C89的标准，是错误的。对于C99的标准则是正确的。

但建议尽量不要这样使用。

```
main()
{
    int n;
    printf("Please input n = \n");
    scanf("%d", &n);
    int a[n];
    ……
}
```

（4）数组元素的下标从0开始。

（5）类型说明中，可以说明多个数组和多个变量。例如：

```
int x, data[5], y;
```

（6）数组存放在内存的连续空间，数组名代表数组的开始地址。

二、数组的使用

数组的每一个元素就是一个变量。可以使用变量的地方都可以使用数组元素。C语言对数组的使用就是对数组元素的逐个使用。没有对数组的整个使用。例如：

```
int a[3] = {1, 2, 3};
int b[3];
```

想要将数组a的所有元素值复制给数组b，只能逐个复制数组的元素：

```
int i;
for(i=0; i<3; i++)
{
  b[i] = a[i];
}
```

三、一维数组的初始化

一维数组在定义的同时可以初始化。初始化方式是在大括号里列出用逗号分隔的值：

```
int data[3] = {1, 2, 3};
```

结果就是：

```
data[0] =1;
data[1] =2;
data[2] =3;
```

如果初始值等于数组元素个数，可以省略数组的大小。

```
int data[] = {1, 2, 3};
```

如果初始值比数组元素个数少，只对前面的元素赋值，其余元素自动设置为"0"。

```
int data[3] = {1, 2};
```

结果就是：

```
data[0] =1;
data[1] =2;
data[2] =0;
```

如果初始值比数组元素个数多，会造成语法错误。

四、数组元素的地址

下面以例题的形式，介绍输出数组元素的地址。

例 7－1－1：分析如下程序

```
int main()
{
  int data[5];
  int i;
  printf("int 数据类型的大小是%d \n", sizeof(int));
  printf("数组元素的大小是%d \n", sizeof(data[0]));
  printf("数组的大小是%d \n", sizeof(data));
  printf("数组元素的个数是%d \n", sizeof(data)/sizeof(data[0]));
  for(i=0; i<5; i++)
  {
      printf("数组元素 data[%d]的地址是: %p 值是%d \n", i, &data[i], data[i]);
  }
}
```

解：程序中，用 sizeof 运算符检测 int 类型变量的大小（在内存中占用的字节数）。sizeof 后面一般跟括号，括号里可以是变量类型，也可以是变量名。程序中也用 sizeof 显示数组元素的大小。这样我们可以比较 int 类型和 int 数组元素的大小。用 sizeof（data）/sizeof（data[0]）求数组元素的个数是常用的编程习惯。然后用循环逐个显示数组元素的地址和值。使用格式指示符%p 显示变量在内存中的地址。内存地址一般是 16、32 或 64 位，地址的大小决定了可以引用的最大内存量。例子运行在 64 位 windows 7 下，所以显示了 64 位（8 位十六进制）的内存地址。

程序运行结果如下：

```
int 数据类型的大小是 4
数组元素的大小是 4
数组的大小是 20
数组元素的个数是 5
数组元素 data[0] 的地址是：0018FF34 值是 4201266
```

数组元素 data[1] 的地址是：0018FF38 值是 2048
数组元素 data[2] 的地址是：0018FF3C 值是 4
数组元素 data[3] 的地址是：0018FF40 值是 0
数组元素 data[4] 的地址是：0018FF44 值是 4201453

程序输出中，data[0] 的地址是：0018FF34，data[1] 的地址是：0018FF38，后面的数组元素地址比前一个地址多4，4 就是数组元素的大小。数组的元素是一个紧跟着一个。数组的存放首址和数组各元素的值是随机的，因此，你运行的结果和例子中显示的结果极少有机会相同。数组各元素的初始值应该在初始化时进行设定。程序运行时各数组元素的值是初始值。

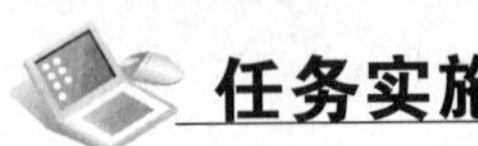

任务实施

1．任务功能

每次考试，都要进行全班（40 人）成绩的统计。统计包括平均成绩，最高分，最低分，合格人数。因为要经常使用，所以老师希望你能够编写一个程序来完成这个任务，减轻老师的工作负担。

2．编程思路

用一个一维数组存放学生的成绩，然后对这个数组进行相对应的操作，完成各种统计功能。

（1）定义一个全局数组：

```
#define MAX_NUM 9
float scores[MAX_NUM];
```

第一行定义了一个 MAX_NUM 的符号，它的值是9。在程序中，所有是MAX_NUM的地方，在预编译的时候，会将MAX_NUM用 9 来代替。使用预定义符号的好处是，如果以后想将数组元素个数改变，在定义行改变就可以了。程序中凡是使用了MAX_NUM的地方都会自动更改。另一个好处是，看到MAX_NUM，知道它代表的意思。如果只看到9，还要根据其他信息来推测它代表的意思："它是代表 9 个人？还是代表 9 分钟？还是 9 米？"这个"9"就是所谓的"magic number"！编程中要避免。

第二行定义了 float 类型的数组，数组的名字叫做 scores，数组的元素有MAX_NUM个，即 9 个。

做练习时，先将数组大小定义得比较小，方便调试程序。调试好了，再改为实际的数：40。

（2）初始化数组。

C 语言对数组的操作是对每一个数组的元素进行操作。这里的初始化是在程序运行时进行的初始化，可以在程序中多次调用，与编译时的初始化不同。

```
void init()
{
    int i;
    for(i = 0; i < MAX_NUM; i++)
    {
        scores[i] = 0;  // 设置初始值
    }
}
```

（3）输入每位学生的分数。

从键盘输入每位学生的分数。对元素的操作就象对普通变量进行操作。

```
void input()
{
    int i;
    for(i = 0; i < MAX_NUM; i++)
    {
        printf("\n input num %d: ", i);
        scanf("%f", &scores[i]);
    }
}
```

（4）显示所有分数。

逐个元素输出。为了输出数据的整齐，指定保留一位小数，加空格进行分隔。

```
void show()
{
    int i;
    for(i = 0; i < MAX_NUM; i++)
    {
        printf("%.1f ", scores[i]);  //输出保留一位小数
    }
}
```

（5）找出最高分。

先假设最高分的是第一个元素 scores[0]，然后从第二个元素 scores[1] 开始，每一个都和它进行比较。这就象打擂台，第一个人先上擂台，然后后面的每一个都和他比较，胜利者留在擂台上。最后留在擂台上的，就是最厉害的。

```
float find_max()
{
    float max;              // 存放当前最高分
    int i;
    max = scores[0];        // 第一个是当前最高
```

```
    for(i = 1; i < MAX_NUM; i + +) // 从第二个开始,每个都比较
    {
        if(max < scores[i])     // 如果比当前最高的还要高分
            max = scores[i];  // 则它是当前最高分
    }
    return max;
}
```

（6）统计总分。

先将总和 s 设置为 0，然后一个一个加到 s 里面去。

```
float sum()
{
    int i;
    float s = 0;
    for(i = 0; i < MAX_NUM; i + +)
    {
        s + = scores[i];         //加到总和 s 里
    }
    return s;
}
```

（7）统计等于高于指定分数的人数。

经常要统计合格人数、优秀人数等。

```
int countGreat(float score)
{
    int i;
    int c = 0;
    for(i = 0; i < MAX_NUM; i + +)
    {
        if(scores[i] > = score) // 如果满足要求
            c + +;              // 计数
    }
    return c;
}
```

（8）主函数。

最后是将所有的函数组合起来：

```
int main()
{
    init();                       // 初始化
    show();
```

```
    input();                    // 输入
    show();

    printf("\n 总分: %.1f", sum());
    printf("\n 平均分: %.1f", sum()/MAX_NUM);
    printf("\n 最高分: %.1f",find_max());
    printf("\n 合格人数: %d", countGreat(60));

    getch();                    // 暂停
    return 0;
}
```

3．汇总各部分程序，形成该任务程序

EX7 – 1 – 1. C:

```
#include <stdio.h>
#define MAX_NUM 9

float scores[MAX_NUM];

/* ----------设置初始值------------- */
void init()
{
    int i;
    for(i=0; i<MAX_NUM; i++)
    {
        scores[i] =0;  // 设置初始值
    }
}

/* ----------显示所有分数------------- */
void show()
{
    int i;
    for(i=0; i<MAX_NUM; i++)
    {
        printf("%.1f ", scores[i]);  // 输出保留一位小数
    }
}

/* ---------从键盘输入每位学生的分数----------- */
void input()
```

```
{
    int i;
    for(i = 0; i < MAX_NUM; i + +)
    {
        printf(" \n input num %d:  ", i);
        scanf("%f", &scores[i]);
    }
}

/*  - - - - - - - - -找出最高分- - - - - - - - - - - - - - - - - - -  */
float find_max()
{
    float max;  // 存放当前最高分
    int i;
    max = scores[0];  //第一个是当前最高
    for(i = 1; i < MAX_NUM; i + +)  // 从第二个开始, 每个都比较
    {
        if(max < scores[i])  // 如果比当前最高的还要高分
            max = scores[i];  // 则它是当前最高分
    }
    return max;
}

/* - - - - - - - - -统计同一分数的人数- - - - - - - - - - - - - -  */
int count(float score)
{
    int i;
    int c = 0;
    for(i = 0; i < MAX_NUM; i + +)
    {
        if(scores[i] = = score)
            c + +;
    }
    return c;
}

/*  - - - - - - - - -统计等于高于指定分数的人数- - - - - - - - - - - - -*/
int countGreat(float score)
{
    int i;
    int c = 0;
    for(i = 0; i < MAX_NUM; i + +)
```

```
    {
        if(scores[i] > =score)
            c + +;
    }
    return c;
}

/* ---------------统计总分-------------------*/
float sum()
{
    int i;
    float s =0;
    for(i =0; i <MAX_NUM; i + +)
    {
        s + =scores[i];
    }
    return s;
}

/* ---------------主函数------------------- */
int main()
{
    init(); // 初始化
    show();

    input(); // 输入
    show();

    printf("\n 总分: %.1f", sum());
    printf("\n 平均分: %.1f", sum()/MAX_NUM);
    printf("\n 最高分: %.1f",find_max());
    printf("\n 合格人数: %d", countGreat(60));

    getch(); // 暂停      return 0;
}
```

4. 程序运行与调试

（1）示范运行结果如下：

```
0.0  0.0  0.0  0.0  0.0  0.0  0.0  0.0  0.0
input num 0: 90.5
input num 1: 92
```

input num 2: 86
input num 3: 83.5
input num 4: 74
input num 5: 56
input num 6: 82
input num 7: 68
input num 8: 88
90.5 92.0 86.0 83.5 74.0 56.0 82.0 68.0 88.0
总分: 720.0
平均分: 80.0
最高分: 92.0
合格人数: 8

（2）按表格要求，自选输入数据，运行程序，观察与记录程序的运行结果是否正确?

数据 1	数据 2	数据 3	数据 4	数据 5	数据 6	数据 7	数据 8	数据 9	总分	平均分	最高分	合格人数

任务拓展

修改程序，适应每班不同人数的计算。

例如，一班 50 人，二班 45 人。程序用来计算一班的分数时，如何知道对 50 个分数计算平均分？计算二班分数时，如何知道是 45 个人?

习　题

1. 编写程序，在键盘上输入 9 个整数保存到数组中，然后将数组中的数按照从大到小的次序排列，输出。

2. 将一个数组中的值按逆序重新存放。例如：原来顺序为 3，2，6，5，7，1，改为 1，7，5，6，2，3。

3. 编写程序，将两个 double 数组中对应元素相加，结果保存到第三个数组中。

4. 一个数如果恰好等于它的因子之和，这个数就称为“完数”。例如 $6 = 1 + 2 + 3$。编程找出 1000 以内的所有完数。

5. 如果一个正整数等于其各个数字的立方和，则该数称为阿姆斯特朗数。如 $407 = 4^3 + 0^3 + 7^3$ 就是一个阿姆斯特朗数。试编程求 1000 以内的所有阿姆斯特朗数。

任务2　二维数组

任务说明

二维数组在编程中也是经常用到的。如果说，一维数组可以用“一队数据”来理解的话，则二维数组可以用“多队有相同个数的数据队列”来理解。

在本任务中，我们将学习二维数组的定义和使用，了解二维数组元素在内存中的存放地址。

相关知识

一、二维数组的定义

元素的数据类型 数组名[n][m];

例：

```
int myArray[3][5]; //定义了一个3行5列的整型数组
float myData[6][7]; //定义了一个6行7列的单精度浮点数数组
```

二、二维数组的存放地址

C语言的二维数组是“数组的数组”。例如，如果有一个整型数组int dataA[4]，另一个整型数组int dataB[4]，因为它们都是“相同类型的数据”——都是有4个元素的整型数组，所以可以把它们组成新的数组int C[2][4]。新数组C的每个元素都是一个有4个元素的整型数组。

通过下面程序的分析与运行，来了解二维数组各元素在内存中的存放地址。

例7-2-1：分析如下程序

```
int main()
{
  int data[4][3];
  int i, j;

  for(i = 0; i < 4; i ++)
        for(j = 0; j < 3; j ++)
        {
              printf("数组元素data[%d][%d]的地址是:%p 值是%d \n", i, j,
                            &data[i][j], data[i][j]);
        }
}
```

解：通过编辑、运行程序，输出结果如下：

数组元素 data[0][0] 的地址是：0018FF18 值是 4206340
数组元素 data[0][1] 的地址是：0018FF1C 值是 5505024
数组元素 data[0][2] 的地址是：0018FF20 值是 9
数组元素 data[1][0] 的地址是：0018FF24 值是 2048
数组元素 data[1][1] 的地址是：0018FF28 值是 0
数组元素 data[1][2] 的地址是：0018FF2C 值是 20
数组元素 data[2][0] 的地址是：0018FF30 值是 1638280
数组元素 data[2][1] 的地址是：0018FF34 值是 4201254
数组元素 data[2][2] 的地址是：0018FF38 值是 2048
数组元素 data[3][0] 的地址是：0018FF3C 值是 4
数组元素 data[3][1] 的地址是：0018FF40 值是 0
数组元素 data[3][2] 的地址是：0018FF44 值是 4201441

从上面的数组元素地址可以看出，数组元素的存放，是先改变右边一维的下标，再改变左边一维的下标。从 data[0][0]、data[0][1]、data[0][2] 三个元素的地址，也可以看出，它们组成了一个一维数组。所以说，二维数组是数组的数组。

三、迷宫程序分析

设计一个走迷宫的程序。用整型的二维数组来存放迷宫的数据。数组的元素值为 0 表示可以通过，1 表示不可以通过。定义数组并初始化如下：

```
int data[7][9] ={
        {1,1,1,1,1,1,1,1,1},
        {1,0,0,1,0,0,0,0,1},
        {1,1,0,1,0,0,1,0,1},
        {1,0,0,0,1,0,1,0,1},
        {1,0,1,1,1,0,1,0,1},
        {1,0,0,0,0,0,1,0,1},
        {1,1,1,1,1,1,1,1,1}
};
```

恰当的分行，使得数据看起来很直观。如果要更大的迷宫，可以更改数组对应的行列数。从上面的初始化格式，也可以清晰地表明二维数组是“数组的数组”的观念。

使用二重循环，显示二维数组的内容。

```
void show()
{
  int i, j;
  for(i =0; i <7; i + +)
  {
      for(j =0; j <9; j + +)
      {
```

```
            printf("%1d",data[i][j]); /* 输出一位数 */
        }
        printf("\n"); /*换行*/
    }
}
```

最后是主函数：

```
int main()
{
    show();
    getch(); //等待输入，起暂停作用
    return 0;
}
```

程序输出：

```
111111111
100100001
110100101
100010101
101110101
100000101
111111111
```

四、转置矩阵

在 EXCEL 中，输入如下图所示数据。

	A	B	C	D
1				
2		0	1	2
3		3	4	5
4		6	7	8
5		9	10	11

图 7－2－1　数据表

然后选择 B2：D5 这 4 行 3 列数据，复制。

点击 F2 单元格，在"编辑"菜单，点选"选择性粘贴"。

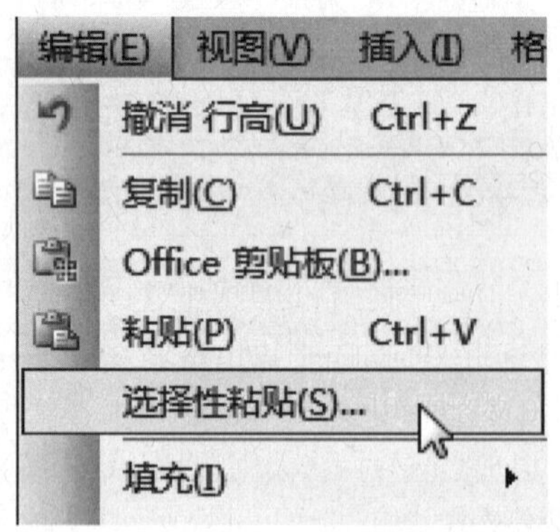

图 7－2－2 选择性粘贴菜单

显示如下窗口，点击“转置”，然后确定。

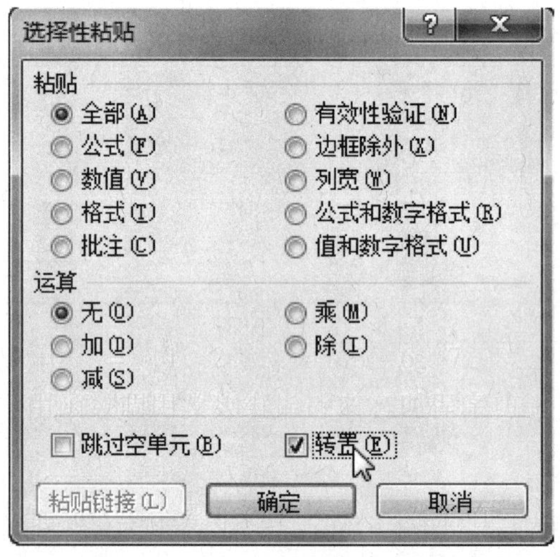

图 7－2－3 选择性粘贴窗口

得到如下图结果：

	A	B	C	D	E	F	G	H	I
1									
2		0	1	2		0	3	6	9
3		3	4	5		1	4	7	10
4		6	7	8		2	5	8	11
5		9	10	11					

图 7－2－4 矩阵的转置

从图中，左边的数据到右边数据的转换，称为矩阵的转置。现在我们用 C 语言编程完成。

左边数据放在二维数组 data[4][3] 中，转置后结果放在二维数组 r[3][4] 中。程序先赋初值给二维数组 data[4][3]，然后显示数组的值。请留意数组元素的地址和值。再用二重循环完成转置的工作。最后显示转置后的结果。

```
int main()
{
  int data[4][3];
  int r[3][4];
  int i, j;

  for(i = 0; i < 4; i + +)
       for(j = 0; j < 3; j + +)
       {
            data[i][j] = i * 3 + j;
       }

  for(i = 0; i < 4; i + +)
       for(j = 0; j < 3; j + +)
       {
            printf("数组元素 data[%d][%d]的地址是: %p
                 值是%d \n", i, j, &data[i][j], data[i][j]);
       }

  for(i = 0; i < 4; i + +)
       for(j = 0; j < 3; j + +)
       {
            r[j][i] = data[i][j];
       }

  for(i = 0; i < 3; i + +)
       for(j = 0; j < 4; j + +)
       {
            printf("数组元素 r[%d][%d]的地址是: %p
                 值是%d \n", i, j, &r[i][j], r[i][j]);
       }

}
```

程序运行结果：

数组元素 data[0][0] 的地址是：0018FEE8 值是 0
数组元素 data[0][1] 的地址是：0018FEEC 值是 1
数组元素 data[0][2] 的地址是：0018FEF0 值是 2
数组元素 data[1][0] 的地址是：0018FEF4 值是 3
数组元素 data[1][1] 的地址是：0018FEF8 值是 4
数组元素 data[1][2] 的地址是：0018FEFC 值是 5
数组元素 data[2][0] 的地址是：0018FF00 值是 6
数组元素 data[2][1] 的地址是：0018FF04 值是 7
数组元素 data[2][2] 的地址是：0018FF08 值是 8
数组元素 data[3][0] 的地址是：0018FF0C 值是 9
数组元素 data[3][1] 的地址是：0018FF10 值是 10
数组元素 data[3][2] 的地址是：0018FF14 值是 11

数组元素 r[0][0] 的地址是：0018FF18 值是 0
数组元素 r[0][1] 的地址是：0018FF1C 值是 3
数组元素 r[0][2] 的地址是：0018FF20 值是 6
数组元素 r[0][3] 的地址是：0018FF24 值是 9
数组元素 r[1][0] 的地址是：0018FF28 值是 1
数组元素 r[1][1] 的地址是：0018FF2C 值是 4
数组元素 r[1][2] 的地址是：0018FF30 值是 7
数组元素 r[1][3] 的地址是：0018FF34 值是 10
数组元素 r[2][0] 的地址是：0018FF38 值是 2
数组元素 r[2][1] 的地址是：0018FF3C 值是 5
数组元素 r[2][2] 的地址是：0018FF40 值是 8
数组元素 r[2][3] 的地址是：0018FF44 值是 11

五、OpenGL 图形库

C 语言本身并不有提供图形库。因为图形库是和具体的操作系统相关的。每个操作系统有它自己的画图方法。而且操作系统只是着眼于一般的任务。随着辅助设计和三维游戏等行业的高速画图的需要，出现了专门的三维图形库。为了加速画图，显示卡硬件对图形操作的 API 进行了专业的优化。常见的三维图形库有 OpenGL 和 DirectX。

1. 什么是 OpenGL

OpenGL（Open Graphics Library）是一个定义了一个跨编程语言、跨平台的三维图象编程接口。OpenGL 是专业的图形程序接口，是一个功能强大、调用方便的底层图形库。OpenGL 独立于窗口系统和操作系统，以它为基础开发的应用程序可以十分方便地在各种平台间移植。OpenGL 具有可移植性，任何一个 OpenGL 应用程序无须考虑其运行环境所在平台与操作系统，在任何一个遵循 OpenGL 标准的环境下都会产生相同的可视效果。OpenGL 使用简便、效率高。微软的 DirectX 是和 OpenGL 竞争的另一套三维图象编程接口。但 DirectX 只能运行在微软的操作系统上。虽然 DirectX 在家用市场全面领先，但在专业高端绘图领域，OpenGL 是不能被取代的主角。OpenGL 仍然是唯一能够取代微软对 3D 图形技术的完全控制的 API。跨平台的游戏三维图形开发库首选仍是 OpenGL。OpenGL 常用于 CAD、虚拟实境、科学可视化程序和电子游戏开发。

2. GLUT

GLUT 代表 OpenGL 应用工具包，英文全称为 OpenGL Utility Toolkit，是一个和窗口系统无关的软件包，它隐藏了不同窗口系统 API 的复杂性，使我们能够在不了解 X Windows 或者 Microsoft Windows 窗口系统本身的情况下编写 3D 应用程序。GLUT 库，使我们创建完全独立于窗口系统的 OpenGL 程序成为可能。

官方 GLUT 库可以从下面网址下载，也可以查阅相关的信息。

http：//www. opengl. org/resources/libraries/glut/

http：//www. opengl. org/documentation/specs/glut/spec3/spec3. html

这个网站里有很多 GLUT 库里函数的原型定义。

因为 GLUT 库已经很久没有更新了。所以出现了新的一些库，在原有功能上添加了一些新的函数。在这些库中，比较有名的是 freeglut 库：

http：//sourceforge. net/projects/freeglut/

上面获取的是源代码，还要编译出库，才能在自己的项目中使用。为了简单起见，可以使用别人已编译好的库：

http：//files. transmissionzero. co. uk/software/development/GLUT/freeglut - MSVC. zip

本书例子中的源代码使用 freeglut 的 2. 8. 0 版本编译通过。

使用 freeglut 库：

（1）将 include 文件夹的文件复制到 vc 的 include 文件夹里。

（2）将 lib 文件夹的文件复制到 vc 的 lib 文件夹里。

（3）将 bin 文件夹的文件复制到 system32 文件夹里，或者放到和生成的 exe 文件同一个文件夹。

3. 在 Visual C++ 6. 0 里的设置

在 Visual C++ 6. 0 里建立工程有两个选择：控制台（console）和 Win32。控制台是最常用的，选控制台的话，应用程序将会有两个窗口：一个控制台窗口（就是命令行那样的窗口），一个 OpenGL 窗口。在初始编程练习时，我们往往选择这种设置，可以将程序信息输出到控制台窗口中，方便调试程序。在程序编写好以后，再改变设置，选择 Win32 的设置。Win32 的设置只有一个 OpenGL 窗口程序。

设置步骤如下：

（1）主菜单中选择“工程”（project） - > “设置”（setting）。

（2）对话框中选择“连接”（link）标签。

（3）在“分类”（Category）组合框里选择“输出”（output）。

（4）再在“入口点”（Entry - point symbol）文本框里键入“mainCRTStartup”。

对一个现有的控制台应用程序，有一个简单的办法把它转换成 Win32 应用程序，这样可以摆脱那个命令行窗口。

（1）接着上面的添加入口点的那个标签。

（2）在“工程选项”（Project options）文本框里把“subsystem：console”替换成“subsystem：windows”。

你也可以仅仅在你的代码的开头添加下面的这一行代码，而不进行上述设置。

#pragma comment(linker, "/subsystem: \"windows \" /entry: \"mainCRTStartup \"")

现在这个应用程序就没有控制台窗口，只有 OpenGL 窗口。为了把 GLUT 库连接到一个程序里，你还得进行以下几步。

（1）选择“工程”（project） - > “设置”（settings）。

（2）选择“连接”（Link）标签。

（3）增加下面的文件到“对象/库模块”（Object/library modules）：

OpenGL32. lib，glut32. lib，glu32. lib（一般加一个 glut32. lib 就可以了）。

上面添加了 glut32. lib，和 opengl32. lib。这两个都是标准 OpenGL 的库，glu 是标准的 OpenGL 扩充。

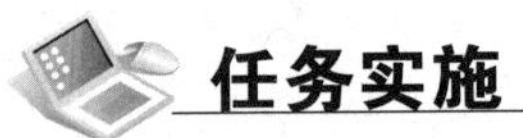

任务实施

1．任务功能

编程完成一个使用 OpenGL 图形界面，用键盘方向键控制，9 行 11 列的走迷宫程序。

2．编程思路

本程序使用 MVC 模式来设计。MVC 全名是 Model View Controller，是模型（model）—视图（view）—控制器（controller）的缩写。MVC 是一个设计模式，它使应用程序的输入、处理和输出分开。本程序的模型部分使用二维数组来保存迷宫地图的数据。视图部分对应到 display（）函数中，display（）函数负责从二维数组中读取数据，根据数据显示对应的图形。而控制部分则是 keyboard（）函数，用户的输入是否合法，能否改变数据，在这里决定。三部分分工合作，完成迷宫的程序。

（1）Glut 库的初始化及各函数设定。

```
int main( int argc, char * * argv)
{
  glutInit( &argc, argv) ; //Glut 初始化
  glutInitDisplayMode( GLUT_RGB | GLUT_DOUBLE) ; //设定显示模式
  glutInitWindowSize( 640, 480) ;          //设置窗口大小
  glutCreateWindow( "OpenGL 走迷宫") ;     //创建窗口并设定标题
  glutKeyboardFunc( keyboard) ;            //设置键盘处理函数
  glutDisplayFunc( display) ;              //设置显示函数
  glutReshapeFunc( reshape ) ;             //设置窗口大小改变函数

  init() ;               //程序数据初始化
```

```
    glutMainLoop();      //主循环

    return 0;
}
```

（2）程序中使用的数据设定。

二维数组 int data[maze_row][maze_col] 中保存着地图中的数据。图中的物体用一个数来代表。小于 5 的数用来代表草地、地砖等玩家可以从上面走（通）过的物体，大于 5 的数用来表示墙等阻挡玩家的物体。

```
#define maze_row 9          //迷宫的行大小
#define maze_col 11         //迷宫的列大小
#define grid_width 32       //每格的宽
#define grid_height 32      //每格的高
#define DONT_MOVE 5         //用来碰撞检测，小于这个数就能通过。

int data[mazc_row][mazc_col];
int player_col, player_row; //玩家位置
```

（3）OpenGL 画图设置。

各矩阵的设置，本例子只使用 2D 画图。

```
void reshape( int w, int h )
{
    glViewport( 0, 0, w, h );                //设置视口大小
    glMatrixMode( GL_PROJECTION );           // 选择投影矩阵
    glLoadIdentity( );                       // 重新设置投影矩阵
    gluOrtho2D (0.0, (double)w , (double)h , 0.0);    //正投影变换
    glMatrixMode( GL_MODELVIEW );            // 选择模型矩阵
    glLoadIdentity( );                       // 设置模型矩阵
}
```

（4）控制部分。

键盘函数，接收输入。并根据输入对数据进行修改。从二维数组中的数据，判断玩家能否通过，从而决定是否改变玩家的位置。

```
void keyboard( unsigned char key, int x, int y)
{
    int dr, dc, n_row, n_col;
    int tmp_row = player_row;
    int tmp_col = player_col;
    switch (key)
    {
    case '\x1B': //Esc
```

```
        exit(EXIT_SUCCESS);
        break;
    case 'w':
    case 'W':
        tmp_row--;
        break;
    case 'a':
    case 'A':
        tmp_col--;
        break;
    case 's':
    case 'S':
        tmp_row++;
        break;
    case 'd':
    case 'D':
        tmp_col++;
        break;
    }
    if(canMove(tmp_row, tmp_col)) //走动
    {
        player_row = tmp_row;
        player_col = tmp_col;
    }
    glutShowWindow();
}
```

（5）显示部分。

将内容显示出来。

```
void display()
{
    glClear(GL_COLOR_BUFFER_BIT);
    drawMap();                              //根据数组内容显示
    drawGrid();                             //显示格线
    glColor3f(0.5f, 1.0f, 0.5f);            //设置颜色
    drawBox(player_row, player_col);        //显示代表玩家的方块
    glutSwapBuffers();                      //交换缓冲区，显示画好的内容
}
```

（6）显示部分用到的几个子函数。

①画线函数。

```
void line(int x1, int y1, int x2, int y2)
```

```
{
    glBegin(GL_LINES);
    glVertex2i(x1, y1);
    glVertex2i(x2, y2);
    glEnd();
}
```

②由对角坐标画方块。

```
void box(int left, int top, int right, int bottom)
{
    glBegin(GL_POLYGON);
    glVertex2i(left, top);
    glVertex2i(left, bottom);
    glVertex2i(right, bottom);
    glVertex2i(right, top);
    glEnd();
}
```

③画统一大小的方块。

```
void drawBox(int row, int col)
{
    box(col * grid_width, row * grid_height, (col + 1) * grid_width, (row + 1) * grid_height);
}
```

④由二维数组中代表物体的数画对应的物体。

```
void drawObject(int row, int col, int index)
{
    switch (index)
    {
    case 1: //地板
         glColor3f(0.1f, 0.1f, 0.4f);
         break;
    case 8: //墙 灰色
         glColor3f(0.5f, 0.5f, 0.5f);
         break;
    }
    if(index! =0)
         drawBox(row, col);
}
```

⑤按二维数组逐格画出对应的物体。

```
void drawMap()
{
   int row, col;
   for(row = 0; row < maze_row; row++)
   {
        for(col = 0; col < maze_col; col++)
        {
             drawObject(row, col, data[row][col]);
        }
   }
}
```

⑥画格线。

```
void drawGrid()
{
   int i;
   glColor3f(0.0f, 0.5f, 1.0f);
   //画横线
   for(i = 0; i <= maze_row; i++)
   {
        line(0, i * grid_height, maze_col * grid_width, i * grid_height);
   }
   //画竖线
   for(i = 0; i <= maze_col; i++)
   {
        line(i * grid_width, 0, i * grid_width, maze_row * grid_height);
   }
}
```

3. 源程序（EX7-2-1.C）

```
#include <stdio.h>
#include <GL/freeglut.h>

#define maze_row 9
#define maze_col 11
#define grid_width 32
#define grid_height 32
#define DONT_MOVE 5

int data[maze_row][maze_col];
```

```
int player_col, player_row;                   //玩家位置

void keyboard( unsigned char key, int x, int y);
void display( void);

void reshape( int w, int h )
{
   glViewport( 0, 0, w, h );                  //设置视口大小
   glMatrixMode( GL_PROJECTION ); // 选择投影矩阵
   glLoadIdentity( );                         // 重新设置投影矩阵
   gluOrtho2D (0.0, (double )w , (double )h , 0.0);
   glMatrixMode( GL_MODELVIEW ); // 选择模型矩阵
   glLoadIdentity( );                         // 设置模型矩阵
}

void init()
{
   player_col = 1;
   player_row = 2;
   data[1][2] = 8;
   data[2][3] = 8;
   data[3][3] = 8;
   data[4][3] = 8;
}

int main( int argc, char * * argv)
{
   glutInit( &argc, argv);
   glutInitDisplayMode( GLUT_RGB | GLUT_DOUBLE);
   glutInitWindowSize( 640, 480);
   glutCreateWindow( "OpenGL 走迷宫");
   glutKeyboardFunc( keyboard);
   glutDisplayFunc( display);
   glutReshapeFunc( reshape );

   init();
   glutMainLoop();

   return 0;
}

int canMove( int row, int col)
```

```
{
   if(inMap(row, col) && data[row][col] < DONT_MOVE)
        return TRUE;
   else
        return FALSE;
}

int inMap(int row, int col)
{
   if(col >= 0 && col < maze_col && row >= 0 && row < maze_row)
        return TRUE;
   else
        return FALSE;
}

void keyboard(unsigned char key, int x, int y)
{
   int dr, dc, n_row, n_col;
   int tmp_row = player_row;
   int tmp_col = player_col;
   switch (key)
   {
   case '\x1B': //Esc
        exit(EXIT_SUCCESS);
        break;
   case 'w':
   case 'W':
        tmp_row--;
        break;
   case 'a':
   case 'A':
        tmp_col--;
        break;
   case 's':
   case 'S':
        tmp_row++;
        break;
   case 'd':
   case 'D':
        tmp_col++;
        break;
   }
```

```
    if( canMove( tmp_row, tmp_col) ) //走动
    {
        player_row = tmp_row;
        player_col = tmp_col;
    }
    glutShowWindow( ) ;
}

void line( int x1, int y1, int x2, int y2)
{
    glBegin( GL_LINES) ;
    glVertex2i( x1, y1) ;
    glVertex2i( x2, y2) ;
    glEnd( ) ;
}

void box( int left, int top, int right, int bottom)
{
    glBegin( GL_POLYGON) ;
    glVertex2i( left, top) ;
    glVertex2i( left, bottom) ;
    glVertex2i( right, bottom) ;
    glVertex2i( right, top) ;
    glEnd( ) ;
}
void drawBox( int row, int col)
{
    box( col * grid_width, row * grid_height, ( col + 1) * grid_width, ( row + 1) * grid_ height) ;
}

void drawObject( int row, int col, int index)
{
    switch ( index)
    {
    case 1: //地板
        glColor3f( 0.1f, 0.1f, 0.4f) ;
        break;
    case 8: //墙 灰色
        glColor3f( 0.5f, 0.5f, 0.5f) ;
        break;
    }
    if( index! =0)
```

```
        drawBox(row, col);
}

void drawMap()
{
    int row, col;
    for(row = 0; row < maze_row; row++)
    {
        for(col = 0; col < maze_col; col++)
        {
            drawObject(row, col, data[row][col]);
        }
    }
}

void drawGrid()
{
    int i;
    glColor3f(0.0f, 0.5f, 1.0f);
    //画横线
    for(i = 0; i <= maze_row; i++)
    {
        line(0, i * grid_height, maze_col * grid_width, i * grid_height);
    }
    //画竖线
    for(i = 0; i <= maze_col; i++)
    {
        line(i * grid_width, 0, i * grid_width, maze_row * grid_height);
    }
}

void display()
{
    glClear(GL_COLOR_BUFFER_BIT);
    drawMap();
    drawGrid();
    glColor3f(0.5f, 1.0f, 0.5f);
    drawBox(player_row, player_col);
    glutSwapBuffers();
}
```

4. 程序运行与调试

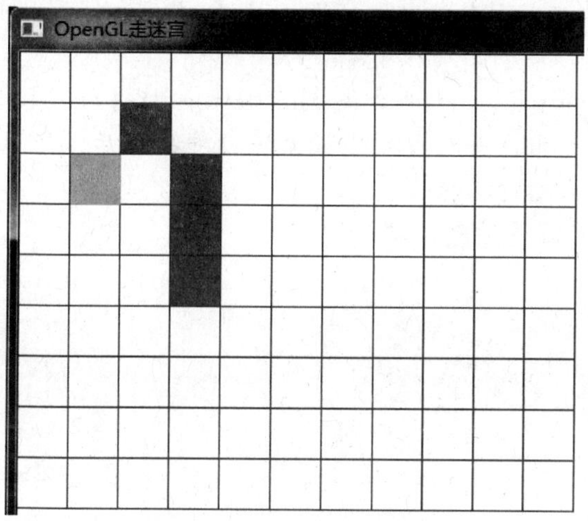

图 7-2-5 迷宫程序界面

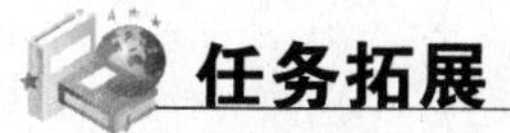

任务拓展

更改函数完成初始化，自己设计一个更复杂的真正的迷宫地图。

习 题

1. 初始化一个5行5列的数组。然后分别将数组里的数据向左旋转90度和向右旋转90度。例如下图所示为向左旋转：

1	2	3	4	5
6	7	8	9	10
11	12	13	14	15
16	17	18	19	20
21	22	23	24	25

5	10	15	20	25
4	9	14	19	24
3	8	13	18	23
2	7	12	17	22
1	7	11	16	21

2. 已知5个学生的3门成绩

	语文	数学	英语	平均分
丁一	76	80	90	
赵二	90	65	77	
张三	63	55	70	
李四	90	92	97	
王五	73	69	82	

要求：

(1) 计算并输出每个学生的平均成绩。

(2) 计算并输出每门课的平均成绩。

有一个二维数组 d[4][4] ={{4,5,1,3},{6,0,2,9},{7,3,2,2},{8,2,4,1}}。编写程序：找出每一列的最大值，并对各列中最大值升序排序后，依此数据序列重新排列各列数据。最后按以下格式输出数据：

原数组

1 4 2 8

2 2 3 7

9 2 0 6

3 1 5 4

各列最大值

9 4 5 8

最大值排序后

4 5 8 9

结果数组

4 2 8 1

2 3 7 2

2 0 6 9

1 5 4 3

3. 求出 N×N 的二维数组周边元素的平均值。

0 1 2 7 9

1 9 7 4 5

2 3 8 3 1

4 5 6 8 2

5 9 1 4 1

则平均值为：3.375。

4. 将二维数组（5行5列）的右上半部分置零。即：

1	2	3	4	5
6	7	8	9	10
11	12	13	14	15
16	17	18	19	20
21	22	23	24	25

变成

1	0	0	0	0
6	7	0	0	0
11	12	13	0	0
16	17	18	19	0
21	22	23	24	25

任务3　字符数组和字符串

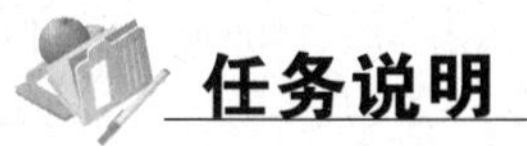

任务说明

我们经常需要将文本字符串当作一个整体来操作，但C语言的数据类型中没有字符串类型。C语言用字符数组实现其他语言中的字符串类型。C语言用对字符数组的操作代替对字符串的操作。C语言提供了字符串函数，方便对字符串的操作。

在本任务中，我们将学习字符数组和字体串的操作。

相关知识

一、字符串

前面的例子中，我们已经使用过字符串了。例如：

printf（" You are welcome!"）；

双引号括住的，就是字符串。一对双引号之间的任何内容，都是字符串。像上面的例子，是定义了字符串常量。每次使用printf（）显示信息时，C语言就将该信息定义成字符串常量：

"You are welcome!"

Y	o	u		a	r	e		w	e	l	c	o	m	e	!	\0

图7－3－1　字符串在内存中的存放

如上图所示，每个字符串的末尾都添加了一个ASCII码值为0的特殊字符，这个字符称为空字符，写做'\0'。C语言中的字符串总是由'\0'字符结束，所以字符串的长度总是比字符串中的字符数多1。这是C语言中最容易出错的地方。

二、字符数组

定义字符数组：

```
char msg[17];
```

定义了有17个元素，每个元素是字符类型的数组。

初始化：

```
char msg[] =" You are welcome!";
```

因为有16个字符，加上字符串的结束符'\0'，C语言会自动分配17个字节的空间。

也可以用普通数组的方法初始化：

char c[8] ={'w', 'e ', 'l', 'c', 'o', 'm', 'e' ,'\0'};

三、字符串的输入和输出

使用 scanf（）和 printf（）函数输入和输出字符串。在 scanf（）中输入字符串，只写数组名即可，因为数组名就是地址。

```
main()
{
    char msg[15];
    printf("请输入字符串: \n");
    scanf("%s", msg);
    printf("%s\n", msg);
}
```

本例中由于定义数组长度为15，因此输入的字符串长度必须小于15，以留出一个字节用于存放字符串结束标志'\0'。用 scanf 函数输入字符串时，字符串中不能含有空格，否则将以空格作为串的结束符。

四、字符串操作

字符串的实质就是字符数组。但是如果我们每次操作都是使用数组的操作方式，那就太繁了。C 语言提供了操作字符串的库函数。如果要使用它们，需要在程序的开始处添加包含的头文件：

```
#include <string.h>
```

1. 复制字符串

我们可以使用复制数组的方式，将一个字符串数组复制到另一个数组中，要注意的是目标数组要有足够的大小空间。使用库函数就方便得多：

```
strcpy (string1, string 2);
```

函数 strcpy（）的参数是字符数组名，这个函数的作用是将第二个参数指定的字符串复制到第一个参数指定的字符串中，即将 string2 复制到 string1 中，替换原先存放在 string1 中的字符串。这个复制包含字符串结束符'\0'。函数 strcpy（）不检查数组的大小，所以我们要自己确保数组 string1 的空间要足以容纳 string2。

2. 确定字符串的长度

要确定字符串的长度，可以使用 strlen（）函数。

```
unsigned int leng = strlen (string2);
```

返回的长度不包含结束符'\0'。

3．连接字符串

```
strcat (string1, string2);
```

函数将 string2 复制到 string1 的末尾，并返回结果字符串。要确保数组 string1 的空间足以容纳两个字符串。这就是字符串的“相加”操作。

4．比较字符串

函数 strcmp（string1，string2）比较两个字符串，根据 string1 是否小于、等于和大于 string2，返回一个小于、等于或大于 0 的 int 值。函数逐个比较两字符串对应字符 ASCII 码的大小，ASCII 码小的，对应字符串就小；或者一字符串已结束另一字符串还有字符，则长度小的字符串小。以下程序比较字符串大小：

```
char string1[] ="This is string!";
char string2[] ="You are welcome!";
if(stecmp(string1,string2) <0)
   printf("string1 小");
```

5．查找子字符串

在字符串中查找指定的字符串，是最常用的字符串操作。

```
char msg[]  =" To be or not to be, that's a question!";
char str[]  =" not";
char *p=NULL;
p=strstr (msg, str);
```

示例中的函数 strstr（）在 msg 字符串中查找 str 字符串，返回找到的第一个字符串的位置指针。因为“not”出现在第 10 个位置，所以返回地址为 msg+9 的位置。如果在字符串 msg 中找不到指定的字符串，则函数返回 NULL。程序可以据此判断是否找到指定字符串。

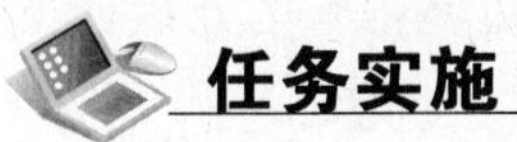

任务实施

1．任务功能

编写程序：输入 5 个学生姓名，按从小到大排序后输出。

2．编程思路

（1）定义存放名字的二维数组。

```
char names[5][10];
```

每位学生的名字存放在一维字符数组中。所以多个学生要使用多个一维字符数组，由此组成了二维字符数组。二维数组 names[5][10]，可以看作是有 5 个一维字符数组的大数组。每个一维数组最多可以保存有 9 个字符的学生名字。

(2) 循环输入每位学生的名字:

```
for(i=0;i<5;i++)
{
    printf("请输入学生名字: \n");
    scanf("%s",names[i]);
}
```

在 scanf () 函数中，因为数组名字本身就是地址，所以 names[i] 的前面不用加 & 符号。

(3) 显示所有的学生名字。

```
for(i=0;i<5;i++)
{
    printf("%s\n",names[i]);
}
```

(4) 对学生名字进行排序。

使用选择排序。比较操作使用字符串的比较函数 strcmp (string1, string2)。

```
for(i=0;i<5-1;i++)
    for(j=i;j<5;j++)
{
    if(strcmp(names[i],names[j])>0)
    {
            strcpy(tmp,names[j]);
            strcpy(names[j],names[i]);
            strcpy(names[i],tmp);
    }
}
```

字符数组 char tmp[10] 用来存放交换中的临时字符串。交换两字符串的原理如下所示:

```
T=A;
A=B;
B=T;
```

(5) 最后输出排序后的结果:

```
printf("排序后: \n");
for(i=0;i<5;i++)
{
    printf("%s\n",names[i]);
}
```

3．源程序（EX7－3－1.C）

```
#include <string.h>
int main()
{
   char names[5][10];
   char tmp[10];
   int i, j;
   for(i=0; i<5; i++)
   {
       printf("请输入学生名字: \n");
       scanf("%s", names[i]);
   }

   for(i=0; i<5; i++)
   {
       printf("%s\n", names[i]);
   }
   for(i=0; i<5-1; i++)
       for(j=i; j<5; j++)
   {
       if(strcmp(names[i], names[j]) >0)
       {
           strcpy(tmp, names[j]);
           strcpy(names[j], names[i]);
           strcpy(names[i], tmp);
       }
   }
   printf("排序后: \n");
   for(i=0; i<5; i++)
   {
       printf("%s\n", names[i]);
   }
   return 0;
}
```

4．程序运行与调试

（1）示范运行结果如下：

请输入学生名字：
acd
请输入学生名字：
eee
请输入学生名字：
fff
请输入学生名字：
EEE
请输入学生名字：
AAA
acd
eee
fff
EEE
AAA
排序后：
AAA
EEE
acd
eee
fff

（2）按如下表格要求，自选输入数据，观察与记录程序运行输出结果。

输入 1	输入 2	输入 3	输入 4	输入 5	输出	排序后输出

任务拓展

（1）添加函数，在学生名单中查找是否有某人名字。

（2）添加函数，输出含有指定字符串的所有学生的名字。

习 题

1. 编写程序，将用户输入的字符串进行逆序输出。例：用户输入："welcome!" 输出结果为："! emoclew"。

2. 自己编写程序，实现计算字符串长度。

3. 自己编写程序，实现字符串复制函数 strcpy（string1，string1）的功能。

4. 自己编写程序，实现字符串比较函数 strcmp（string1，string1）的功能。

5. 编写程序删除字符串 s 中从下标 k 开始的 n 个字符（n 和 k 从键盘输入）。

例如，字符串内容为：Hellollo World!，k 中的值为 5，n 中的值为 3，结果为：Hello World!。

JINJIEBIAN

进　阶　编

项目八　指　　针

指针是 C 语言中广泛使用的一种数据类型，运用指针编程是 C 语言的主要风格之一。通过利用指针，我们能很好地利用内存资源，使其发挥最大的效率。有了指针技术，我们可以描述复杂的数据结构，对字符串的处理可以更灵活，对数组的处理更方便，使程序的书写更简洁、紧凑、高效。但是，指针也是 C 语言中较难掌握的一部分。在学习中除了理解基本的概念，还要多编程，上机调试，将所学知识与实际相结合。

知识点

◇ 地址和指针的概念及区别
◇ 指针变量的定义
◇ 指针的运算
◇ 数组元素的地址
◇ 字符数组和字符指针的区别

技能点

◇ 通过指针引用数组元素
◇ 通过指针引用字符串
◇ 指针在函数调用中的应用

任务1　指 针 概 述

任务说明

指针是 C 语言中的一个重要概念，指针的使用灵活方便，但是运用不当的话也可能使程序晦涩难懂，是一个在编程过程中极易出错的概念。在本任务中我们将学习指针的概念，了解指针与存储区数据的关系。

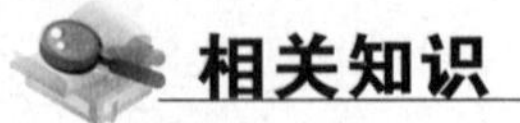

相关知识

一、地址和指针

在项目二中，我们学习了不同数据类型的变量，它们在系统中所占用的存储空间是不同的。内存区中的每一个字节有一个编号，这就是内存单元的“地址”，地址就是一个对象在内存中存储时所占区间的第一个字节的编号。例如，执行“int a=23;”语句之后，Visual C++ 6.0 为整型变量 a 分配 4 个字节（如从地址 2000 到地址 2003）用以存储整型数值 23，那么变量 a 的地址是 2000。它们的关系如图 8－1－1 所示。

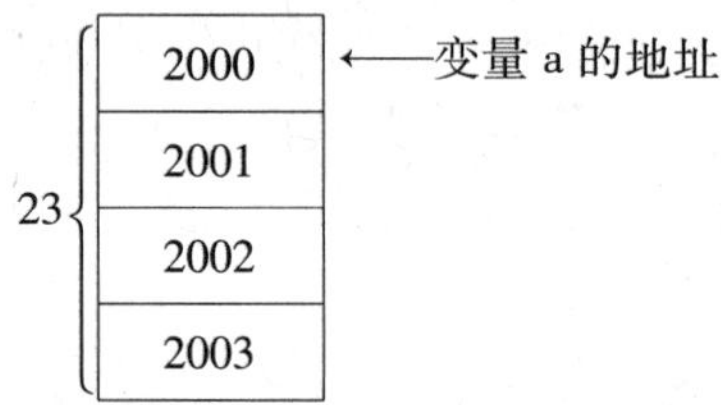

图 8－1－1　整型变量及其地址

通过地址能找到所需的变量，即地址指向该变量单元，因此在 C 语言中我们将地址形象化地称为“指针”。也就是说，指针是一类特殊的变量，它专门用于保存地址值（对象在内存中所占区间的第一个字节的编号），一个变量的地址称为该变量的指针。

若 p 是个指针，如何让它指向一个普通的变量 i 呢？其实只要将 i 的地址赋给 p 就行了。即：

```
p=&i
```

& 运算符可以获取变量的首地址，该运算符被称为取地址运算符。这时把 p 称作是 i 的指针。

二、定义指针变量

指针变量定义的一般形式为：

所指对象的类型 ＊指针变量名

如：

```
int *p
```

它定义了一个只能指向整数变量的指针 p。

假如我们已定义了指针变量：

```
int *p;
int a=23;
p=&a;
```

设变量 a 的地址为 2000，则指针 p 和变量 a 的值、变量 a 的地址之间的关系如图 8－1－2 所示：

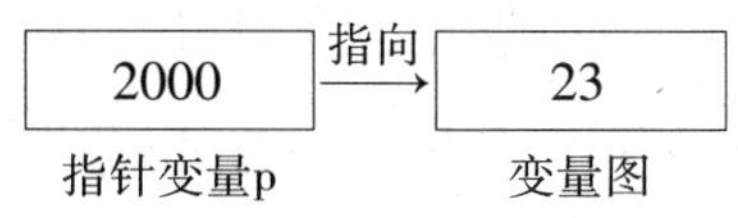

图 8－1－2 指针 *p* 和变量 *a*

在定义指针变量时：

（1）必须指定其所指对象的类型（基类型）。因为不同的基类型变量在内存中所占的字节数是不一样的，例如在 Visual C++ 6.0 中 int 整型变量占 4 个字节，字符型变量只占 1 个字节。明确了指针变量的基类型，编译器就能根据基类型数据所占字节数来读写内存中相应的连续区域。

（2）指针变量中只能存放地址（指针），且赋给指针变量的数据类型必须与指针变量的基类型一致。

例如，假设 int a＝23；则

```
int *p=&a;          //正确，把变量 a 的地址赋给指针 p
int *p=23;          //错误，不能把变量值赋给指针
p=a;                //错误，不能把整型变量赋给指针变量
```

例 8－1－1：分析下列程序的输出结果。

```
#include <stdio.h>
void main()
{
   int a=1;                //定义整型变量 a=0
   int *p=&a;              //定义指针变量,赋值为变量 a 的地址
   printf("指针变量 p 所指变量 a 的值是%d\n", *p); //输出指针变量所指变量 a 的值
   printf("指针变量 p 的值是%d\n", p); //输出指针变量 p 的值
   printf("变量 a 的地址是%d\n", &a); //输出变量 a 的地址
}
```

输出结果如下：

```
指针变量 p 所指变量 a 的值是 1
指针变量 p 的值是 1245052
变量 a 的地址是 1245052
```

此程序包含了对指针变量进行定义及赋初值语句，并通过指针变量 p 输出其所指向变量 a 的值，从运行结果可知指针变量 p 的值与变量 a 的地址是一致的。

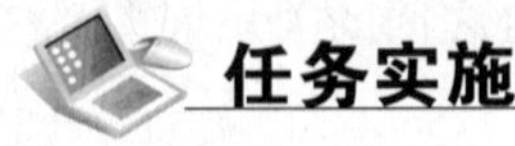

任务实施

1. 任务功能

编写程序，要求输入两个整数并存储在变量 m，n 中，通过指针交换按大小顺序输出。

2. 编程思路

通过 scanf 函数进行数据输入，并定义指针 * p1 和 * p2 指向所输入的两个整数，通过 if 函数，使 p1 始终指向较大的数。

3. 源程序 EX8 -1 -1. C

```
#include <stdio.h>
void main()
{
    int m, n;                          //定义整型变量
    int *p1, *p2, *p;                  //定义指向整型变量的指针
    scanf("%d,%d", &m, &n);  //输入两个数，赋给整型变量 m, n
    p1 = &m;                           //使指针 p1 指向 m
    p2 = &n;
    if (m < n)                         //通过 if 语句,使 p1 指向 m 与 n 中较大的数
    {
        p = p1;
        p1 = p2;
        p2 = p;
    }
    printf("输入的两个数为%d,%d\n", m, n);  //输出结果
    printf("按大小顺序输出为%d,%d\n", *p1, *p2);
}
```

4. 运行、调试

用 Visual C++ 6.0 对源程序进行编辑、编译与调试，当我们通过键盘输入“2，3”时，运行结果为：

____。

如果将源程序中的“if (m < n)”语句修改为“if (m > n)”，则运行结果有什么不同?

任务拓展

编写程序，输入三个整数并存储在变量 n1，n2，n3 中，通过指针交换按大小顺序输出。

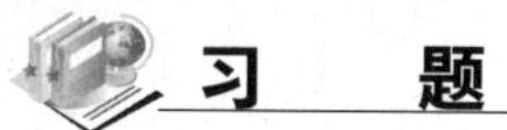

习　题

1. 判断：一个变量的地址称为该变量的指针。(　　)
2. 判断：可以定义多个指针指向同一个变量。(　　)
3. 判断：设 p = &i，这时把 p 称作是 i 的指针。(　　)
4. 编写程序，输入 3 个整数，输出其中的最大值。

任务 2　一维数组与指针

任务说明

一个数组包含若干个元素，每个元素在内存中都占有一定空间，有相应的地址。指针变量可以存储地址，即可以存储数组元素地址，指向该数组元素。在本任务中，我们将学习通过指针来引用数组元素。

相关知识

一、指向一维数组的指针

在 C 语言中，将一维数组在内存中存放的首地址作为该数组的指针，而一维数组的数组名表示数组在内存中的首地址，也就是说，一维数组的数组名就是该数组的指针。

我们可以定义指向一维数组的指针，如下：

```
int *p;            //定义指向整型变量的数组 p
int a[3];          //定义包含 3 个整型变量的数组 a
p = &a[0];         //把数组元素 a[0] 的地址赋给变量 p，等价于 p = a
```

由于在 Visual C++ 6.0 中，系统为 int 型变量分配 4 个字节，则以上程序定义的指针变量 p 与数组 a 之间的关系如图 8-2-1 所示。

注意，数组名 a 不代表整个数组中的全部数据，所以在以上程序中，语句“p = &a[0];”的作用是把数组 a 首元素 a[0] 的地址赋给指针变量 p。

二、通过指针引用数组

在 C 语言编程过程中，我们经常要引用数组元素进行计算。引用数组元素的方法有：

(1) 下标法，数组名加下标，如 a[i] 形式。

(2) 指针法，即地址法。我们定义包含 3 个整型变量的数组 a，由于数组名 a 代表数组首元素的地址，则指向数组元素中序号为 i 的元素地址为 *(a+i)。由此可得，当定义指针变量 p 指向数组首元素的时候，可以用 *(p+i) 调用数组 a 中序号为 i 的元素。

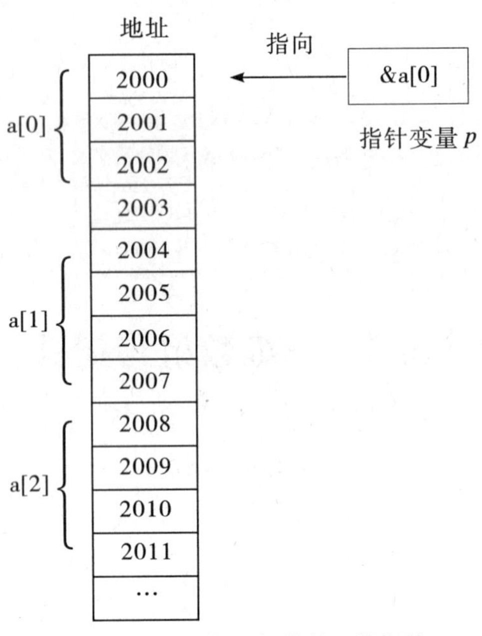

图 8－2－1　指向一维数组的指针

通过指针引用数组元素：

```
int *p;
int a[3];
p=&a[i]; //把数组第 i 个元素的地址赋给指针变量 p
```

三、指针变量的算术运算

指针变量是可以进行算术运算的，设 p，q 是同类型的指针变量，且它们指向同一数据集合（数组），n 是整型数据。指针运算说明如下表所示。

表 8－2－1　指针运算式

运算式	运算说明
p+n	p 之后第 n 个元素的地址
p−n	p 之前第 n 个元素的地址
p++	p 作为当前操作数，然后后移一个元素
++p	p 后移一个元素，然后作为当前操作数
p−−	p 作为当前操作数，然后前移一个元素
−−p	p 前移一个元素，然后作为当前操作数
p−q	计算 p 和 q 两者之间的元素个数

如果有“int *p; int a[3]; p=&a[0];”，则对指针 p 的部分运算如图 8－2－2

所示。

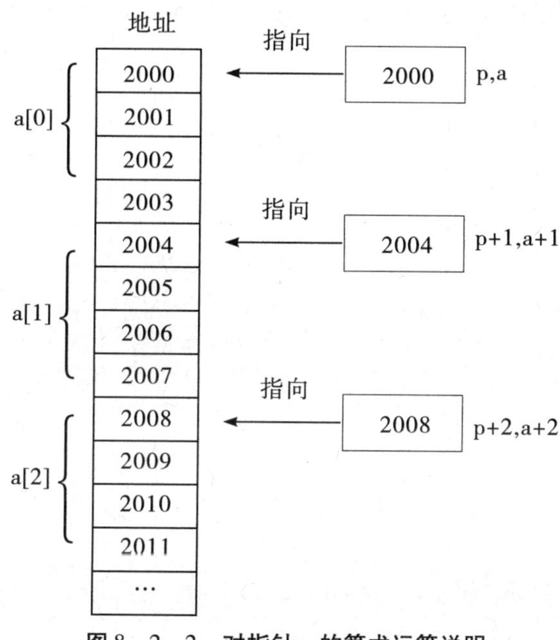

图 8－2－2　对指针 p 的算术运算说明

四、一维数组指针在函数调用中的应用

由于数组名就是数组的指针，如果将数组名作为函数的实参，再以同类型的指针变量作为形参，在函数调用时，就可以通过把数组的指针传递给形参变量，实现地址传递。将数组的地址作为参数传递给被调函数之后，便可以在被调函数中通过该地址对原数组元素进行改写。

虽然被调函数中对应的形参应该为指针变量，但为了提高程序的易读性，C 语言也允许形参采用数组名的形式，但系统实际是将数组名形参转化为指针变量处理的。例如，定义一个 f 函数，形参为数组形式：

```
void f( int a[ ], int n)          //形参为数组形式，等价于 void f( int  * a, int n)
{…}
void main( )                      //主函数
{
   void f( int a[ ], int n);      //f 函数调用声明
   int a[3];                      //定义整型数组 a[3]
   …
   f( a, 3);                      //调用函数 f，实参为数组名 a
}
```

注意，形参数组名代表一个固定的地址，或者说是指针常量，但是形参数组并不是一个固定的地址，而是指针变量，在函数调用开始时，它的值等于实参数组首元素地址，

在函数执行期间，它是可以再次赋值的。

例8－2－1：运用指针变量输入10个整数，然后逆序输出。

```
#include <stdio.h>
void main()
{
  int a[10], i;                  //定义整型数组a与整型变量i
  int *p=a;                      //定义数组指针p指向数组a
  for(i=0;i<=9;i++)              //for循环语句输入10位整数,此时p值为a
      scanf("%d", p+i);          //从数组首元素开始存录入的10位整数
  for(p=a+9;p>=a;p--)            //for循环语句输出10位整数，给p赋值为a+9
      printf("%d, ", *p);        //从数组最后一个元素开始输出逆序输出10位整数
  printf("\n");                  //输出10位整数后换行
}
```

输出结果如下：

1 2 3 4 5 6 7 8 9 10

10，9，8，7，6，5，4，3，2，1

任务实施

1. 任务功能

编写程序，将数组a[10] = {1，2，3，4，5，6，7，8，9，10} 中的元素逆序存放后按顺序输出。要求运用函数调用及数组指针来实现程序功能。

2. 编程思路与分析

思路：定义一函数以实现数组元素的逆序存放，然后在主函数中调用，调用过程中用数组名a来代替形参。

分析：将数组a[0] 与a[n－1] 对换，a[1] 与a[n－2] 对换……即将a[int（n－1）/2] 与a[n－int（n－1）/2－1] 对换。先定义一个逆序存放函数invert（int x[ ]，int n)，其中形参x是数组名，它是一个指针变量，在main主函数调用时，把数组a[ ] 的指针传递给形参变量x[ ]，实现地址传递，这样便可以在被调函数invert中通过该地址对数组a的元素进行逆序存放。

3. 源程序EX8－2－1.C

```
#include <stdio.h>
void invert(int x[], int n)          //定义逆序存放函数invert
{
  int temp, i, j, m=(n-1)/2;
  for(i=0;i<=m;i++)                  //通过for循环实现数组元素值的调换
  {
```

```
        j = n - 1 - i;
        temp = x[i];
        x[i] = x[j];
        x[j] = temp;
    }
}
main()                          //主函数
{
    int k;
    int a[10] = {1,2,3,4,5,6,7,8,9,10};
    printf("数组按顺序输出:");
    for(k = 0; k < 10; k + +)       //通过 for 语句输出原数组
        printf("%d,",a[k]);
    printf("\n");
    invert(a,10);               //调用逆序存放函数 invert
    printf("逆序存放后输出:");
    for(k = 0; k < 10; k + +)       //通过 for 语句输出逆序后的数组
        printf("%d,",a[k]);
    printf("\n");
}
```

4. 运行、调试

用 Visual C++ 6.0 对源程序进行编辑、编译与调试，运行结果为：

____。

如果将数组 a[10] 中的元素逆序存放后按逆序输出，则程序该如何修改？

任务拓展

编写程序，将数组 a[10] = {1, 2, 3, 4, 5, 6, 7, 8, 9, 10} 中的元素逆序存放，然后输出下标为 2 的整数倍的数组元素，即输出 a[2]、a[4]、a[6] ……要求运用函数调用及数组指针来实现程序功能。

习　　题

1. 判断：在 C 语言中，一维数组的数组名就是该数组的指针。(　　)

2. 判断：如果有“int *p; int a[3]; p = &a[0];”，则指针 p 指向数组 a 首地址。(　　)

3. 当定义指针变量 p 指向数组首元素的时候，可以用（　　）调用数组 a 中序号为 i 的元素。

A. *p+i　　B. *(p+i)　　C. *p+*i　　D. *pi

4. 写出下列程序的运行结果。

```
#include <stdio.h>
void main()
{
int a[] ={1,2,3,4,5,6,7,8};
int *p=a;
*(p+3) + =1;
printf("%d,%d\n", *p, *(p+3));
}
```

5. 编写程序，使得数组 a[] = {1, 2, 3, 4, 5} 中的每一个元素值都加 1 并输出结果。

6. 利用指向一维数组的指针变量，将一维整型数组 a[10] = {1, 2, 3, 4, 5, 6, 7, 8, 9, 10} 中凡下标为 3 的整数倍的数组元素输出，即输出 a[3]、a[6]、a[9] ……。

任务 3　二维数组与指针

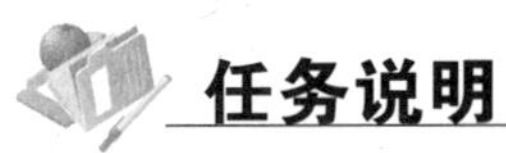

任务说明

指针可以指向一维数组，引用数组各元素，同样也可以引用二维数组的元素。在本任务中我们将学习利用指针来调用二维数组。

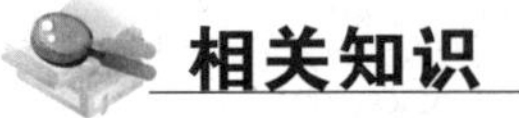

相关知识

一、二维数组的行、列结构

关于二维数组各元素，它们在内存中是按“行优先”的顺序存放的，即先存放首行的各个元素，其次是第二行各个元素，依次类推。可以将二维数组的一行当作一个单独的“元素”处理，如此一来，二维数组可以看作一种特殊的“一维数组”，此“一维数组”的每个“元素”是原二维数组的一行，各“元素”本身又是一个一维数组。

定义一个二维数组如下：

```
int a[3][4] = { {1, 2, 3, 4}, {5, 6, 7, 8}, {9, 10, 11, 12}};
```

可以分析得该二维数组有三个行元素 a[0]、a[1] 和 a[2]，三个行元素各包含四个列元素。假设二维数组首元素的地址为 2000，已知 Visual C++ 6.0 为整型变量 a 分配 4 个字节，可得该二维数组各元素的地址和相应数值如图 8－3－1 所示。

二、二维数组的行指针

如图 8－3－1 所示，数组名 a 指向数组存储的首地址 2000，那么 a＋1 是不是指向

第0行	a[0]	=	a[0][0]=1 地址2000	a[0][1]=2 地址2004	a[0][2]=3 地址2008	a[0][3]=4 地址2012
第1行	a[1]	=	a[1][0]=5 地址2016	a[1][1]=6 地址2020	a[1][2]=7 地址2024	a[1][3]=8 地址2028
第2行	a[2]	=	a[2][0]=9 地址2032	a[2][1]=10 地址2036	ab[2][2]=11 地址2040	a[2][3]=12 地址2044
			第0列	第1列	第2列	第3列

图 8－3－1 二维数组 a[3][4] 存储结构图

a[0][1] 呢？与一维数组不同，二维数组的 a＋1 指向的是第 1 行存储的首地址 2016，同理 a＋2指向第 2 行存储的首地址 2032。我们称二维数组各行的存储首地址为该行的行指针。

行指针的定义格式：

类型说明符（＊行指针变量名）[数组的列元素个数]；

如前面定义的二维数组 a[3][4]，可以定义行指针变量：

```
int (*p) [4];
```

我们可以在定义行指针变量的同时对其初始化，例如：

```
int a[3][4] ={{1, 2, 3, 4},{5, 6, 7, 8}, {9, 10, 11, 12}}, (*p)[4] =a;
```

经过初始化之后，p 指向二维数组 a[ ][ ] 的第 0 行，p＋i 指向 a[ ][ ] 的第 i 行（i＝0，1，2）。二维数组 a[ ][ ] 的各元素 a[i][j] 可以通过行指针变量来引用：

＊（p＋i）＋j 指向二维数组 a 的元素 a[i][j]。

由于二维数组 a[ ][ ] 的数组名 a 就是数组第 0 行元素的指针，可以用二维数组名代替行指针变量，得到结论如下：

＊（a＋i）＋j 指向二维数组 a 的元素 a[i][j]。

＊（a＋i）＋j 就是 &a[i][j]。

＊（＊(a＋i)＋j）等于 a[i][j] 的值。

例 8－3－1：用行指针的方法输出二维数组 a[][]＝{{1，2，3，4}，{5，6，7，8}，{9，10，11，12}}各行元素之和。

```
#include <stdio.h>
void main()
{
  int a[3][4] ={{1,2,3,4},{5,6,7,8},{9,10,11,12}}; //定义二维数组
  int (*p)[4] =a; //定义行指针变量并赋初值
  int i =0, j;
  for(p =a; p< =a+2; p++,i++) //p++使行指针指向下一行,i在输出结果时指示行号
```

```
    {
        int sum =0;
        for( j =0; j < =3; j + +)
            sum + = *( *p +j); //累加第 p 行各元素的和
        printf( "第% d 行元素值的和是% d \n", i, sum);
    }
}
```

输出结果如下：

```
第 0 行元素值的和是 10
第 1 行元素值的和是 26
第 2 行无素值的和是 42
```

任务实施

1. 任务功能

编写程序，输出二维数组 a[3][4] ={{1, 2, 3, 4}, {5, 6, 7, 8}, {9, 10, 11, 12}}各元素总和。

2. 编程思路

通过嵌套 for 循环语句，累加每一个二维数组元素 a[i][j]。

3. 源程序 EX8 -3 -1. C

```
#include  < stdio. h >
void main( )
{
  int a[3][4] ={{1,2,3,4}, {5,6,7,8}, {9,10,11,12}};
  int sum =0;
  int i, j;
  for( i =0; i < =2; i + +) //嵌套 for 循环语句, 求出第 0 至 2 行第 0 至 3 列各元素之和
       for( j =0; j < =3; j + +)
        sum = sum + a[ i] [ j];
  printf( "二维数组 a[3][4]各元素总和是% d \n", sum);
}
```

4. 运行、调试

用 Visual C++ 6.0 对源程序进行编辑、编译与调试，可输出运行结果为：

____。

如果将源程序中的“int sum = 0;”语句修改为“int sum;”，则运行结果有什么不同？

任务拓展

输出二维数组 a[][] ={{1, 2, 3, 4}, {5, 6, 7, 8}, {9, 10, 11, 12}}各行元素之和。

习 题

1. 定义一个二维数组 int a[3][4] ={{1, 2, 3, 4}, {5, 6, 7, 8}}; 则该二维数组的行元素有几个？(　　)

A. 1　　B. 2　　C. 3　　D. 4

2. 定义一个二维数组 int a[3][4] ={{1, 2, 3, 4}, {5, 6, 7, 8}, {9, 10, 11, 12}}; 则该二维数组的行元素 a[1] 是 (　　).

A. {1, 2, 3, 4}　　B. {5, 6, 7, 8}

C. {9, 10, 11, 12}　　D. 9, 10, 11, 12

3. 如图 8-3-1 所示，数组名 a 指向数组存储的首地址 2000，那么 a+3 指向的地址是多少。(　　)

A. 2004　　B. 2016　　C. 2032　　D. 2048

任务 4　字符数组与指针

任务说明

字符数组就是用来存放字符数据的数组，在 C 语言中，可以采用字符数组存放和管理字符串，也可以通过字符指针来初始化和管理字符串。

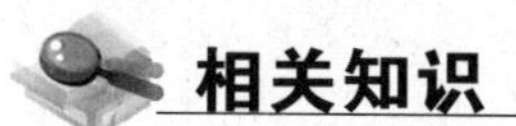

相关知识

一、字符指针的定义

在字符数组中存放一个字符串（包括结尾标志'\0'），然后用字符数组名或者用下标变量可以对字符数组中的元素进行操作。这就是我们以前学的通过字符数组用下标法访问字符串。

除了下标法以外，我们也可以使用字符指针访问字符串。也就是不定义字符数组，直接定义指向字符串的指针变量，并将字符串的首地址赋给它，利用它对字符串进行操作。字符串指针的定义格式：

char *指针名;

例 8-4-1：定义字符指针，使它指向字符串"china"。

```
#include <stdio.h>
void main()
{
   char *str = "china"; //定义字符指针,指向字符串"china"
   printf("%s\n", str);
}
```

输出结果如下:

```
china
```

C 语言对字符串常量是按字符数组处理的，在内存中开辟字符数组来存放字符串，但是在这个是没有名字的，无法通过字符数组来引用，只能通过指针变量来引用。

二、字符数组和字符指针的区别

虽然字符指针和字符数组都能实现对字符串的存储和处理，但它们还是存在以下区别:

（1）存储方式不同。字符数组由若干元素组成，每个元素存放一个字符。而字符指针中存放的是地址（串首地址），决不是将整个字符串放到字符指针变量中。

（2）赋值方式不同。对字符数组只能对各个元素赋值，不能用下列方法对字符数组赋值。

```
char str[15];
str = "Hello, Beijing!"; //错误
```

但若将 str 定义成字符指针的话，则可采用下列方法赋值。

```
char *str;
str = "Hello, Beijing!"; //正确，等价于 char *str = "Hello, world!";
```

（3）对字符指针赋初值时:

```
char *a = "china!";
```

等价于

```
char *a;
a = "china!";
```

而对数组的初始化:

```
char str[7] = {"china!"};
```

不等价于

```
char str[7];
str[] = "china!";
```

即数组可以在定义时整体赋初值，但不能在赋值语句中整体赋值。

（4）定义方式的不同。定义一个数组后，编译系统为它分配具体的内存单元，有确切的地址；定义一个字符指针变量，编译系统分配一个存储地址单元，在其中可以存放地址值，也就是说，该指针变量可以指向一个字符型数据。但在对它赋以一个具体地址

值前，它并未指向哪一个字符数据。

（5）运算方面的区别。指针变量的值是可以改变的，如果定义了指针变量 str，则 str 可以进行 + +，- - 等运算；而数组名虽然代表地址，但它是常量，其值不能改变。

（6）字符数组的名代表地址，但它的值不会改变，而字符指针变量的值是可以改变的。

字符数组中各元素的值可以改变，但字符指针变量指向的字符串常量中的内容是不可以取代的。

例 8-4-2：通过字符数组名和指针变量输出字符串“china”。

```
#include <stdio.h>
void main()
{
   char string[] = "china";      //初始化字符数组指向字符串
char  *p;                        //定义字符指针
   int i;
   printf("通过字符数组输出字符串: \n");
   for(i = 0; string[i]! = '\0'; i + +) //通过字符数组输出,遇到'\0'结束
        printf("%c\n", string[i]);
   printf("\n");
   puts(string);                 //用字符串输出函数 puts 输出,参数为 string
   printf("通过字符指针输出字符串: \n");
   for(p = string; *p! = '\0'; p + +) //通过字符指针输出,遇到'\0'结束
        printf("%c\n", *p);
   printf("\n");
   p = string;                   //使 p 重新指向字符串首地址
   puts(p);                      //用字符串输出函数 puts 输出,参数为 p
}
```

输出结果如下：

```
通过字符数组输出的字符串:
c
h
i
n
a

china
通过字符指针输出字符串:
c
h
i
```

```
n
a

china
```

任务实施

1. 任务功能

编写程序，通过指针变量将输入的字符串“123456”输出显示。

2. 编程思路

根据要输入的字符串大小来定义字符数组，可以通过 gets（）函数和 puts（）函数输入、输出字符串。

3. 源程序 EX8 -4 -1. C

```
#include <stdio.h>
#include <string.h>
void main()
{
   char str[20];
   char *p;                     //定义字符指针
   printf("输入字符串: \n");
   gets(str);                   //输入字符串
   printf("输出字符串: \n");
   p = str;                     //使 p 指向字符串首地址
   puts(p);                     //通过指针 p 输出字符串
}
```

4. 运行、调试

用 Visual C++ 6.0 对源程序进行编辑、编译与调试，当我们通过键盘输入“123456”时，运行结果为：

____。

如果将源程序中的语句“char str[20];”修改为“char str[2];”或“char str[];”，则运行结果有什么不同?

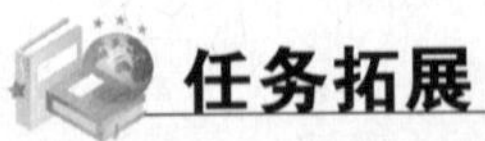

任务拓展

用指针把输入的一个字符串按逆序重新排序其字符，并输出结果。

习 题

1. 判断：字符数组由若干元素组成，每个元素存放一个字符，而字符指针中存放的是地址。( )

2. 判断：char ＊a =" china!"; 等价于 char ＊a; a =" china!";。( )

3. 判断：字符数组的名代表地址，但它的值不会改变，同理该字符指针变量的值也是不可以改变的。( )

4. 字符串 a 的内容为“I love you”，字符串 b 中的内容为“Do not play game”。编写函数将字符串 b 中从第 13 到第 16 个字符复制到字符串 a，取代 a 中第 8 个字符以后的字符。输出新的字符串 a。

5. 用指针的方法，将键盘输入的两个字符串连接起来形成一个新字符串。

项目九　构造数据类型

在实际应用中，一组数据往往具有不同的数据类型。例如，在学生登记表中，姓名应为字符型，学号可为整型或字符型，年龄应为整型，性别应为字符型，成绩可为整型或实型。显然不能用一个数组来存放这一组数据。因为数组中各元素的类型和长度都必须一致，以便于编译系统处理。为了解决这个问题，C 语言中允许构造自己的数据类型，分别有结构体、公用体与枚举数据类型。

知识点

◇ 结构体的概念与定义
◇ 公用体的概念与定义
◇ 枚举数据类型的概念与定义

技能点

◇ 结构体变量的定义与引用
◇ 共用体变量的定义与引用
◇ 枚举数据类型变量的定义与引用

任务1　结　构　体

任务说明

结构体是C语言程序设计中非常重要的构造数据类型，本任务中主要学习结构体的概念、结构体的定义以及结构体变量的应用。

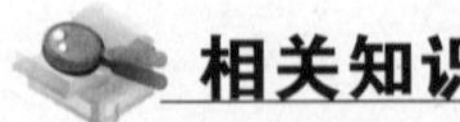

相关知识

一、结构体的概念

结构体是一种构造类型的数据，它是将若干个不同类型的数据变量有序地组合在一起而形成的一种数据集合体。组成该集合体的各个数据变量称为结构成员，整个集合体使用一个单独的结构变量名。一般来说结构中的各个变量之间是存在某些关系的，如时间数据中的时、分、秒，日期数据中的年、月、日等。由于结构是将一组相关联的数据变量作为一个整体来进行处理，因此在程序中使用结构体将有利于对一些复杂而又具有内在联系的数据进行有效的管理。

二、结构体类型变量的定义

结构体变量的定义，必须遵循先定义结构体类型再定义变量名的原则。

1. 定义结构体类型

以一个日期结构体类型 date 为例，介绍结构体类型定义的一般格式：

```
struct date// date 为“结构体名”，用作结构体类型的标志。
{
  int year; //大括号中内容为结构体的“成员列表”，表示该结构体中的各个成员，
  char month; //本结构体中共有 year、month、day、hour、nin、sec 六个成员。
  char day;
  char hour;
  char min;
  char sec;
};
```

2. 定义变量名

一般格式为：

struct 结构体名 结构体变量 1，结构体变量 2，…，结构体变量 *n*；

例如，用结构体 date 定义 time1 和 time2 两个结构体变量。

```
struct date time1, time2 ;
```

3. 在定义结构体类型的同时定义结构体变量名

用结构体 date 定义 time1 和 time2 两个结构体变量为例。

```
struct date
{
  int year;
  char month;
  char day;
  char hour;
  char min;
  char sec;
}time1, time2 ; // 在定义完结构体类型的同时，定义结构体变量 time1 和 time2。
```

4．直接定义结构体变量

一般格式为：

```
struct
{
  成员列表
}结构体变量1，结构体变量2，…，结构体变量n;
```

本方法与第3种方法类似，所不同的是省略了结构体名。这种方法只适用于定义几个确定的结构变量场合，而不打算在其他场合再定义此结构体类型结构体变量的情况下。

三、结构体变量的引用

定义了一个结构体变量之后，就可以对它进行引用，即可以进行赋值、存取和运算。一般情况下，结构体变量的引用是通过对其成员的引用来实现的。

（1）引用结构体变量中的成员，一般格式为：

结构体变量名．成员名

其中“.”是存取成员的运算符。

例如：time1. year = 2009；表示将整数2009赋给time1变量中的成员year。

（2）如果一个结构体变量中的成员又是另外一个结构体变量，即出现结构体的嵌套时，则需要采用若干个成员运算符，一级一级地找到最低一级的成员，而且只能对这个最低级的结构元素进行存取访问。

（3）对结构体变量中的各个成员可以像普通变量一样进行赋值、存取和运算。

例如：time2. sec + +；表示将变量time2中成员sec的值自加1。

（4）可以在程序中直接引用结构体变量和结构体成员的地址。结构体变量的地址通常用作函数参数，用来传递结构体的地址。

四、结构体变量的初始化

和其他类型的变量一样，对结构体类型的变量也可以在定义时赋初值。例如：

```
struct date
{
   int year;
   char month;
   char day;
   char hour;
   char min;
   char sec;
}time1 = {2009, 1, 4, 13,0,0}; //2009年1月4日13时0分0秒
```

五、结构体数组

一个结构体变量可以存放一组数据（如一个时间点time1的数据），在实际使用中，

结构体变量往往不止一个（如我们要对10个时间点的数据进行处理），这时可将多个相同的结构体组成一个数组，这就是结构体数组。结构体数组的定义方法与结构体变量完全一致。例如：

```
struct date
{
  int year;
  char month;
  char day;
  char hour;
  char min;
  char sec;
  }time[10];
```

/＊定义了一个包含有10个元素的结构体数组变量time，其中每个元素都是具有date结构体类型的变量＊/

六、指向结构体类型数据的指针

一个结构体变量的指针，就是该变量在内存中的首地址。可以设一个指针变量，将它指向一个结构体变量．则该指针变量的值是它所指向的结构体变量的起始地址。

定义指向结构体变量的指针的一般格式为：

struct 结构体类型名 ＊指针变量名;

或

```
struct
{
  成员表列
} * 指针变量名;
```

与一般指针相同，对于指向结构体变量的指针也必须先赋值后引用。

七、用指向结构体变量的指针引用结构体成员

通过指针引用结构体成员的一般格式为：

指针变量名－>结构体成员

例如：

```
struct date
{
  int year;
  char month;
  char day;
  char hour;
```

```
    char min;
    char sec;
}time1;
struct date *pt;
pt = &time1;
p->year = 2009;
```

八、指向结构体数组的指针

指向结构体数组的指针变量的一般格式为：

struct 结构体数组名 *指针变量名；

九、将结构体变量和指向结构体的指针作函数参数

当结构体被用作函数的参数时，属于“传值”方式，在运行中需占用较大的存储空间；当采用指向结构体的指针作为函数的参数时，属于“传址”方式，运行中占用的存储空间较小，但在调用函数时对指针所做的任何变动都会影响到原来的结构体变量。

任务实施

1. 任务功能

用键盘输入2个学生的学号、姓名和成绩，用屏幕输出成绩较高学生思的学号、姓名和成绩。

2. 编程思路

（1）定义2个结构相同（学号、姓名、成绩）的结构体变量 student1 和 student2。

（2）分别输入2个学生的学号、姓名和成绩。

（3）比较2个学生的成绩，输出学生成绩较高学生的学号、姓名和成绩，若2个学生的成绩相同，即输出2个学生的全部信息。

3. 源程序（EX9-1-1.C）

```
include <stdio.h>
int main()
{
  struct student // 声明结构体类型 struct student
  {
    int num;
    char name[10];
    float score;
  }student1, student2;          // 定义两个结构体变量 seudent1, student2
  scanf("%d%s%f", &student1.num, student1.name, &student1.score); //输入学生1的数据
  scanf("%d%s%f", &student2.num, student2.name, &student2.score); //输入学生2的数据
```

```
    printf( "The higher score is: \n");
    if (student1.score > student2.score)
      printf( "%d %s %6.2f\n", student1.num, student1.name, student1.score);
    else if (student1.score < student2.score)
      printf( "%d %s %6.2f\n", student2.num, student2.name, student2.score);
    else
       {printf( "%d %s %6.2f\n", student1.num, student1.name, student1.score);
        printf( "%d %s %6.2f\n", student2.num, student2.name, student2.score);
    }
}
```

4. 程序运行与调试

（1）按表 9－1－1 所示学生信息，运行与调试程序，观察与记录运行结果。

表 9－1－1　调试方案表

序号	学生信息			运行结果
	学号	姓名	成绩	
1	10100	zhang	85	
	10101	liu	90	
2	10103	huang	96	
	10104	ding	91	
3	10105	xie	90	
	10106	hu	90	
4	10107	linhuajiang	90	
	10108	wang		

（2）分析表 9－1－1 所示的运行结果，有什么结论？或有什么问题？若有问题是怎么产生的？如何解决？

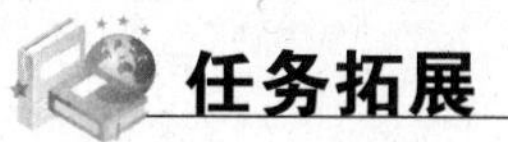

任务拓展

用键盘输入 5 个学生的学号、姓名和成绩，按成绩的多少由高到低输出 5 个学生的所有信息；若出现学生成绩相同，按学生姓名的第一个字母的大小由高到低排序。

习　　题

1．下列程序的运行结果是（　　）。

```
struct worker{
        int num;
```

```
            char  * name
    } * p;
main()
{
    p - > num = 1;
    printf("% d", p - > name);
};
```

A. 1　　B. 随机数　　C. 有语法错误　　D. 运行时出错

2. 下列程序的运行结果是（　　）。

```
struct worker{
            int num;
            char  * name
      } a;
main()
{
    printf("% d \n", sizeof(worker));
};
```

A. 4　　B. 8

C. 有语法错误　　D. 运行时出错

3. 定义一个结构体变量（包括年、月、日）。计算某日在本年中是第几天？要求考虑闰年。

4. 编写一个函数 print，打印一个学生成绩数组，该数组中有 10 个学生的数据记录，每个记录包括 num、name、score[3]，用主函数输入这些记录，用 print 打印这些记录。

5. 请分析与调试下面程序的运行结果。

```
#include < stdio. h >
struct stru{
            int num;
            int  * y;
        } * p;
main()
{
    int i, n = 1;
    struct stru k[3];
    for( i = 0; i < 3; i + +
    {
        k[ i] . x = n;
        k[ i] . y = &( k[ i] . x);
        n + = 1;
    }
```

```
  P = k + 1;
  printf("%d\n", *p->y);
};
```

任务2　共　用　体

任务说明

在本任务中，主要学习共用体的定义以及应用编程。

相关知识

一、共用体的概念

结构体变量占用的内存空间大小是其各成员所占长度的总和，如同一时间只存放其中的一个成员数据，对内存空间是很大的浪费。共用体是另一种构造类型的数据结构，它所占用的内存空间的长度是其中最长的成员长度。它采用了“分时复用“技术，可使不同的成员分时使用同一个内存空间，有效提高了内存的使用效率。

二、共用体类型变量的定义

共用体类型变量的定义方式与结构体类型变量的定义相似，也有 3 种方法。

1. 先定义共用体类型再定义共用体变量名

（1）定义共用体类型。

```
union 共用体名
{
  成员列表
};
```

（2）定义共用体变量。

```
union 共用体名 共用体变量名 1，共用体变量名 2，…，共用体变量 n;
```

2. 在定义共用体类型的同时定义共用体变量名

```
union 共用体名
{
  成员列表
}共用体变量名 1，共用体变量名 2，…，共用体变量 n;
```

3. 直接定义共用体变量

```
union
{
  成员列表
}共用体变量名 1, 共用体变量名 2, …, 共用体变量 n;
```

三、共用体变量的引用

与结构体变量类似，对共用体变量的引用也是通过对其成员的引用来实现的。其一般格式为：

共用体变量名. 共用体成员

任务实施

1. 任务功能

设计一个 2 种类型数据的处理程序，如教师信息（包括姓名、号码、性别、职业、职务）和学生信息（包括姓名、号码、性别、职业、班级）。要求用一个表格处理，若是教师，就按教师信息处理；若是学生，按学生信息处理。

2. 编程思路

比较教师信息与学生信息可知，两者之间只有信息不同，即第 5 项不同，因此，可以两者的第 5 项可以用公用体来处理。首先定义一个 5 个成员的结构体，其中第 5 项用共用体处理。

（1）循环输入教师或学生的号码、姓名、性别、职业，并根据职业信息，选择输入教师信息的第 5 项，或学生信息的第 5 项；

（2）循环输出教师信息或学生信息，若是教师，则输出“号码、姓名、性别、职业、职务”；若是学生，则输出“号码、姓名、性别、职业、班级”。

3. 源程序（EX9 -2 -1. C）

```
#include <stdio.h>
struct        //直接定义一个结构体变量 category, 其中第 5 项为一个公用体(clas 或 position[10])
{
   int num;
   char name[10];
   char sex;
   char job;
   union
   {
         int clas;
         char position[10];
```

```
    }category;
}person[2];

int main()
{
    int i;
    for(i=0;i<2;i++)          //分2次输入教师或学生的信息
    {
        printf("please enter the data of person: \n");
        scanf("%d %s %c %c", &person[i].num, &person[i].name,
            &person[i].sex, &person[i].job); //输入前4项,号码、姓名、性别、职业、职务
        if(person[i].job == 's') //若是学生,输入班级
        scanf("%d", &person[i].category.clas);
        else if(person[i].job == 't') //若是教师,输入职务
        scanf("%s", person[i].category.position);
        else
        printf("Input error!"); //若非教师、非学生,则提示输入出错
    }
    printf(" \n");
    printf("No. name sex job class/position \n");
    for(i=0;i<2;i++) //分2次输出教师或学生的信息
{
        if (person[i].job == 's')
        printf("%-6d%-10s%-4c%-4c%-10d \n", person[i].num, person[i].name,
        person[i].sex, person[i].job, person[i].category.clas); //若是学生,则输出"号码、姓名、性别、
职业、班级"
        else
        printf("%-6d%-10s%-4c%-4c%-10s \n", person[i].num, person[i].name, person[i].
sex, person[i].job, person[i].category.position);
//若是教师,则输出"号码、姓名、性别、职业、职务"
    }
}
```

4. 程序运行与调试

（1）按表9-2-1所示的教师与学生信息，运行与调试程序，观察与记录运行结果。

表9-2-1　调试方案表

序号	号码（num）	姓名（name）	性别（sex）	职业（job）	班级（clas）或职务（position）	观察与记录运行结果
1	201	liu	f	t	prof	
2	204	ding	m	s	601	

（2）将序号2中姓名 ding 改为 denghonglong，调试程序，看会出现什么情况？

（3）将序号1中职务 prof 改为 professor，调试程序，看会出现什么情况？

任务拓展

输入5个人员信息，其中有学生，也有教师，学生、教师的信息结构与任务实施中的相同，按教师、学生以及号码（由小到大）的顺序打印所有学生的信息。

习　　题

1. 共用体的作用是什么？如何定义共用体变量？

2. 共用体成员的引用有哪几种方式？

3. 若有以下定义：

```
union un
{
  int num;
  char *name;
}u;
```

则下列叙述不正确的是（　　）。

A. union 是关键字　　B. num、name 是共用体成员名

C. u 为共用体类型名　　D. un 为共用体类型名

4. 若有以下定义：

```
union
{
  int k;
  char i;
}a;
```

则下列叙述不正确的是（　　）。

A. i 和 k 两个成员不可以同时存在

B. 成员 k 所占内存即是 a 所占内存

C. a 与它的各成员占用同一地址

D. a 不可以作为函数参数调用

任务3　枚举函数

任务说明

在本任务中，主要学习枚举函数的定义与应用编程。

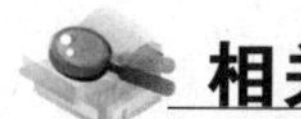

相关知识

一、枚举类型的定义

如果一个变量只有几种可能的值，那么可以定义为枚举类型。所谓枚举就是将变量的值一一列举出来，变量的值只限于列出的范围。

（1）先定义枚举类型，再定义枚举变量。

```
enum 枚举名{枚举值列表};
enum 枚举名 变量列表;
```

（2）在定义枚举类型的同时定义枚举变量。

```
enum 枚举名{枚举值列表}变量列表;
```

二、星期枚举变量的定义

每星期的天数只能是星期天、星期一至星期六这几种，故可把星期变量（workday, week_end）定义为枚举变量：

```
enum weekday {sun, mon, tue, wed, thu, fri, sat} workday, week_end;
```

三、特殊说明

在C编译器中对枚举元素是按常量处理的，枚举元素作为常量它是有值的；在编译时按定义时的顺序使它们的值依次为1、2、3、……。因此，编程时也不能直接赋值。

workday = mon；语句是成立的，编译时workday的值为1。

任务实施

1. 任务功能

口袋中有红、黄、蓝、白、黑5种颜色的球若干个。每次从口袋中先后取出3种颜色不同的球，请编程统计有多少种取法，并打印出排列结果。

2. 编程思路

设某次取出的颜色分别为i、j、k，这里的i、j、k是5种颜色之一，且互不相同。

可以采用穷举法，每一种组合都试一下，看哪种组合符合条件，就输出 i、j、k 对应的颜色组合。

（1）定义一个组合次数统计变量，如 n。

（2）设定 3 重循环，i 从 red 到 black，j 从 red 到 black；当 i≠j 时，k 从 red 到 black；当 i≠j≠k 时，输出 i、j、k 对应的颜色组合，n 加 1；依次循环。

3. 源程序（EX9 -3 -1. C）

```
#include <stdio.h>
int main()
{
enum Color {red, yellow, blue, white, black};        //声明枚举类型 enum Color
  enum Color i, j, k, pri;                           //定义枚举变量 i, j, k, pri
  int n, loop;
  n = 0;
  for (i = red; i <= black; i ++)                    //外循环使 i 的值从 red 变到 black
  for (j = red; j <= black; j ++)                    //中循环使 j 的值从 red 变到 black
    if (i! = j)                                      //如果二球不同色
    {for (k = red; k <= black; k ++)                 //内循环使 k 的值从 red 变到 black
      if ((k! = i) && (k! = j))                      //如果 3 球不同色
        {
        n = n + 1;                                   //符合条件的次数加 1
          printf("% -4d", n);                        //输出当前是第几个符合条件的组合
          for (loop = 1; loop <= 3; loop ++)         //先后对三个球分别处理
            {
              switch (loop)                          //loop 的值从 1 变到 3
              {
                case 1:  pri = i; break;             //loop 的值为 1 时, 把第 1 球的颜色赋给 pri
                case 2:  pri = j; break;             //loop 的值为 2 时, 把第 2 球的颜色赋给 pri
                case 3:  pri = k; break;             //loop 的值为 3 时, 把第 3 球的颜色赋给 pri
                default: break;
              }
            switch (pri)                             //根据球的颜色输出相应的文字
              {
              case red: printf("% -10s", "red");  break; //pri 的值等于枚举常量 red 时输出"red"
              case yellow:  printf("% -10s", "yellow");  break;
 //pri 的值等于枚举常量 yellowd 时输出"yellow"
              case blue:  printf("% -10s", "blue");  break;
 //pri 的值等于枚举常量 blue 时输出"blue"
              case white:  printf("% -10s", "white");  break;
 //pri 的值等于枚举常量 white 时输出"white"
              case black:  printf("% -10s", "black");  break;
 //pri 的值等于枚举常量 black 时输出"black"
```

```
                        default : break;
                    }
                }
            printf( " \n") ;
            }
        }
    printf( " \ntotal: %5d \n", n) ;
}
```

4. 程序运行与调试

编辑、编译、运行程序，观察与记录结果。

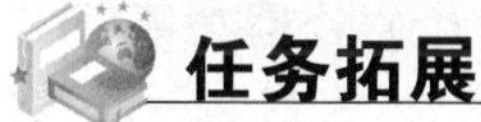

任务拓展

修改程序，统计与输出第 1 次取出的是红色球，后续 2 次为非红色且不相同颜色球的取法次数。并上机运行与调试。

习 题

1. 枚举数据类型适用于什么情况下使用？
2. 定义枚举数据类型的关键词是什么？
3. 枚举元素是否能够赋值？枚举元素的默认值是怎么确定的？
4. 如下是一个星期的枚举类型变量的定义，请问枚举元素 sun、wed 的值各是多少？
enum weekday {sun, mon, tue, wed, thu, fri, sat} workday, week_end;
5. 如何应用枚举元素？举例说明。

项目十　编译预处理

编译预处理是指编译器在对源程序正式编译之前，对源程序进行文字上的处理工作。它是 C 语言与其他高级语言的一个重要区别。C 的编译预处理功能为程序调试、移植提供了便利。

编译预处理命令可以出现在源程序中的任何位置，其作用范围是从它出现的位置到所在源程序文件的末尾。编译预处理由编译预处理程序完成。为了与一般的 C 语句相区别，编译预处理命令必须以“#”为首字符，末尾无分号，一行只能写一条编译预处理命令。

知识点

◇ 不带参数和带参数的宏定义
◇ 文件包含
◇ 条件编译

技能点

◇ 运用宏定义使程序设计易读、易于修改和避免前后不一致
◇ 使用文件包含的方法减少程序设计中重复性的工作

任务1　宏　定　义

任务说明

程序中遇到重复多次书写某些字符串或重复进行某些操作的时候，可以通过宏定义的方法来解决。宏定义包括了不带参数的宏定义和带参数的宏定义。

相关知识

使用宏，可以给数值、字符和字符串命名。如圆周率 3. 1415926，数字位数多，且不好记忆，进行宏定义之后就可以解决这个问题。

一、不带参数的宏定义

1. 不带参数的宏定义的一般形式

#define　宏名　替换序列

宏名 ——是一个标识符，一般用大写字符
替换序列 ——是给标识符的值
以下是用宏定义给数值、字符和字符串命名的一些例子：

```
#define STE_LEN 80                  // STE_LEN 代表 80
#define TRUE      1                 // TRUE 代表 1
#define FALSE     0                 // FALSE 代表 0
#define PI     3.14159              // PI 代表 3.14159
```

2. 使用#define 为常量命名的优点

（1）程序会更易读。一个认真选择的名字可以帮助读者理解常量的意义。

（2）程序会更易于修改。我们仅需要改变一个宏定义，就可以改变整个程序中出现的所有该常量的值。

（3）可以帮助避免前后不一致或键盘输入错误。假如数值常量 3.14159 在程序中大量出现，它可能会被意外地写成 3.147 或 3.1419。

例 10－1－1：求半径为 r 的圆的面积和球的体积。

解：

```
#define PI 3.1415926
main( )
{
float r, s, v;
printf ("\n input r =");
scanf ("%f", &r);
s = PI * r * r;
v = 3.0/4 * PI * r * r * r;
printf ("s = %10.4f \nv = %10.4f \n", s, v);
}
```

进行预处理后，函数中的宏名 PI 将被其对应的宏体字符串所替换。

```
s = 3.1415926 * r * r;
v = 3.0/4 * 3.1415926 * r * r * r;
```

3. 关于宏定义的说明

（1）宏名的替换过程其实是一种简单的复制工作，它不作任何的计算，也不作任何错误检查，错误的检查工作要在编译过程中才会进行。

（2）宏名一般习惯写成大写字母，主要是为了与变量名区分。

（3）进行宏定义时，可以使用前面已定义的宏名。

例10－1－2：分析程序

```
#define   R      3.0
#define PAI      3.1415926
#define   L      2 * PAI * R
#define   S      PAI * R * R
main()
{
printf("L = %f \nS = %f \n", L, S);
}
```

解：

经过宏替换后printf函数调用语句为：

```
printf("L = %f \n", 2 * 3.1415926 * 3.0, 3.1415926 * 3.0 * 3.0)
```

运行结果为：

L = 18.849556

S = 28.274333

二、带参数的宏定义

带参数宏定义，其作用和使用方法类似函数，其一般格式为：

#define 宏名（参数表）带参数替换序列

例如：

```
#define MAX (x, y)          ((x) > (y) ? (x) : (y))
#define IS_EVEN (n)         ((n)%2 = =0)
```

使用时，可以写成：

```
k = MAX ( a, 10);
```

当预处理器遇到一个带参数的宏，会将定义存储起来以便后面使用。在后面的程序中，如果任何地方出现了标识符格式的宏调用，预处理器会使用替换列表替代。

例如，假定我们定义了如下的宏：

```
#define MAX (x, y)          ((x) > (y) ? (x) : (y))
#define IS_EVEN (n)         ((n)%2 = =0)
```

现在如果后面的程序中有如下语句：

```
i = MAX (j+k, m-n);
if (IS_EVEN (i)) i+ +;
```

预处理器会将这些行替换为

```
i = ((j+k) > (m-n)? (j+k): (m-n));
```

```
if(((i)%2==0))i++;
```

从这个例子也可以看到，带参数的宏有类似函数的作用。

注意：宏名与参数表的括号之间不可有空格符，否则，系统将把程序中的宏名替换成空格后的字符串，变成是一个不带参数的宏定义。

例 10－1－3：分析程序。

```
#define  N    2
#define  Y(n)    ((N+1)*n)
main()
{int z;
  z=2*(N+Y(5));
  printf("%d",z);
}
```

解：

运行结果：34

Y（5）相当于（2+1）*5，所以2*（N+Y（5））就是2*（2+15）=34

例 10－1－4：用带参宏定义求长方体体积。

解：

```
#define V(a,b,c) a*b*c
main()
{
    float a,b,c,z;
    printf("\n input a,b,c: ");
    scanf("%f%f%f",&a,&b,&c);
    z=V(a,b,c);
    printf("V=%f\n",z);
}
```

运行结果

```
input a, b, c: 4 5 6
V=120.000000
```

说明：

（1）在宏定义中的形参是标识符，而在程序中的宏调用实参可以是表达式。

（2）在宏定义中，宏体内的形参通常要用括号括起来，以免出错。

（3）带参数的宏定义与带参数的函数，它们从形式上与特征上都很相似，但它们在本质上是不同的，如表 10－1－1 所示。

表 10－1－1　带参数宏定义与函数比较

	带参宏	函　数
处理时间	编译时	程序运行时
参数类型	无类型	定义实参、形参类型
处理过程	替换（不分配内存）	调用（分配内存）
程序长度	变长	不变
运行速度	不占用运行时间	调用和返回占运行时间

1）函数调用时是在程序的执行过程中进行的，要发生控制权的转移，而宏的替换工作是在预处理中进行的，宏名被替换后，宏体将是程序代码的一部分，不发生控制权的转移。

2）在函数调用时，要先求表达式的值，然后将这个值赋给形式参数，而使用宏替换时只是简单地用实参字符串替换宏体中的形式参数，因此，若实参不是数值字符串，而是表达式的形式，那么它也仅将表达式原样搬过去替换宏体中的形参。

3）函数中的形式参数是有一定数据类型的，实参也是同一数据类型，否则要进行类型转换。在带参数的宏定义中，形式参数是没有数据类型的，仅仅是一个符号，因而实参可以是任何数据类型。

4）使用函数时不管调用读函数多少次，程序逻辑代码的长度是不会增加的，使用宏定义时，宏替换的次数越多，该程序就会变得越长。函数的调用过程要进行控制权的转移、参数的传递、分配内存、保护现场、返回等工作，而宏替换的过程是在程序编译之前完成的。

三、宏定义的撤销

宏名的有效范围是从宏定义开始至文件的结束，若不希望其有效范围至文件结束，可以用下面的预编译指令来缩短其有效范围。

撤消宏定义的形式：

#undef　宏名

此指令的功能是取消已定义过的宏名，这样一来，宏名的有效范围变为从该宏定义开始至对应#undef 语句止。

例 10－1－5：程序分析。

```
#define PI 3.1415926
  main ( )
  {
  ……
  }
  #undef PI 3.1415926
```

```
  func ( )
  {
  ……
}
```

解：

PI 只在 main 函数中有效，而在 func 函数中无效。

四、宏定义注意事项

（1）定义的是符号常数，不是变量。

例如：PI = PI * PI；是错误用法。

（2）引用时参数最好使用圆括号。

例如：

定义：#define circle_area（ r ）　　r * r * PI

使用：s = circle_area　　（x + 16）；

转换结果为：s = x + 16 * x + 16 * PI；

这显然是错误的。只有按下列方法定义才行：

#define circle_area（ r ）　　（r） *（r） * PI

（3）反斜杠“\”是继续行标志符。

例如：

```
#define ch(c)((c> ='A') \
            &&(c< ='Z'))
```

等价于#define ch(c)((c> ='A')&&(c< ='Z'))

（4）字符串化操作符“#”，使被操作对象变为字符串。

例如：

```
#define out（x）printf（# x）
```

使用时，引用　　out（OK!）；

将被替换为：　　printf（" OK!"）；

（5）在进行宏定义时，可以引用已定义的宏名。调用宏时，层层展开。

```
# define A 3
# define B A * A
```

语句 x = B；

↓

相当于 x = A * A；

↓

相当于 x = 3 * 3；

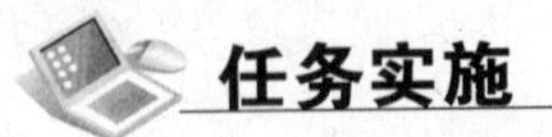

任务实施

一、任务功能

在本任务里，需要打印一个三角函数表，具体要求如下：

（1）从0度开始，每隔1度打印一行数据，从1到90循环。

（2）C语言的三角函数的参数单位是弧度，要进行转换：弧度=（度数）/180。

二、任务分析与编程思路

三角函数常常涉及常量π，而在系统数学函数中又缺乏ctg（）函数。这些问题通过宏定义，包括不带参数的宏定义和带参数的宏定义，得到很好的解决。程序中，按照项目五所介绍的格式控制方法，输出符合要求的三角函数列表。

（1）C语言中提供有常用三角函数，需要加上头文件“math. h”。

（2）在三角函数弧度制的转换中，需要用到π，故使用不带参数的宏定义 #define PI 3. 14159。在 radian = x * PI/180. 0 的 PI 也就由 3. 14159 代替。

（3）由于C语言中提供的三角函数，不包含余切函数，因此余切函数用带参数的宏定义：#define ctg(x) (cos(x)/sin(x))。经过这样的定义后，程序中的语句 yctg = ctg（radian）就能实现。

程序框图如图10－1－1所示。

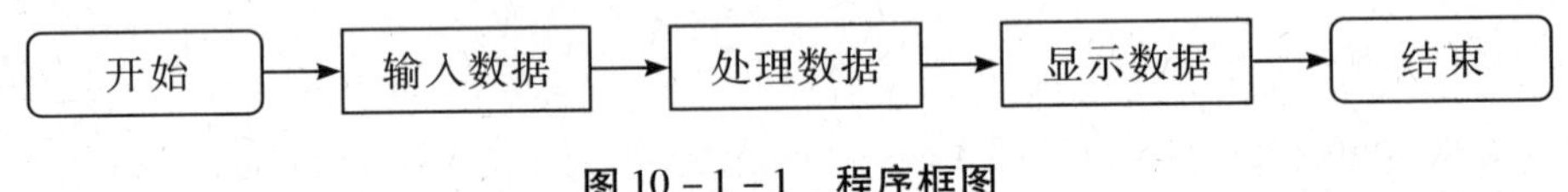

图10－1－1　程序框图

三、程序分析

EX10－1－1. C:

```
#include <stdio.h>
#include <math.h>
#define PI 3.14159
#define ctg(x) (cos(x)/sin(x)) /* 定义余切 */
main()
{ double x, radian, ysin, ycos, ytan, yctg;
  /* ---- 打印表头 ------ */
  printf(" The Values of Function sin, cos, tan & ctan \n");
  printf("* -+-----+-----+-----+-----+------* \n");
  printf("| x | radian | sinx | cosx | tanx | ctanx |.\n");
  printf("| -+-----+-----+-----+-----+------| \n");
  printf("| 0 | 0.000000 | 0.000000 | 1.000000 | 0.000000 | ***** | \n");
  for(x=1; x<90; x++)
```

```
    { radian = x * PI/180.0;
    ysin = sin(radian);
    ycos = cos(radian);
    ytan = tan(radian);
    yctg = ctg(radian);
    printf("| %2.0lf| %8.6lf| %8.6lf| %8.6lf| %9.6lf| %9.6lf| \n",
           x, radian, ysin, ycos, ytan, yctg);
    }
    printf("| 90| 1.570795| 1.000000|  0.000| * * * * * * |  0.000000| \n");
}
```

四、程序运行与调试

用 Visual C++ 6.0 对源程序进行编辑、编译与调试，运行结果为：

```
|70|1.221729|0.939692|0.342021| 2.747469| 0.363971|
|71|1.239183|0.945518|0.325569| 2.904201| 0.344329|
|72|1.256636|0.951056|0.309018| 3.077672| 0.324921|
|73|1.274089|0.950004|0.292070| 3.270840| 0.305732|
|74|1.291543|0.961261|0.275638| 3.487400| 0.286747|
|75|1.308996|0.965926|0.258820| 3.732034| 0.267950|
|76|1.326449|0.970295|0.241923| 4.010762| 0.249329|
|77|1.343902|0.974370|0.224952| 4.331453| 0.230869|
|78|1.361356|0.978147|0.207913| 4.704604| 0.212558|
|79|1.378809|0.981627|0.190810| 5.144522| 0.194382|
|80|1.396262|0.984808|0.173649| 5.671243| 0.176328|
|81|1.413715|0.987688|0.156436| 6.313703| 0.158386|
|82|1.431169|0.990268|0.139174| 7.115307| 0.140542|
|83|1.448622|0.992546|0.121871| 8.144264| 0.122786|
|84|1.466075|0.994522|0.104530| 9.514251| 0.105105|
|85|1.483529|0.996195|0.087157|11.429887| 0.087490|
|86|1.500982|0.997564|0.069758|14.300406| 0.069928|
|87|1.518435|0.998629|0.052337|19.080668| 0.052409|
|88|1.535888|0.999391|0.034901|28.635188| 0.034922|
|89|1.553342|0.999848|0.017454|57.285654| 0.017456|
|90|1.570795|1.000000|    0.000|*********| 0.000000|

Press any key to continue
```

图 10－1－2　三角函数表运行结果截图

在三角函数中 tan（90）和 ctg（0）是无意义的，运行结果中哪里反映出来？源程序中是如何处理这个问题的？

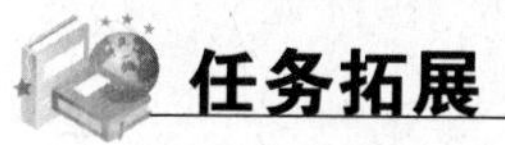

任务拓展

若不采用带参数的宏定义#define ctg（x）（cos（x）/sin（x）），能否实现上述程序功能？如能的话，有什么缺点？

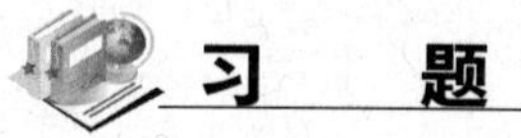

习　　题

写出下列各题的输出结果：

1.

```
#include <stdio.h>
#define PT 5.5
#define S(x) PT * x * x
```

```
main()
{
int a=1, b=2;
printf("%5.1f\n", S(a+b));
}
```

2.

```
#include <stdio.h>
#define N 10
#define S(x)   x*x
#define F(y)   y*y
main()
{
    int a, b;
    a=1000/S(N); b=1000/F(N);
    printf("%d, %d\n", a, b);
}
```

3.

```
#define M(x) x*x
main()
{
    int a, k=3;
a= ++M(k+1);
printf("%d\n", a);
}
```

4.

```
#include <stdio.h>
#define N 5
#define M N+1
#define S(x)   (x*x)
main()
{
    int a, b;
    a=S(2);
    b=S(1+1);
printf("%d, %d\n", a, b);
}
```

5.

```
#define PLUS(x, y) x+y
main()
{
    int x=1, y=2, z=3, sum;
```

```
        sum = PLUS(x + y, z) * PLUS(y, z);
        printf("SUM = %d\n", sum);
    }
```

6.

```
    #define PI 3.14159
        #define S(x) PI * x * x
      main()
    {
    int   a = 1, b = 2;
    printf("%5.2f\n", S(a + b));
    }
```

7.

```
    #include <stdio.h>
    #define   F(x)    2.84 + x
    #define   W(y)    printf("%d", (int)(y));
    #define   P(y)    W(y) putchar('\n')
    main()
    {
        int x = 2;
        P(F(5) * x);
    }
```

8.

```
    #include "stdio.h"
    #define   MIN(x, y)    (x) < (y) ? (x) : (y)
    main()
    {
        int i, j, k;
        i = 10; j = 15;
        k = 10 * MIN(i, j);
        printf("%d\n", k);
    }
```

9.

```
    #define A 4
    #define B(x) A * x/2
    main()
    { float c, a = 8.0;
        c = B(a);
        printf("%f\n", c);
    }
```

10.

```
    #define MAX(a, b, c) ((a) > (b)? ((a) > (c)?(a):(c)) : ((b) > (c)?(b):(c))
```

```
main()
{ int x, y, z;
      x=2; y=3; z=5;
      printf("%d, ", MAX(x, y, z));
      printf("%d, ", MAX(x+y, y, y+x));
      printf("%d, ", MAX(x, y+z, z));
}
```

任务2　文件包含

任务说明

本任务的内容是文件包含。使用文件包含的方法，可以减少重复性的工作，有利于程序的维护和修改。通过本任务的学习，可以体会文件包含的上述优点并掌握有关的方法。

相关知识

文件包含也叫宏包含，是编译预处理程序的一个重要功能，它通过命令#include 将另一段 C 语言的源程序文件嵌入到正在进行预处理的源程序中，实际上是宏替换的延伸。

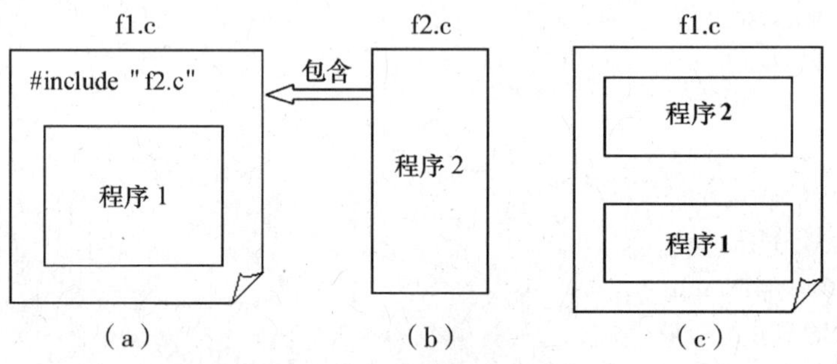

图 10－2－1　文件包含关系图

上图为文件 f1. c，很好地表达了“文件包含”的含义。它有一个#include “f2. c” 命令，后面跟着文件内容，记为程序 1。另一个文件 f2. c，文件内容以程序 2 表示。在预编译时，对要#include 命令进行“文件包含”处理，将 f2. c 的全部内容复制插入到#include “f2. c” 命令处，即 f2. c 被包含到 f1. c 中，得到图 10－2－1（c）所示的结果。在编译时，将“包含”以后的 f1. c 作为一个源文件进行编译处理。

一个大程序，通常分为多个模块，并由多个程序员分别编程。有了文件包含处理功能，就可以将多个模块共用的数据（如符号常量和数据结构）或函数，集中到一个单独的文件中。这样，凡是要使用其中数据或调用其中函数的程序员，只要使用文件包含处理功能，将所需文件包含进来即可，不必再重复定义它们，从而减少重复劳动和定义不一致造成的错误。

1．一般形式

（1）#include“文件名”。

文件名中包含有文件路径。按这种格式定义时，预处理程序首先在原来的源文件所在目录中检索该指定的文件；如果没有找到，则按系统指定的标准方式检索其他文件目录，直至找到为止。

（2）#include <文件名>。

按这种格式定义时，预处理程序只按系统规定的标准方式检索文件目录。在前面我们已多次使用过#include 命令包含过库函数的头文件，如：

```
#include <stdio. h>
#include <math. h>
```

2．使用方法

（1）编译预处理时，预处理程序将查找指定的被包含文件，并将其复制插入到#include 命令出现的位置上。

（2）常用在文件头部的被包含文件，称为“标题文件”或“头部文件”，常以“h”（head）作为后缀，简称头文件。在头文件中，除可包含宏定义外，还可包含外部变量定义、结构类型定义等。

（3）一条包含命令，只能指定一个被包含文件。如果要包含多个文件，则要用多条包含命令。例如，文件 f1. h 中要使用到文件 f2. h 和文件 f3. h 的内容，则可在文件 f1. h 中用两个文件包含命令分别包含文件 f2. h 和文件 f3. h，即在文件 f1. h 中定义：

```
#include "f2. h"
#include "f3. h"
```

在使用多个#include 命令时，顺序是一个值得注意的问题。上例中，如果文件 f1. h 包含文件 f2. h，而文件 2 要用到文件 f3. h，则在 f1. h 中#include 定义的顺序应该是：

```
#include "f3. h"
#include "f2. h"
```

这样文件 f1. c 和文件 f2. h 都可以使用文件 f3. h 的内容。

（4）文件包含可以嵌套，即被包含文件中又包含另一个文件。例如，文件 f2. h 中要使用到文件 f1. h 的内容，文件 f3. h 要使用到文件 f2. h 的内容，则可在文件 f2. h 中用 #include "f1. h" 命令，在文件 f3. h 中用 #include "f2. h" 命令，即定义如下：

```
文件 f1. h：
{
… …
}
文件 f2. h：
#include "f1. h"
{
```

```
… …
}
文件 f3. h:
#include "f2. h"
main
{
… …
}
```

3. 应用举例

例 10 -2 -1：文件 F2. c 的 S 计算要使用到文件 F1. h 的内容。

```
文件 F1. h:
#define   PI   3. 1415926
#define   R   3
#define   S   PI * R * R
```

解：

```
文件 F2. c:
#include "F1. h"
main()
{
   float area = 0;
   printf( "area = % f", S);
}
```

程序运行结果：

```
area = 28. 2743
```

例 10 -2 -2：主函数中要使用到 type1. h 头文件中预定义符号，type1. h 的内容是：

```
#define   N   5
#define   M1   N * 3
```

解：

```
#include"type1. h"
#define   M2   N * 2
main()
{
   int i;
   i = M1 + M2;
   printf( "M1 + M2% d \n", i);
}
```

程序运行结果：

```
M1 + M2 = 25
```

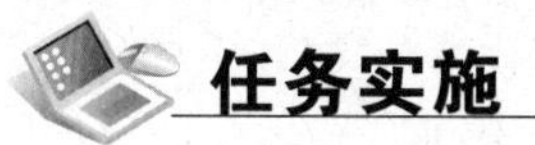

任务实施

一、任务功能

本任务是从输入的 2 个数字中（1～10 的范围），选取其中的较大者，并列表输出从 1 到该数的一次方、二次方、三次方和四次方。

二、任务分析与编程思路

因为要重复进行一次方、二次方、三次方和四次方计算，可以对它们作宏定义并作为一个独立的头文件组织在一起，然后让程序文件包含这个头文件。

F1. h 头文件应与程序文件放在同一个文件夹里。当然，也可以放在系统指定目录里，这时可用#include <F1. h>。

（1）F1. h 头文件中的宏定义是带参数宏定义，其格式请参照本项目任务 1。

（2）在包含的头文件中，可以有带参数的宏定义和函数。本任务除了进行一次方、二次方、三次方和四次方计算，还要从输入的两个数中选择其中较大者，故头文件中除了宏定义外，还要定义一个求两数中较大者的函数。

程序框图如图 10－2－2 所示。

图 10－2－2　程序框图

三、程序分析

EX10－2－1. C:

```
#include <stdio.h>
#include "F1.h"
main()
{
  int n, m, x, y;
  printf("请输入两个 10 以内整数:");
  scanf("%d%d", &x, &y);
  m = max(x, y);
  printf("number \t exp2 \t exp3 \t exp4 \n");
  printf("---- \t---- \t----- \t------ \n");
  for(n = 1; n <= m; n++)
  printf("%2d \t %3d \t %4d \t %5d \n", n, sqr(n), cube(n), quad(n));
}
/*------------------------------------*/
F1.h:
#define   sqr(x)      ((x) * (x))
```

```
#define  cube(x)  ((x) * (x) * (x))
#define  quad(x)  ((x) * (x) * (x) * (x))
int max(int a, int b)
{
  if(a > b) return b;
  else return a;
}
```

四、运行、调试

用 Visual C++ 6.0 对源程序进行编辑、编译与调试，运行结果如下图：

```
请输入两个10以内整数:3 10
number  exp2    exp3    exp4
----    ----    -----   ------
1          1       1       1
2          4       8      16
3          9      27      81
4         16      64     256
5         25     125     625
6         36     216    1296
7         49     343    2401
8         64     512    4096
9         81     729    6561
10       100    1000   10000
```

图 10－2－3　程序运行结果截图

输入的整数太大，如10 30，则程序运行结果会如何？为什么？

任务拓展

1．无参数宏定义能否放在 F1.h 中，而被包含它的 C 语言引用。
2．用函数实现上述程序功能，比较它们的异同，各有什么优缺点。

习　　题

1．如下程序输出结果是________。

```
#include <stdio.h>
#define  N    10
#define  S(x)   x * x
#define  F(y)   y * y
main()
{
    int a, b;
    a = 1000/S(N); b = 1000/F(N);
    printf("%d, %d\n", a, b);
}
```

2. 程序中头文件 type.h 的内容是：

```
#define   N   5
#define   M   N*3
程序如下：
#include "type.h"
#define   L   N*2
main()
{
      int i;
      i = M + L;
      printf("%d\n", i);
}
```

该程序输出结果是________。

3. 以下叙述中正确的是（　　）。

A. 用#include 包含的头文件的后缀不可以是“.a”

B. 若一些源程序中包含某个头文件；当该头文件有错时，只需对该头文件进行修改，包含此头文件所有源程序不必重新进行编译

C. 宏命令行可以看作是一行 C 语句

D. C 编译中的预处理是在编译之前进行的

4. 在“文件包含”预处理语句中，当#include 后面的文件名用双引号括起时，寻找被包含文件的方式为（　　）。

A. 直接按系统设定的标准方式搜索目录

B. 先在源程序所在目录搜索，若找不到，再按系统设定的标准方式搜索

C. 仅仅搜索源程序所在目录

D. 仅仅搜索当前目录

5. 程序中头文件 typel.h 的内容是：

```
#define   N   5
#define   M1   N*3
程序如下：
#include "type1.h"
#define   M2   N*2
main()
{
int i;
i = M1 + M2;
printf("%d\n", i);
}
```

程序编译后运行的输出结果是（　　）。

A. 10　　B. 20　　C. 25　　D. 30

任务3　条件编译

任务说明

本任务学习条件编译的方法。在编译的时候对于用不到的那些情况不进行编译，就是条件编译。通过本任务学习，体会条件编译命令对源程序内容具有选择性编译的特点。

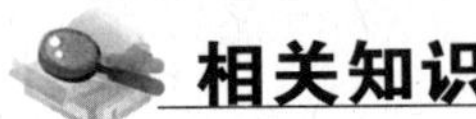

相关知识

一般情况下，源程序中的所有行都要参加编译。但特殊情况下可能根据不同的条件编译源程序中的不同部分，也就是说，源程序中的一部分内容只在满足一定条件才进行编译，或者，当条件成立时去编译一组语句，而当条件不成立时编译另一组语句，这就是“条件编译”。

利用条件编译可实现以下功能：

（1）当条件编译段比较多时，目标程序长度可以大大减少。

（2）解决在不同的系统中，同样的数据类型可能占用不同字节数的问题。

（3）使同一源程序既适合于调试，又能高效执行。

（4）可以使一个程序适应各种不同的版本，提高程序的可移植性。

1. 条件编译三种形式

（1）#ifdef – #endif 形式。

```
#ifdef  标识符
                程序段 1
  #else
                程序段 2
#endif
```

功能：如果指定的标识符已被定义，则编译程序段 1，不编译程序段 2；否则不编译程序段 1，直接编译程序段 2。

（2）#if – #endif 形式。

```
#if  常量表达式
    程序段 1
#else
    程序段 2
#endif
```

说明：如果常量表达式为“真”则编译程序段1，否则编译程序段2。条件预处理指令的结构与if语句非常类似。它们的主要差别在于：

if——满足条件就执行后面的语句。

#if——满足条件就编译后面的语句。

（3）#ifndef ~ #endif形式。

```
# ifndef 标识符
    程序段1
# else
    程序段2
# endif
```

说明：该指令跟第一种编译命令的作用刚好相反，如果标识符没有被定义，则编译程序段1，否则编译程序段2。

2．条件编译程序举例

例10-3-1：程序分析。

```
#define DEBUG 0
main()
{
  #if DEBUG
  printf("Debugging\n");
  #endif
  printf("Running\n");
}
```

解：由于程序定义DEBUG宏代表0，所以#if条件为假，不编译后面的代码直到#endif，所以程序直接输出Running。

例10-3-2：程序分析。

```
#define DEBUG
main()
{
  #ifdef DEBUG
        printf("Debugging\n");
  #else
        printf("Not debugging\n");
  #endif
        printf("Running\n");
}
```

解：因为首行定义了#define DEBUG，所以编译printf（"Debugging\n"）和printf（"Running\n"）语句，程序运行的结果是：

Debugging
Running

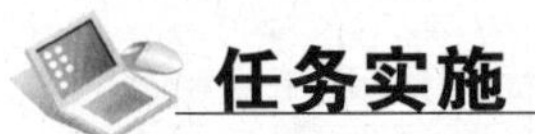

任务实施

一、任务功能

在本项目任务 3 中，通过定义不同的常量，把相应的字符全部变成大写或小写输出。源程序设计时，当然要考虑到大、小写两种情况，但在最后输出时只是大写或小写其中一种情况，用条件编译的方法只需选择其中一种情况编译。

二、任务分析与编程思路

通过定义不同的常量，把相应的字符全部变成大写或全部变成小写，很明显适用于用条件编译的方法来解决。我们选择用条件编译的#if ~ #endif 形式，通过宏定义#define LETTER 1 或#define LETTER 0 来设定不同的编译条件。

（1）先定义 LETTER 为 1，这样在预处理条件编译命令时，由于 LETTER 为真（非零），则对第一个 if 语句进行编译，运行时使小写字母变大写。故运行结果应为 CLANGUAGE。

（2）当宏定义#define LETTER 0 时，则在预处理时，对第二个 if 语句进行编译处理，使大写字母变成小写字母。此时运行结果应为 clanguage。

（3）大写字母与相应的小写字母的 ASCII 代码差 32，故程序当中处理大小写转换时有 c = c - 32 和 c = c + 32。

程序框图如图 10 - 3 - 1 所示。

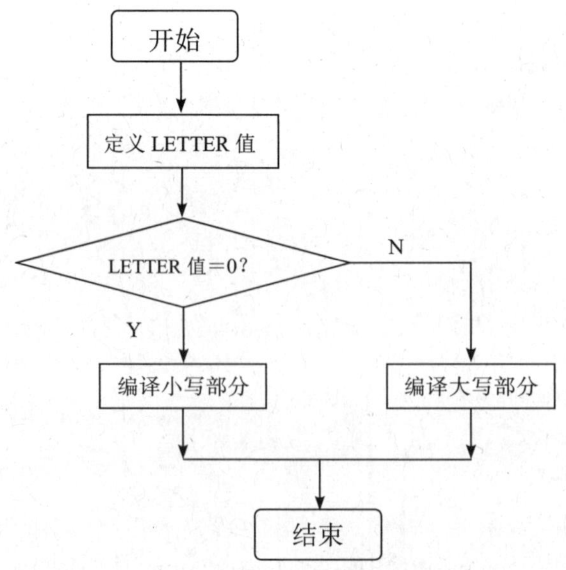

图 10 - 3 - 1　大、小写输出程序流程图

三、程序分析

EX10－3－1. C:

```
#define LETTER 1
#include <stdio.h>
main()
{ char str[20] = "CLanguage ", c;
   int i = 0;
   while ((c = str[i]) != '\0')
   { i++;
        #if LETTER
              if (c >= 'a'&&c <= 'z')
                 c = c - 32;
      #else
              if(c >= 'A' && c <= 'Z')
                 c = c + 32;
      #endif
         printf("%c", c);
   }
}
```

四、程序运行与调试

用 Visual C++ 6.0 对源程序进行编辑、编译与调试，运行结果为：
当宏定义#define LETTER 1 时，运行结果如下：
CLANGUAGE
当宏定义#define LETTER 0 时，运行结果如下：
clanguage
当宏定义#define LETTER 2 时，运行结果为：

____

源程序中#if 中的“#”若去掉，程序能否通过编译，为什么？

任务拓展

不用条件编译命令而直接用 if 语句是否也能达到要求？如果可以，编程并调试。请比较用条件编译命令有什么好处？两个目标程序的大小有无差异？为什么？

习　　题

1. 条件编译可实现什么功能？
2. 条件编译有哪几种形式？各有什么特点？

3. 写出程序运行结果：

(1)
```
#define A 1
main()
{
    #if A
        printf("OK! \n");
    #endif
        printf("Bad! \n");
}
```
(2)
```
#define Y
main()
{
    #ifdef Y
        printf("No. 1 \n");
    #else
        printf("No. 2 \n");
    #endif
        printf("No. 3 \n");
}
```

4. 运用条件编译#if ~ #endif 的形式编写程序：在宏定义中，定义 R 为不同的值，通过条件编译，分别计算并输出以 R 为边长的正方形面积和以 R 为半径的圆面积。

项目十一　文件操作

内存中的数据在系统掉电后会丢失，无法保存。计算机系统一般会将数据保存到外部存贮器中。操作系统为了方便管理外部存贮，通常会提供文件的方式来存贮数据。C 语言提供了对文件的常用操作。

根据数据的组织形式，可以将计算机中的文件分为文本文件和二进制文件。C 语言把数据文件看作是一连串的字符或字节。把文本文件当作是字符的序列，二进制文件当作是字节的序列。对文件的操作就是对字符或字节序列的操作。为了提高操作效率，C 语言对文件操作提供了缓冲操作。

知识点

◇ 文件的概念
◇ 文件的打开与关闭
◇ 文件的读写
◇ 文件的定位

技能点

◇ 各文件操作函数的编程应用

任务 1　文件的基本操作

任务说明

如果没有文件操作，数据就无法保存。对于大量的数据，不管是输入还是输出都不是一件很容易的事。

本次任务学习文件的打开、写入和关闭操作。

相关知识

C 语言提供了对文件的操作函数，使用文件函数，要包含头文件 stdio. h 。

对文件进行操作时，C 语言内部会建立一个用来操作对应文件的结构（FILE），这个结构内部包括文件的当前读写位置，文件数据的内部缓冲等。C 语言程序中，对于每一个要进行读写操作的文件，都要建立一个“文件指针”：FILE ＊，指向这个结构。文件的操作函数通过这个指针对文件进行操作。

fopen 函数用来打开一个文件，调用的形式为：

文件指针名 =fopen（文件名，使用文件方式）;

其中，

“文件指针名”必须是被说明为 FILE 类型的指针变量；

“文件名”是被打开文件的文件名；

“使用文件方式”是指文件的类型和操作要求；

“文件名”是字符串常量或字符串数组。

例如：

```
FILE *fp = fopen ("data. txt", "w");
```

其意义是在当前目录下打开文件 data. txt，进行“写”操作，并使 fp 指向该文件。

第一个参数文件名是字符串类型，表示文件所在的盘符路径和文件名。如果是在当前文件夹，可以省略路径，只写文件名。

第二个参数指定文件的使用方式。

文件的使用方式共有 12 种，它们的符号和对应意义如表 11 -1 -1 所示。

表 11 -1 -1　文件的使用方式

符号	文件使用方式意义
r	只读打开一个文本文件，只允许读数据
w	只写打开或建立一个文本文件，只允许写数据
a	追加打开一个文本文件，并在文件末尾写数据
rb	只读打开一个二进制文件，只允许读数据
wb	只写打开或建立一个二进制文件，只允许写数据
ab	追加打开一个二进制文件，并在文件末尾写数据
r+	读写打开一个文本文件，允许读和写
w+	读写打开或建立一个文本文件，允许读写
a+	读写打开一个文本文件，允许读，或在文件末追加数据
rb+	读写打开一个二进制文件，允许读和写
wb+	读写打开或建立一个二进制文件，允许读和写
ab+	读写打开一个二进制文件，允许读，或在文件末追加数据

关于文件使用方式有以下几点要注意：

（1）文件使用方式由 r，w，a，t，b，+六个字符拼成，各字符的含义是：

r（read）：　　读

w（write）：　　写
a（append）：　　追加
t（text）：　　文本文件，可省略不写
b（binary）：　　二进制文件
+：　　读和写

（2）凡用“r”打开一个文件时，该文件必须已经存在，且只能从该文件读出。

（3）用“w”打开的文件只能向该文件写入。如果不存在指定文件，则新建一个文件，再打开，准备写入。如果原先存在一个同名文件，则先删除原文件，然后新建一个文件，再打开，准备写入。所以要小心，不要误删了文件。

（4）若要向一个已存在的文件追加新的信息，只能用“a”方式打开文件。但此时该文件必须是存在的，否则将会出错。

（5）在打开一个文件时，如果出错，fopen 将返回一个空指针值 NULL。在程序中可以用这一信息来判别打开文件的操作是否成功完成，若有出错，则作错误处理。因此常用以下程序段打开文件：

```
if((fp = fopen("data.txt","r")) = =NULL)
{
   printf("\n error on open data.txt file!");
   getch();
   exit(1);
}
```

这段程序的意义是，如果返回的指针为空，表示不能打开 data. txt 文件，则给出提示信息“error on open data. txt file!”，下一行 getch（）的功能是从键盘输入一个字符，但不在屏幕上显示。在这里，该行的作用是等待，只有当用户从键盘按任一键时，程序才继续执行，因此用户可利用这个等待时间阅读出错提示。按键后执行 exit（1）退出程序。

（6）把一个文本文件读入内存时，要将 ASCII 码转换成二进制码，而把文件以文本方式写入磁盘时，也要把二进制码转换成 ASCII 码，因此文本文件的读写要花费较多的转换时间。对二进制文件的读写不存在这种转换。

任务实施

1．任务功能

将一个字符'a'写入文本文件 data. txt 中。

2．编程思路

平时用 Word 软件操作文档，分三个步骤：新建或打开原有文档，操作，然后关闭。

C 语言对文件的操作也是三个步骤：

（1）新建文件或打开原有文件；

（2）读写文件操作；

（3）关闭文件。

3．源程序（EX11－1－1.C）

```
#include <stdio.h>

int main()
{
  FILE *fp = fopen("data.txt","w"); // 新建文件
  fputc('a',fp); //写文件
  fclose(fp); // 关闭文件
}
```

例子中的fputc（'a'，fp）；是写一个字符到文件中。文件的操作使用文件指针fp。

最后用fclose（fp）函数关闭文件。文件使用完毕，要关闭文件。否则，缓冲区已更新的内容可能没有写入文件，造成数据丢失。正常完成关闭文件操作时，fclose函数返回值为0。如返回非零值则表示有错误发生。

4．程序运行与调试

文件执行后，在exe文件同一文件夹下新建了data.txt文件，用记事本打开，可看到文件里面有一个字符“a”。

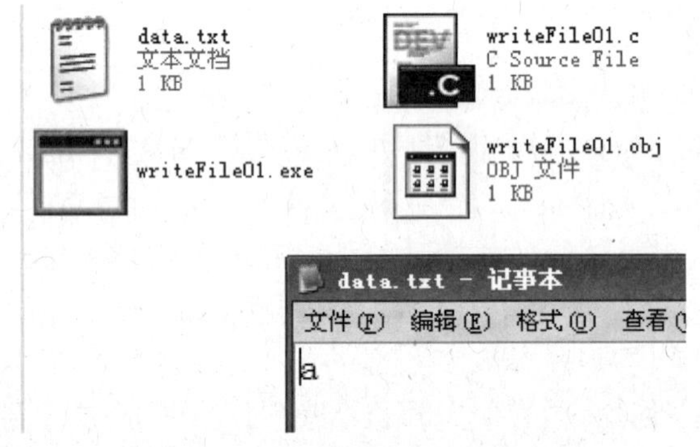

图11－1－1　程序运行和调线结果

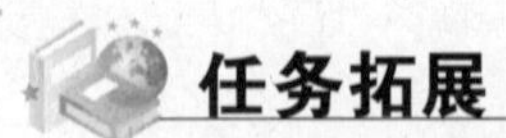

任务拓展

同时打开，操作多个文件。

习　题

1．从键盘输入一行字符，写入一个文件中。

2．从键盘输入一个字符串，将小写字母全部转换成大写字母，然后输出到一个磁盘文件“data.txt”中保存。输入的字符串以！结束。

3．有两个磁盘文件A和B，各存放一行字母，要求把这两个文件中的信息合并（按字母顺序 排列），输出到一个新文件C中。

4. 使用 rand () 函数产生 100 个随机整数，写入一个文件中。
5. 将三个学生名字写入文件中。

任务 2　文件的读写函数

任务说明

C 语言以库函数的方式，提供了多个对文件读写的函数。
本次任务，学习文件的读写操作。

相关知识

一、文件的读写操作

对文件的读和写是最常用的文件操作。在 C 语言中提供了多种文件读写的函数：

- 字符读写函数：fgetc 和 fputc
- 字符串读写函数：fgets 和 fputs
- 格式化读写函数：fscanf 和 fprinf
- 二进制数据块读写函数：fread 和 fwrite

二、字符读写函数：fgetc 和 fputc

字符读写函数是以字符（字节）为单位的读写函数。每次可从文件读出或向文件写入一个字符。

1. 写字符函数 fputc

fputc 函数的功能是把一个字符写入指定的文件中，函数调用的形式为：

fputc（字符量，文件指针）；

其中，待写入的字符量可以是字符常量或变量，例如：

```
char c = 'x';
fputc( c, fp); //写入字符变量
fputc( 'a', fp); //写入字符常量
```

对于 fputc 函数的使用要注意几点：

（1）被写入的文件可以用写、读写、追加方式打开，用写或读写方式打开一个已存在的文件时将清除原有的文件内容，写入字符从文件首开始。如需保留原有文件内容，希望写入的字符以文件末开始存放，必须以追加方式打开文件。被写入的文件若不存在，则创建该文件。

(2) 每写入一个字符，文件内部位置指针向后移动一个字节。

(3) fputc 函数有一个返回值，如写入成功则返回写入的字符，否则返回一个 EOF。可用此来判断写入是否成功。

2. 读字符函数 fgetc

fgetc 函数的功能是从指定的文件中读一个字符，函数调用的形式为：

```
字符变量 = fgetc (文件指针);
```

例如：

```
char ch = fgetc (fp);
```

其意义是从打开的文件 fp 中读取一个字符并送入 ch 中。

对于 fgetc 函数的使用有以下几点说明：

(1) 在 fgetc 函数调用中，读取的文件必须是以读或读写方式打开的。

(2) 读取字符的结果也可以不向字符变量赋值，

例如：

```
fgetc (fp);
```

但是读出的字符不能保存。

(3) 在文件内部有一个位置指针。用来指向文件的当前读写字节。在文件打开时，该指针总是指向文件的第一个字节。使用 fgetc 函数后，该位置指针将向后移动一个字节。因此可连续多次使用 fgetc 函数，读取多个字符。应注意文件指针和文件内部的位置指针不是一回事。文件指针是指向整个文件的，须在程序中定义说明，只要不重新赋值，文件指针的值是不变的。文件内部的位置指针用以指示文件内部的当前读写位置，每读写一次，该指针均向后移动，它不需在程序中定义说明，而是由系统自动设置的。

三、字符串读写函数 fgets 和 fputs

1. 写字符串函数 fputs

fputs 函数的功能是向指定的文件写入一个字符串，其调用形式为：

```
fputs (字符串, 文件指针);
```

其中字符串可以是字符串常量，也可以是字符数组名，或指针变量，例如：

```
fputs (" hello", fp);
```

其意义是把字符串“hello”写入 fp 所指的文件之中。

2. 读字符串函数 fgets

fgets 函数的功能是从指定的文件中读一个字符串到字符数组中，函数调用的形式为：

```
fgets (字符数组名, n, 文件指针);
```

其中的 n 是一个正整数。表示从文件中读出的字符串不超过 $n-1$ 个字符。在读入的最后一个字符后加上串结束标志'\0'。

例如：

```
fgets (str, n, fp);
```

其意义是从 fp 所指的文件中读出 n－1 个字符送入字符数组 str 中。

对 fgets 函数有两点说明：

（1）在读出 n－1 个字符之前，如遇到了换行符或 EOF，则读出结束。

（2）fgets 函数也有返回值，其返回值是字符数组的首地址。

四、格式化读写函数 fscanf 和 fprintf

fscanf 函数、fprintf 函数与前面使用的 scanf 和 printf 函数的功能相似，都是格式化读写函数。两者的区别在于 fscanf 函数和 fprintf 函数的读写对象不是键盘和显示器，而是文件。

这两个函数的调用格式为：

```
fscanf（文件指针，格式字符串，输入列表）;
fprintf（文件指针，格式字符串，输出列表）;
```

例如：

```
fscanf(fp, "%d%s", &i, s);
fprintf(fp, "%d%c", j, ch);
```

五、数据块读写函数 fread 和 fwtrite

C 语言还提供了用于整块数据的读写函数。可用来读写一组数据，如一个数组元素，一个结构变量的值等。

读数据块函数调用的一般形式为：

fread (buffer, size, count, fp);

写数据块函数调用的一般形式为：

fwrite (buffer, size, count, fp);

其中：buffer 是一个指针，在 fread 函数中，它表示存放输入数据的首地址。在 fwrite 函数中，它表示存放输出数据的首地址。

size 表示数据块的字节数。

count 表示要读写的数据块块数。

fp 表示文件指针。

例如：

```
fread (buf, 4, 5, fp);
```

其意义是从 fp 所指的文件中，每次读 4 个字节（一个实数）送入实数组 buf 中，连续读5次，即读5个实数到buf中。

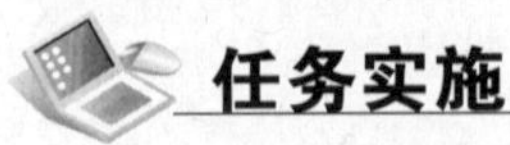

任务实施

1．任务功能

将字符数据a和#、字符串数据hello和整型数据x写入文件并读出来。复制二进制文件“走天涯.mp3”。

2．编程思路

（1）将各种数据类型的数据写入文件中。

下面代码将字符a和#写入数据文件中，然后再写入字符串hello，再写入格式化的文字和变量x的值123。

```
Write_file( char * filename)
{
  int x = 123;
  FILE * fp = fopen( filename , "w");
  fputc( 'a', fp);
  fputc( '#', fp);
  fputs( "hello", fp);
  fprintf( fp, "This is : %d", x);
  fclose( fp);
}
```

（2）将各种类型的数据从文件中读出来。

读的时候要注意数据的类型和顺序，要和写的操作相对应，要不读出来的数据不是想要的数据。

```
read_file( char * filename)
{
  char str[ 11] = "";
  int x = 0;
  FILE * fp = fopen( filename, "r");
  char ch1 = fgetc( fp);
  char ch2 = fgetc( fp);
  printf( "read char: %c %c \n", ch1, ch2);
  fgets( str, 6, fp);
  puts( str);
  fgets( str, 10, fp);
  puts( str);
  fscanf( fp, "%d", &x);
  printf( "%d", x);
  fclose( fp);
}
```

对于前面用 printf 写入的格式化数据，这次使用了 fgets 来读取，然后再用 fscanf 函数读取整型数据。

（3）复制一个二进制文件。

注意打开文件的时候，要使用含有 b 的符号，代表以二进制的方式打开文件。读写文件时使用函数 fread 和 fwrite。

```
copy_file( char * src_file, char * dest_file)
{
  FILE * fp;
  FILE * fpw;
  char buf[1024];
  int size;

  fp = fopen( src_file, "rb");
  fpw = fopen( dest_file, "wb");
  if( fp = = NULL || fpw = = NULL)
  {
      printf( "can not open file \n");
      exit(1);
  }

  while( ! feof( fp) )
  {
      size  =  fread( buf, sizeof( char), sizeof( buf), fp);
      fwrite( buf, 1, size, fpw);
  }

  fclose( fp);
  fclose( fpw);
}
```

用 fread（temp，1024，1，fp）也能读出，意思是一个元素的大小是 1024 个字节，每次读取一个，这在读取前面内容时没问题，当读到最后，加入只剩下 100 个字节的数据；不足 1024 字节时，程序返回 0，无法知道程序最后一次读出了多少数据。如果用 fread（temp，1，1024，fp），则程序每次返回读出数据的字节数，即使读最后 100 个字节时，也返回 100，这样就可以利用返回值知道程序读出了多少数据。

（4）主函数。

将上面各个函数组装起来。

```
main()
{
  printf("写文件...... \n");
  write_file("data2.txt");
  printf("读文件...... \n");
  read_file("data2.txt");
  printf("复制二进制文件...... \n");
  copy_file("走天涯.mp3","走天涯2.mp3");
}
```

3. 源程序（EX11-2-1.C）

```
#include <stdio.h>

write_file(char * filename)
{
   int x = 123;
   FILE * fp = fopen( filename, "w");
   fputc('a', fp);
   fputc('#', fp);
   fputs("hello", fp);
   fprintf(fp, "This is : %d", x);
   fclose(fp);
}

read_file(char * filename)
{
   char str[11] = "";
   int x = 0;
   FILE * fp = fopen( filename, "r");
   char ch1 = fgetc(fp);
   char ch2 = fgetc(fp);
   printf("read char: %c %c \n", ch1, ch2);
   fgets(str, 6, fp);
   puts(str);
   fgets(str, 10, fp);
   puts(str);
   fscanf(fp, "%d", &x);
   printf("%d", x);
   fclose(fp);
}
```

```
copy_file(char * src_file, char * dest_file)
{
    FILE *fp;
    FILE *fpw;
    char buf[1024];
    int size;

    fp = fopen(src_file, "rb");
    fpw = fopen(dest_file, "wb");
    if(fp == NULL || fpw == NULL)
    {
        printf("can not open file \n");
        exit(1);
    }

    while(!feof(fp))
    {
        size = fread(buf, sizeof(char), sizeof(buf), fp);
        fwrite(buf, 1, size, fpw);
    }

    fclose(fp);
    fclose(fpw);
}

main()
{
    printf("写文件...... \n");
    write_file("data2.txt");
    printf("读文件...... \n");
    read_file("data2.txt");
    printf("复制二进制文件...... \n");
    copy_file("走天涯.mp3","走天涯 2.mp3");
}
```

4. 程序运行与调试

写文件，读文件。

```
read char: a #
hello
This is :
123 复制二进制文件......
```

生成了数据文件 data2. txt，内容为：

a#helloThis is：123

· 修改写入文件的内容，然后重新编译运行程序，再查对生成的数据文件结果。

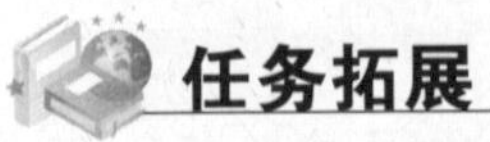

任务拓展

改写程序，根据输入的文件名称对文件操作。

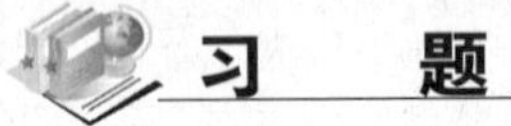

习　　题

1. 从键盘输入两个学生数据，写入一个文件中，再读出这两个学生的数据显示在屏幕上。

2. 读入文本文件 readme. txt，在屏幕上输出。

3. 从 data. txt 文件中读入一个含 10 个字符的字符串。

4. 写一个程序，完成文本文件的复制功能。

5. 键盘输入 10 个整数存放在数组 a 中，并将数组 a 中的数据写到“f1. txt”文件中。

任务 3　文件的定位与文件的出错检测

任务说明

前面学习了文本文件的读写。然而实际使用中，为了加快处理速度，避免数据读写中的转换，更多的时候是直接使用二进制文件。在使用二进制文件时，必须用到文件的定位。

本次任务学习文件的定位操作。

相关知识

一、文件的随机读写

前面介绍的对文件的读写方式都是顺序读写，即读写文件只能从头开始，顺序读写各个数据。但在实际问题中常要求只读写文件中某一指定的部分。为了解决这个问题，可以移动文件内部的位置指针到需要读写的位置，再进行读写，这种读写称为随机读写。

实现随机读写的关键是要按要求移动位置指针，这称为文件的定位。

二、文件定位

移动文件内部位置指针的函数主要有两个，即 rewind 函数和 fseek 函数。

rewind 函数调用形式为：

rewind（文件指针）；

它的功能是把文件内部的位置指针移到文件首。

fseek 函数用来移动文件内部位置指针，其调用形式为：

fseek（文件指针，位移量，起始点）；

其中：

“文件指针”指向被移动的文件。

“位移量”表示移动的字节数，要求位移量是 long 型数据，以便在文件长度大于 64KB 时不会出错。当用常量表示位移量时，要求加后缀“L”。

“起始点”表示从何处开始计算位移量，规定的起始点有三种：文件首、当前位置和文件尾。

其表示方法如表 11－3－1 所示。

表 11－3－1　起始点位置与符号

起始点	表示符号	数字表示
文件首	SEEK_SET	0
当前位置	SEEK_CUR	1
文件尾	SEEK_END	2

例如：

fseek（fp，100L，0）；

其意义是把位置指针移到离文件首 100 个字节处。

还要说明的是 fseek 函数一般用于二进制文件。在文本文件中由于要进行转换，故往往计算的位置会出现错误。

在移动位置指针之后，即可用前面介绍的任一种读写函数进行读写。由于一般是读写一个数据块，因此常用 fread 和 fwrite 函数。

三、文件检测函数

C 语言中常用的文件检测函数有以下两个。

文件结束检测函数 feof 函数，其调用格式：

feof（文件指针）；

功能：判断文件是否处于文件结束位置，如文件结束，则返回值为 1，否则为 0。

读写文件出错检测函数 ferror 函数，其调用格式：

ferror（文件指针）；

功能：检查文件在用各种输入输出函数进行读写时是否出错。如 ferror 返回值为 0 表示未出错，否则表示有错。

四、汉字内码和区位码

HZK16 字库是符合 GB2312 标准的 16×16 点阵字库。HZK16 的 GB2312－80 支持的汉字有 6763 个，符号 682 个。其中一级汉字有 3755 个，按声序排列；二级汉字有 3008 个，按偏旁部首排列。我们在一些应用场合根本用不到这么多汉字字模，所以在应用时就可以只提取部分汉字字模信息，减小占用的空间。

HZK16 字库里的 16×16 汉字一共需要 256 个点来显示，也就是说需要 32 个字节才能达到显示一个普通汉字的目的。

我们知道一个 GB2312 汉字是由两个字节编码的，范围为 A1A1～FEFE。A1～A9 为符号区，B0 到 F7 为汉字区。每一个区有 94 个字符。下面以汉字“国”为例，介绍如何在 HZK16 文件中找到它对应的 32 个字节的字模数据。

前面说到一个汉字占两个字节，这两个中前一个字节为该汉字的区号，后一个字节为该汉字的位号。其中，每个区记录 94 个汉字，位号为该字在该区中的位置。所以要找到“国”在 hzk16 库中的位置就必须得到它的区码和位码。

区码：区号（汉字的第一个字节）－0xa0（因为汉字编码是从 0xa0 区开始的，所以文件最前面就是从 0xa0 区开始，要算出相对区码）

位码：位号（汉字的第二个字节）－0xa0

这样我们就可以得到汉字在 HZK16 中的绝对偏移位置：

offset＝［94＊（区码－1）＋（位码－1）］＊32

说明：

（1）区码减 1 是因为数组是以 0 为开始而区号位号是以 1 为开始的。

（2）［94＊（区号－1）＋位号－1］是排在指定汉字前面的汉字个数。

（2）最后乘以 32 是因为每个汉字占用 32 字节信息记录该字的字模信息。

根据以上信息，就可以将所需要的汉字字模信息提取出来，用于汉字的显示。特别是在单片机的应用中，如果只是需要少量的汉字，就可以用这种方法，减少空间的占用。

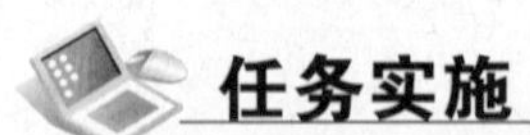

任务实施

1．任务功能

读取汉字字库 HZK16 文件中“国”字的点阵字模，显示出来。

2．编程思路

从字库文件中读取对应汉字的字模信息，再根据字模信息显示在屏幕上。就可以显示出对应的汉字了。

3．源程序（EX11－3－1.C）

```
#include <stdio.h>
int main()
```

```
{
  FILE      * fp;
  int     i, j, k;
  unsigned    char    s[3] = "国"; //要读出的汉字
  unsigned    char    qh, wh;
  unsigned    long    offset;
  char chs[16][2];
  //占两个字节,取其区位号
  qh = s[0] - 0xa0; //获得区码
  wh = s[1] - 0xa0; //获得位码
  offset = ((qh - 1) * 94 + (wh - 1)) * 32; //获得偏移位置

  if((fp = fopen("hzk16", "rb")) = = NULL)
  {
      printf("Can't Open hzk16 \n");
      exit(0);
  }
  fseek(fp, offset, SEEK_SET);
  fread(chs, 32, 1, fp);

//显示
  for(j = 0; j < 16; j + +)
  {
      for(i = 0; i < 2; i + +)
      {
          for(k = 0; k < 8; k + +)
          {
              if(chs[j][i] & (0x80 > > k))
              {
                  printf("%c", '*');
              } else {
                  printf("%c", ' ');
              }
          }
      }
      printf("\n");
  }
  fclose(fp);
}
```

4. 程序运行与调试

（1）示范运行结果如下：

（2）修改程序，读别的汉字，看看是否正常显示。

任务拓展

根据给出的汉字字符串，从字库文件中提取字模信息，写到一个新文件中。

习　题

1. 编写一个程序，由键盘输入一个文件名，然后把从键盘输入的字符依次存放到该文件中，用‘#’作为结束输入的标志。

2. 编写一个程序，建立一个abc文本文件，向其中写入“this is a test”字符串，然后显示该文件的内容。

3. 编写一程序，查找指定的文本文件中某个单词出现的行号及该行的内容。

4. 编写一程序fcat. c，把命令行中指定的多个文本文件连接成一个文件。

例如：

fcat file1 file2 file3

它把文本文件file1、file2和file3连接成一个文件，连接后的文件名为file1。

5. 从数据文件“data. txt”中读入100个整数，求平均值，输出。

C51 应 用 编

项目十二　Keil C 集成开发环境

Keil C 集成开发环境是专为 8051 单片机设计的 C 语言程序开发工具，Keil C 集成开发环境就是一个融汇编语言和 C 语言编辑、编译与调试于一体的开发工具，目前流行的 Keil C 集成开发环境版本主要有：Keil μVision2、Keil μVision3和 Keil μVision4，在本项目中以 Keil μVision4 版本为例学习。一是让读者掌握 Keil C 集成开发环境的作用，进而理解 C 语言在单片机编程专业方面的应用；二是学会应用 Keil C 集成开发环境编辑、编译 C 语言程序，并生成机器代码；三是应用 Keil C 集成开发环境调试 C 语言程序。

知识点

◇ 单片机与单片机应用系统的基本概念
◇ 单片机应用系统的开发流程

技能点

◇ 应用 Keil C 集成开发环境编辑、编译 C 语言程序，并生成机器代码
◇ 应用 Keil C 集成开发环境调试 C 语言程序

任务 1　应用 Keil μVision4 开发工具编辑、编译程序，生成机器代码

任务说明

单片机应用系统由硬件和软件两部分组成，单片机应用系统的开发包括硬件设计与软件设计。作为单片机自身，只能识别机器代码，而为了人们便于记忆、识别和编写应用程序，一般采用汇编语言或 C 语言编程，为此，就需要一个工具能将汇编语言源程序或 C 语言源程序转换成机器代码程序，Keil C 集成开发环境就是一个融汇编语言和 C 语言编辑、编译与调试于一体的开发工具，目前流行的 Keil C 集成开发环境版本主要有：Keil μVision2、Keil μVision3 和 Keil μVision4，各版本的操作流程大同小异。

本任务中，选用 Keil μVision4 版本，以程序实例系统地学习与实践程序的编辑、编译 C 语言源程序，以及生成单片机运行所必需的机器代码程序。

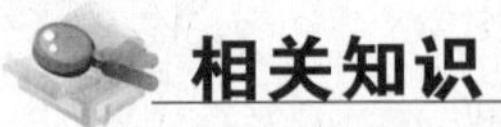

相关知识

一、单片机与单片机应用系统的基本概念

将微型计算机的基本组成部分（CPU、存储器、I/O 接口以及连接它们的总线）集成在一块芯片中而构成的计算机，称为单片机。

单片机自身仅仅是一个只能处理数字信号的装置，必修配置好相应的外围接口器件或执行器件，才能是一个能完成具体任务的工作系统，称为单片机应用系统。

MCS－51 系列单片机是美国 Intel 公司研发的，是市场上主流 8 位单片机，但 Intel 公司后期的重点并不在单片机上，因此市场上很难见到 Intel 公司生产的单片机。市场上的 8051 单片机，更多的是以 MCS－51 系列单片机为核心、为框架的兼容 8051 单片机。目前，应用最为广泛的 8051 单片机是 STC 增强型 8051 单片机。

二、单片机应用程序的编辑、编译与调试流程

应用程序的编辑、编译一般都采用 Keil C 集成开发环境实现，但程序的调试有多种方法，如 Keil C 集成开发环境的软件仿真调试与硬件仿真调试、硬件的在线调试与专用仿真软件 Proteus 的仿真调试，如图 12－1－1 所示。

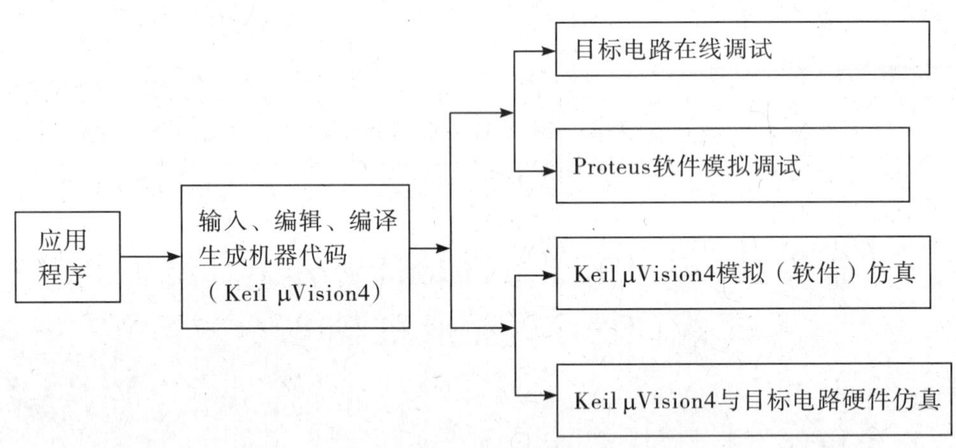

图 12－1－1　应用程序的编辑、编译与调试流程

三、Keil C 集成开发环境简介

1. Keil μVision4 用户界面

Keil μVision4 集成开发环境从工作特性来分，可分为编辑编译界面和调试界面，启动 Keil μVision4 后，进入编辑编译界面，如图 12－1－2 所示。在此用户环境下可创建、打开用户项目文件，以及进行汇编源程序或 C51 源程序的输入、编辑与编译。

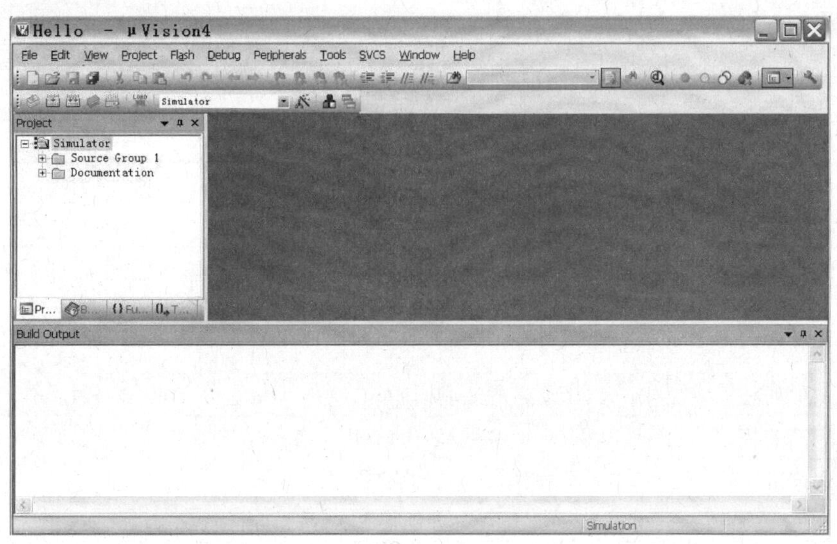

图 12－1－2　Keil µVision4 编辑、编译用户界面

1．菜单栏

Keil µVision4 在编辑、编译界面和调试界面的菜单栏是不一样的，灰白显示的为当前界面无效菜单项。

（1）File（文件）菜单。

File（文件）菜单命令主要用于对文件的常规（新建文件、打开文件、关闭文件与文件存盘等）操作，其功能、使用方法与一般的 Word、Excel 等应用程序一致。但文件菜单的 Device Database 命令是特有的，Device Database 用于修改 Keil µVision4 支持的 8051 芯片型号以及 ARM 芯片的设定。Device Database 对话框如图 12－1－3 所示，用户可在对话框中添加或修改 Keil µVision4 支持的单片机型号以及 ARM 芯片。

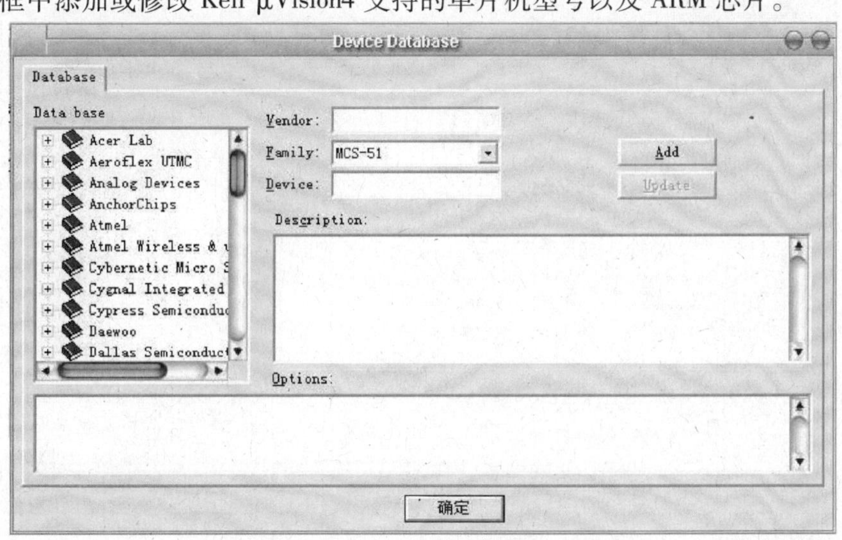

图 12－1－3　Device Database 对话框

Device Database 对话框各个选项功能如下：

表 12－1－1　对话框及功能

对话框	功　　能
Data base 列表框	浏览 Keil μVision4 支持的单片机型号以及 ARM 芯片
Vendor 文本框	用于设定单片机的类别
Family 下拉列表框	用于选择 MCS－51 单片机家族以及其他微控制器家族，有MCS－51、MCS－251、80C166/167、ARM
Device 文本框	用于设定单片机的型号
Description 列表框	用于设定型号的功能描述
Options 列表框	用于输入支持型号对应的 DLL 文件等信息
Add 按钮	单击 Add 按钮添加新的支持型号
Updata 按钮	单击 Updata 按钮确认当前修改

（2）编辑菜单。

Edit（编辑）菜单主要包括剪切、复制、粘贴、查找、替换等通用编辑操作。此外，有 Bookmark（书签管理命令）、Find（查找）以及 Configuration（配置）等操作功能。其中，Configuration（配置）选项用于设置软件的工作界面参数，如编辑文件的字体大小以及颜色等参数。Configuration（配置）操作对话框如图 12－1－4 所示，有 Editor（编辑）、Colors & Fonts（颜色与字体）、User keywords（设置用户关键词）、Shortcut keywords（快捷关键词）、Template（模板）、Other（其他）等配置选项。

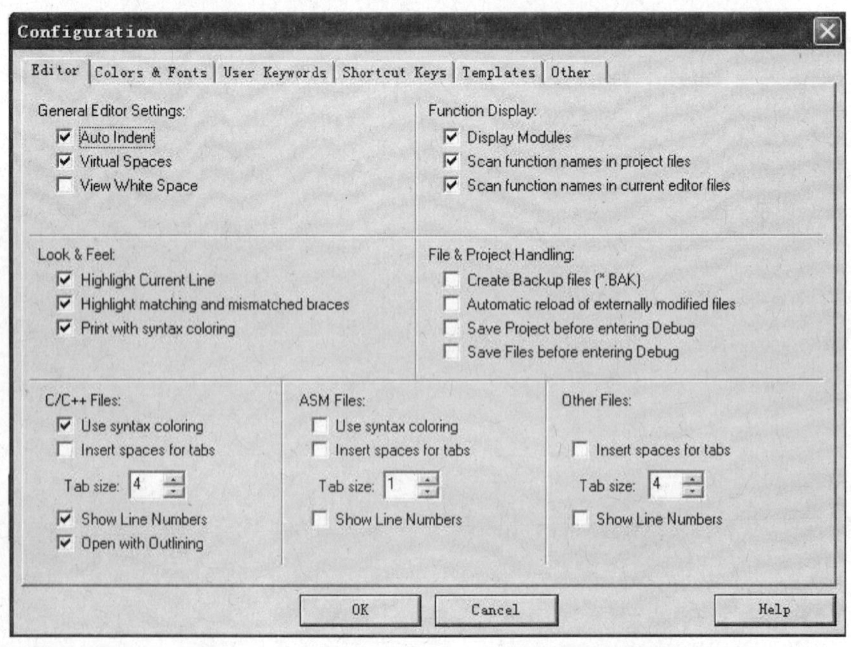

图 12－1－4　Configuration（配置）操作对话框

(3) View (视图) 菜单。

View 菜单中用于控制 Keil μVision4 界面显示，使用 View 菜单中的命令可以显示或隐藏 Keil μVision4 的各个窗口和工具栏等。在编辑编译工作界面、调试界面有不同的工具栏和显示窗口。

(4) Project (项目) 菜单。

Project 菜单命令包括项目的建立、打开、关闭、维护、目标环境设定、编译等命令。Project 菜单命令各个命令功能介绍如下。

表 12-1-2　菜单命令的功能

菜单命令	功　能
New Project	建立一个新项目
New Multi - Project Workspace	新建多项目工作区域
Open Project	打开一个已存在的项目
Close Project	关闭当前项目
Export	导出为 μVision3 格式
Manage	工具链、头文件和库文件的路径的管理
Select Device for Target	为目标选择器件
Remove Item	从项目中移除文件或文件组
Options	修改目标、组或文件的选项设置
Bulid Target	编译修改过的文件并生成应用程序
Rebulid Target	重新编译所有文件并生成应用程序
Translate	传输当前文件
Stop Build	停止编译

(5) Flash (下载) 菜单。

Flash 菜单主要用于程序下载到 E2PROM 的控制。

(6) Debug (调试) 菜单。

Debug 菜单中命令用于软件仿真环境下的调试，提供断点、单步、跟踪与全速运行等操作命令。

(7) Peripherals (外设) 菜单。

Peripherals 菜单是外围模块菜单命令，用于芯片的复位和片内功能模块的控制。

(8) Tools (工具) 菜单。

Tools 菜单主要用于支持第三方调试系统，包括 Gimpel Software 公司的 PC - Lint 和西门子公司的 Easy - Case。

(9) SVCS (软件版本控制系统) 菜单。

SVCS 菜单命令用于设置和运行软件版本控制系统 (Software Version Control, SVCS)。

(10) Window (窗口) 菜单。

Window (窗口) 菜单命令用于设置窗口的排列方式，与 Window 的窗口管理兼容。

(11) Help(帮助)菜单。

Help(帮助)菜单命令用于提供软件帮助信息和版本说明。

2. 工具栏

Keil μVision4 在编辑、编译界面和调试界面有不同的工具栏,在此介绍编辑、编译界面的工具栏。

(1) 常用工具栏。

如图 12-1-5 所示为 Keil μVision4 的常用工具栏,从左至右依次为 New(新建文件)、Open(打开文件)、Save(保存当前文件)、Save All(保存全部文件)、Cut(剪切)、Copy(复制)、Paste(粘贴)、Undo(取消上一步操作)、Redo(回复上一步操作)、Navigate Backwards(回到先前的位置)、Navigate Forwards(前进到下一个位置)、Insert/Remove Bookmark(插入或删除书签)、Go to Previous Bookmark(转到前一个已定义书签处)、Go to the next Bookmark(转到下一个已定义书签处)、Clear All Bookmarks(取消所有已定义的书签)、Indent Selection(右移一个制表符)、Unindent Selection(左移一个制表符)、Comment Selection(选定文本行内容)、Uncomment Selection(取消选定文本行内容)、find in Files...(查找文件)、Find...(查找内容)、Incremental Find(增量查找)、Start/Stop Debug Sesion(启动或停止调试)、Insert/Remove Breakpoint(插入或删除断点)、Enable/Disable Breakpoint(允许或禁止断点)、Disable All Breakpoint(禁止所有断点)、Kill All Breakpoint(删除所有断点)、Project Windows(窗口切换)、Configuration(参数配置)等工具图标。单击工具图标,执行图标对应的功能。

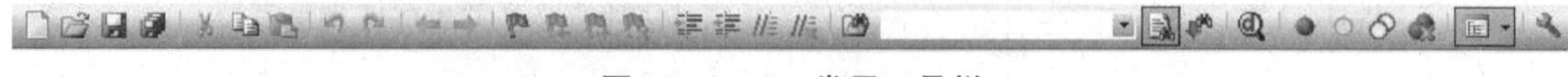

图 12-1-5 常用工具栏

(2) 编译工具栏。

如图 12-1-6 所示为 Keil μVision4 的编译工具栏,从左至右依次为 Translate(传输当前文件)、Build(编译目标文件)、Rebuild(编译所有目标文件)、Batch Build(批编译)、Stop Build(停止编译)、Down Load(下载文件到 Flash ROM)、Slect Targe(选择目标)、Targe Option..(目标环境设置)、File Extensions, Books and Environment(文件的组成、记录与环境)、Mange Multi-Project Workspace(管理多项目工作区域)等工具图标。单击图标,执行图标对应的功能。

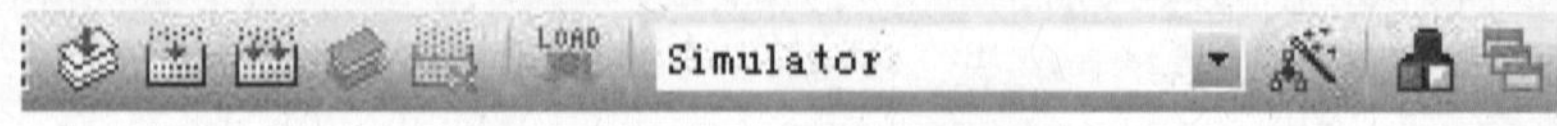

图 12-1-6 编译工具栏

3. 窗口

Keil μVision4 的窗口在编辑、编译界面和调试界面有不同的窗口,在此介绍编辑、编译界面的窗口。

(1) 编辑窗口。

在编辑窗口中，用户可以输入或修改源程序，Keil μVision4 的编辑器支持程序行自动对齐和语法高亮显示。

（2）项目窗口。

选择菜单命令“View→Project Window”或单击工具图标可以显示或隐藏项目窗口（Project Window）。该窗口主要用于显示当前项目的文件结构和寄存器状态等信息。项目窗口中共有 4 个选项页，分 Files、Books、Functions、Templates 选项页。Files 选项页显示当前项目的组织结构，可以在该窗口中直接单击文件名打开文件，如图 12－1－7 所示。

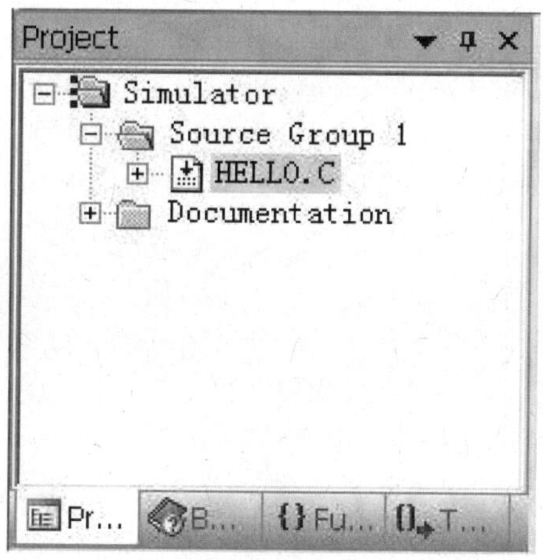

图 12－1－7 项目窗口中的 Files 选项页

（3）输出窗口。

Keil μVision4 的编译信息输出窗口（Output Window）用于显示编译时的输出信息，如图 12－1－8所示。在窗口中，双击输出的 Warning 或 Error 信息，可以直接调转至源程序的警告或错误所在行。

```
Build Output
Build target 'Simulator'
compiling HELLO.C...
linking...
Program Size: data=30.1 xdata=0 code=1096
"HELLO" - 0 Error(s), 0 Warning(s).
```

图 12－1－8 Output Window 中的 Build 选项页

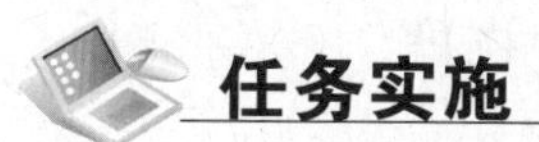

任务实施

一、示例程序功能与示例源程序

1. 流水灯程序功能

设单片机 P1 口 P1.0～P1.7 分别接 8 只 LED 灯，当 P1 端口某位输出低电平时，对应的 LED 灯亮，输出高电平时灯灭；P2 口的 P2.0 接一只开关 sw，断开时，P2.0 输入高电平；合上时，P2.0 输入低电平。

开机后，8 只 LED 灯最右边灯（P1.0 对应控制的灯）点亮，当开关 sw 合上时，LED 灯每 0.5s 左移一次，周而复始；当开关 sw 断开时，流水灯停止移动。

2. 源程序清单

单片机程序编程可采用 C51 和汇编两种编程语言编写，采用 C51 编写的程序如下。

EX12－1－1. C：

```
#include <reg51. h>
#include <intrins. h>
#define uchar unsigned char
#define uint unsigned int
uchar x = 0xfe;              //定义变量 x，并赋值 feH
sbit sw = P2^0;              //定义输入引脚
void delay( uint ms)         //延时子函数，控制流水灯移动时间间隔
{
  uint i, j;
  for( j = 0; j < ms; j + + )
       for( i = 0; i < 121; i + + );
}
void main( void)
{
  while( 1)
  {
      if( sw = = 0)          //当开关 sw 合上时，执行流水灯程序
      {
          P1 = x;            //将 x 值送 P1 口输出，控制 LED 灯
          x = _crol_( x, 1); //x 循环左移一位
          delay( 500);       //延时
      }
  }
}
```

二、应用 Keil μVision4 集成开发环境编辑、编译用户程序

应用 Keil μVision4 集成开发环境的开发流程如下：

创建项目→输入、编辑应用程序 →把程序文件添加到项目中→编译与连接、生成机器代码文件→调试程序。

1. 创建项目

在 Keil μVision4 中的项目是一个特殊结构的文件，它包含应用系统相关所有文件的相互关系。在 Keil μVision4 中，主要是使用项目来进行应用系统的开发。

（1）创建项目文件夹。

根据自己的存储规划，创建一个存储该项目的文件夹，如 H：\Kiel 4 项目。

（2）启动 Kiel μVision4，选择菜单命令“Project→New μVision Project”，屏幕弹出“Create New Project（创建新项目）”对话框，在对话框中选择新项目要保存的路径和输入文件名，如图 12－1－9 所示。Keil μVision4 项目文件的扩展名为“. uvproj”。

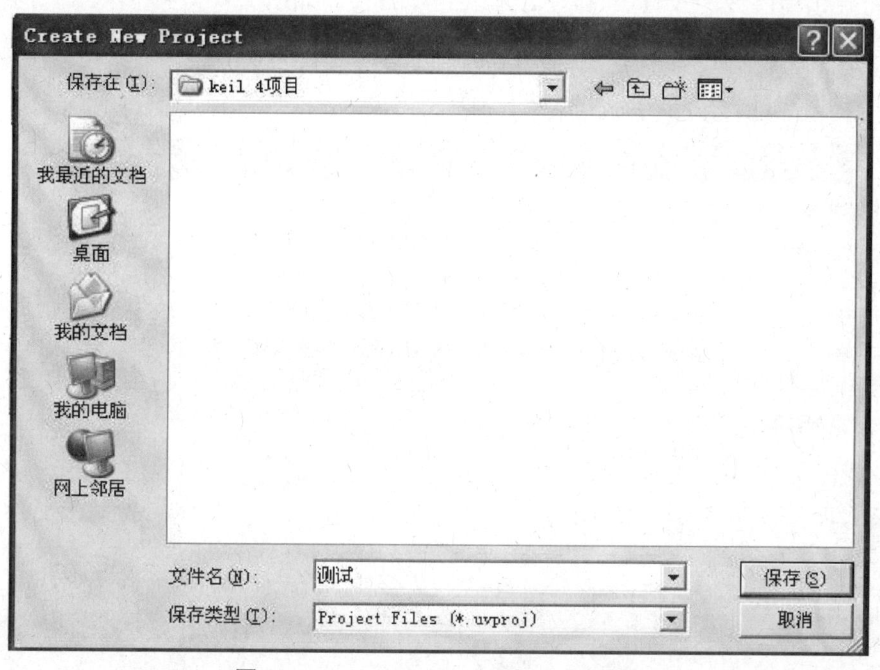

图 12－1－9　Create New Project 对话框

（3）单击【保存】按钮，屏幕弹出“Select Device for Target（选择目标芯片）”对话框，如图 12－1－10 所示。用户需要在左侧的数据列表（Data base）选择开发使用的 51 单片机型号（先选厂家：如 Atmel，后选型号：如 AT89C51），使用对话框右侧的 Description 文本框查看选中芯片的性能说明。

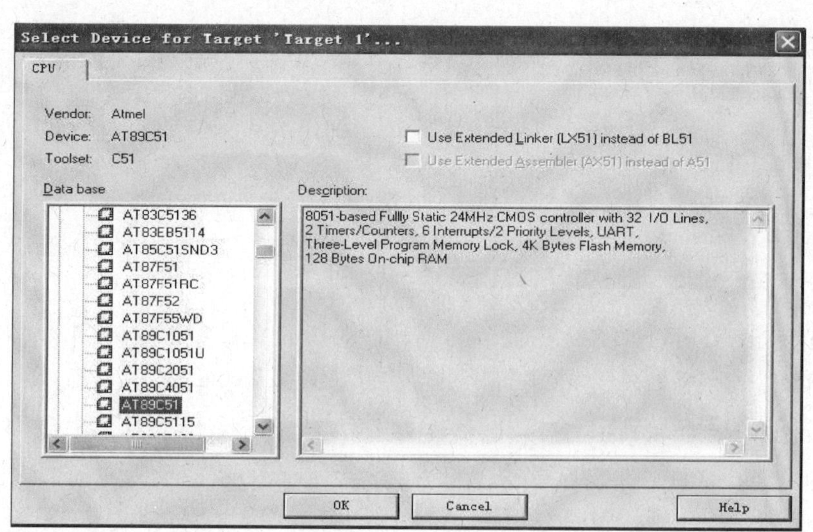

图 12－1－10　Select Device for Target 对话框

（4）单击“Select Device for Target”对话框中的“确定”按钮，程序会询问是否将标准51初始化程序（STARTUP. A51）加入到项目中，如图12－1－11所示。选择“是”按钮，程序会自动复制标准51初始化程序到项目所在目录并将其加入项目中。一般情况下，选择“否”按钮。

图12－1－11　添加标准51初始化程序确认框

2．编辑程序

选择菜单命令File→New，弹出程序编辑工作区，如图12－1－12所示。在编辑区中，按示例所示源程序（EX12－1－1. C）清单输入程序，并以“测试. C”文件名保存，如图12－1－13所示。

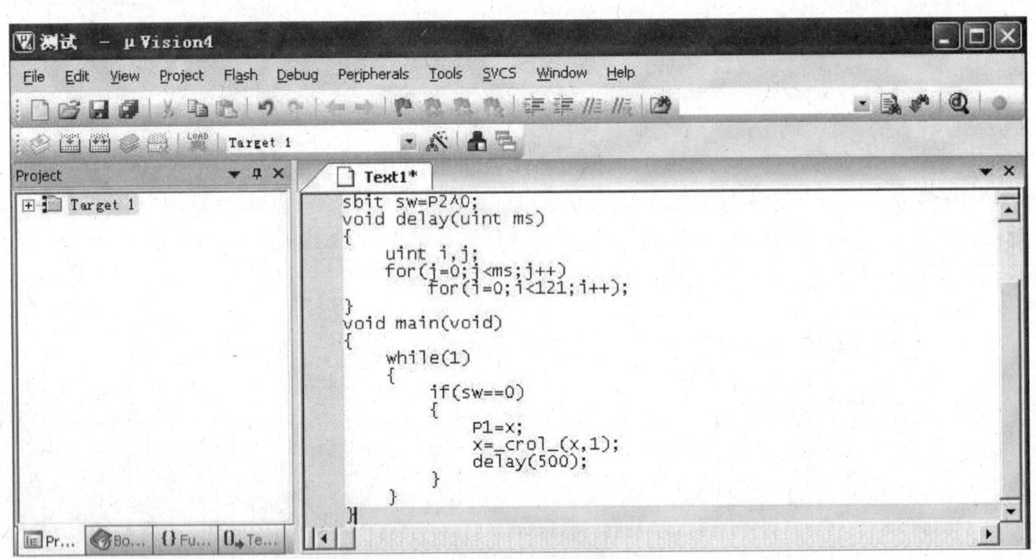

图12－1－12　在编辑框中输入程序

特别提示：保存时应注意选择文件类型，若编辑的是汇编语言源程序，以“. ASM”为扩展名存盘；若编辑的是C51程序，则以“. C”为扩展名存盘。

3．将应用程序添加到项目中

选中项目窗口中的文件组后单击鼠标右键，在弹出的快捷菜单中选择“Add File to Group（添加文件）”项，如图12－1－14所示。选择“Add File to Group”项后，弹出“为项目添加文件（源程序文件）”的对话框，如图12－1－15所示，选择中“测试. C”文件，点击“ADD”按钮添加文件，点击“Close”按钮关闭添加文件对话框。

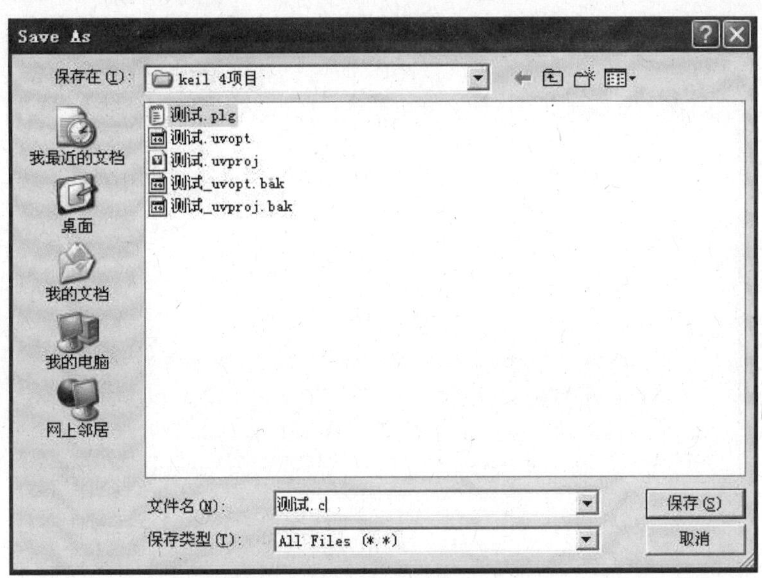

图 12－1－13　以 C 为扩展名保存文件

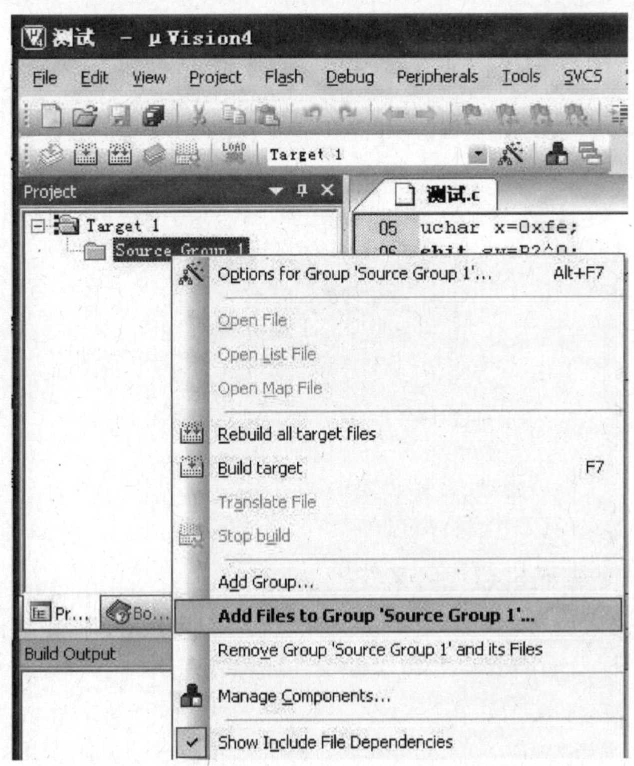

图 12－1－14　选择为项目添加文件的快捷菜单

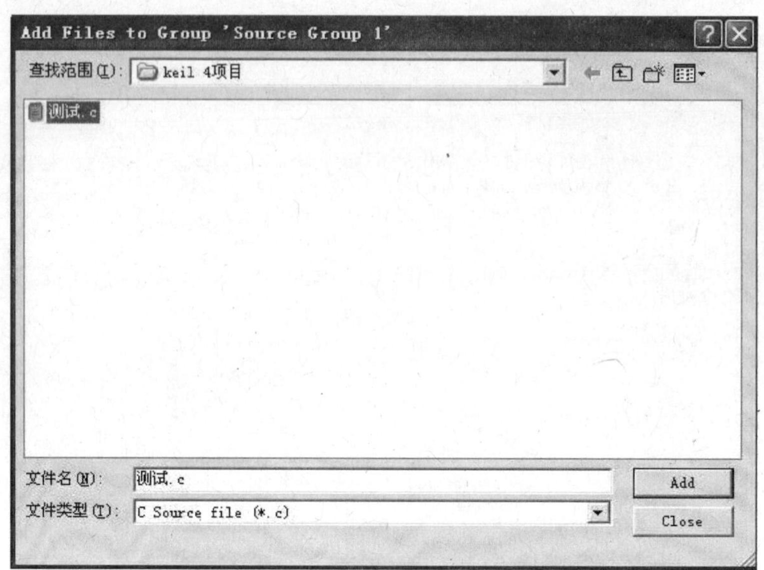

图 12－1－15　为项目添加文件的对话框

展开项目窗口中的文件组，可查看添加的文件，如图 12－1－16 所示。

图 12－1－16　查看添加文件

可连续添加多个文件，添加所有必要的文件后，就可以在程序组目录下看到并进行管理，双击选中的文件可以在编辑窗口中打开该文件。

3．编译与连接、生成机器代码文件

项目文件创建完成后，就可以对项目文件进行编译、创建目标文件（机器代码文件.hex），但在编译、连接前需要根据样机的硬件环境先在 Keil μVision4 中进行目标配置。

（1）环境设置。

选择菜单命令“Project→Options for Target”，或点击工具栏中“ ”按钮，弹出“Options for Target（目标环境设置）”对话框，如图 12－1－17 所示。使用该对话框设定目标样机的硬件环境。Options for Target 对话框有多个选项页，用于设备选择、目标属性、输出属性、C51 编译器属性、A51 编译器属性、BL51 连接器属性、调试属性等信息的设置。一般情况下按缺省设置应用，但有一项是必须设置的，即设置在编译、连接程序时自动生成机器代码文件，即“测试.hex”文件。

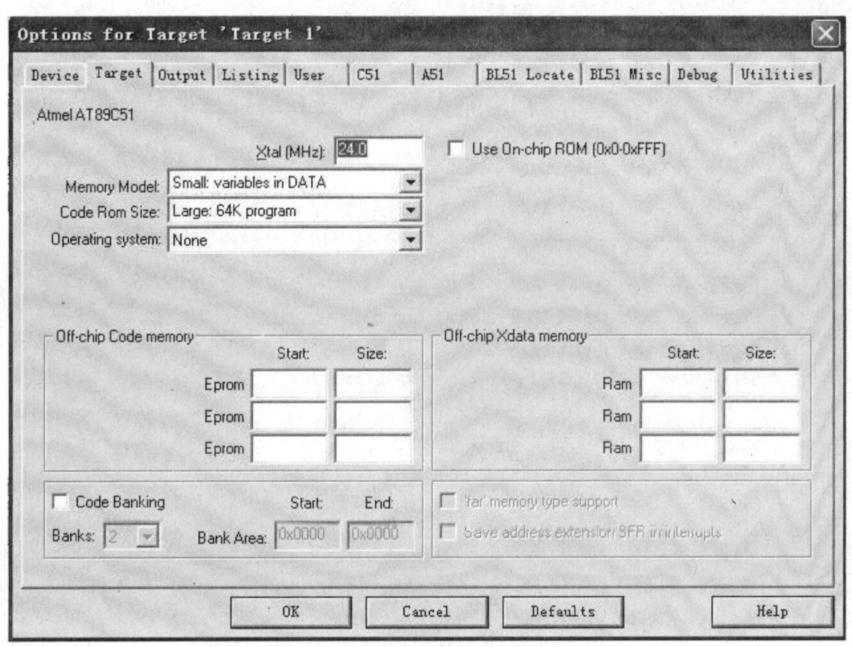

图 12-1-17　目标设置对话框（Target 选项）

点击 Output 选项，弹出 Output 选项设置对话框，如图 12-1-18 所示，勾选“Create HEX File”选项，点击“OK”按钮结束设置。

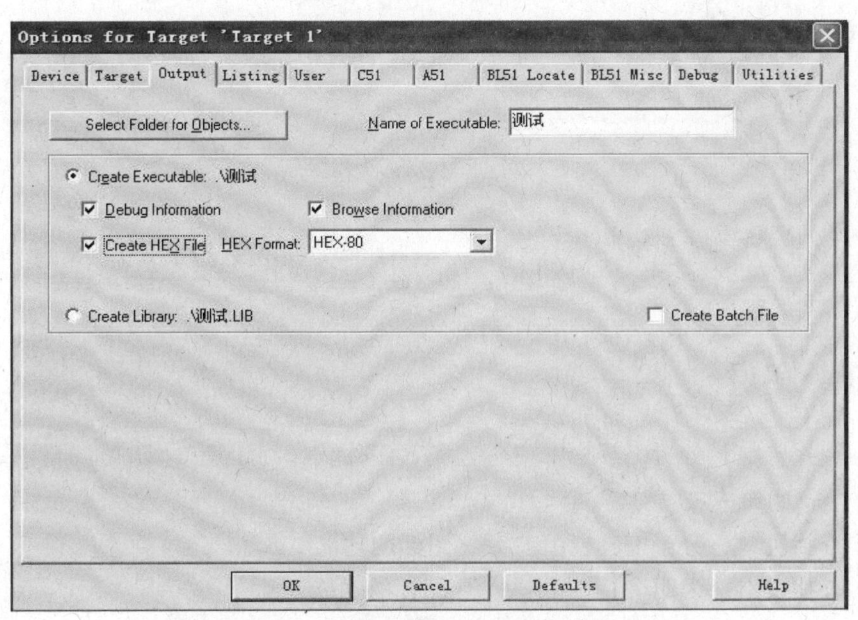

图 12-1-18　Output 选项（设置创建 HEX 文件）

（2）编译与连接。

选择菜单命令 Project→Build target（Rebuild target files）或单击编译工具栏相应的编译按钮 ，启动编译、连接程序，在输出窗口中将输出编译、连接信息，如图 12－1－19所示。如提示“0 Error（s）”，则表示编译成功；否则提示错误类型和错误语句位置。双击错误信息光标将出现程序错误行，可进行程序修改，程序修改后，必须重新编译，直至提示“0 Error（s）”为止。

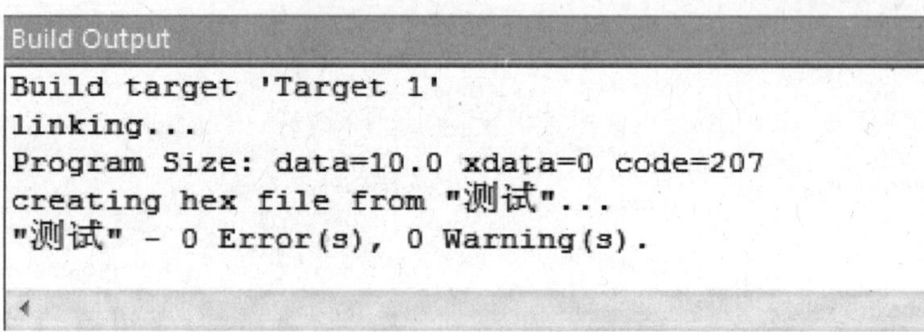

图 12－1－19　编译与链接信息

（3）查看 HEX 机器代码文件。

Hex 类型文件是机器代码文件，是单片机运行文件。打开项目文件夹，查看是否存在机器代码文件，如图 12－1－20 所示。

名称	修改日期	类型	大小
测试	2013/5/25 10:14	文件	2 KB
测试.c	2013/4/10 11:34	C Source file	1 KB
测试.hex	2013/5/25 10:14	HEX 文件	1 KB
测试.lnp	2013/5/25 10:14	LNP 文件	1 KB
测试.LST	2013/4/10 11:42	LST 文件	2 KB
测试.M51	2013/5/25 10:14	M51 文件	4 KB
测试.OBJ	2013/4/10 11:42	Intermediate file	2 KB
测试.plg	2013/5/25 10:13	HTML 文档	1 KB
测试.uvopt	2013/4/10 11:59	UVOPT 文件	56 KB
测试.uvproj	2013/4/10 11:59	礦ision4 Project	13 KB
测试_uvopt.bak	2013/4/10 11:22	BAK 文件	54 KB
测试_uvproj.bak	2013/4/10 11:22	BAK 文件	0 KB

图 12－1－20　查看 hex 文件

任务拓展

（1）查找资料，分析工具栏中“ ”图标中 3 个按钮的功能，有什么不同？实际应用时，应如何选择？

（2）查找资料，分析工具栏中“ ”图标的功能。

（3）查找资料，说明工具栏中“ ”图标的功能。

习　题

1. Keil μVision4 集成开发环境，在缺省状态编译时，是否会自动生成机器代码文件？

2. Keil μVision4 集成开发环境，编译产生的机器代码文件，在缺省状态下，其名称与谁的名称相同？若要存储成其它名称，应如何操作？

3. 新编程序文件存盘时，其缺省存储文件的扩展名是什么？若编辑的汇编语言程序，应如何操作？

4. Keil μVision4 集成开发环境中，如何切换编辑与调试程序界面？

任务 2　应用 Keil μVision4 集成开发环境调试 C 语言程序

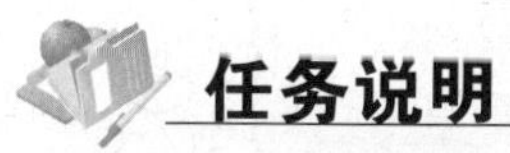

任务说明

Keil μVision4 集成开发环境除可以编辑 C 语言源程序和汇编语言源程序以外，还可以软件模拟调试和硬件仿真调试用户程序，以验证用户程序的正确性。

本任务中，主要学习 Keil μVision4 集成开发环境的软件模拟调试。硬件仿真调试涉及硬件环境，在本教材学习中不做要求，但为了便于今后的学习与知识的完整性，放在任务拓展栏目中，供后续学习与应用参考。

相关知识

如图 12－2－1 所示为调试用户界面，在此环境下可实现单步、跟踪、断点与全速运行方式调试，并可打开寄存器窗口、存储器窗口、定时/计数器窗口、中断窗口、串行窗口以及自定义变量窗口进行控制与监控。

1. 调试工具栏

如图 12－2－2 所示为为 Keil μVision4 的调试工具栏，从左至右依次为 Reset（程序复位）、Run（程序全速运行）、Stop（程序停止运行）、Step（跟踪运行）、Step Over（单步运行）、Step Out（执行跟踪并跳出当前函数）、Run to Cursor Line（执行至光标处）、Show Next Statement（显示当前寄存器的下一步状态）、Command Window（显示与隐藏命令窗口）、Disassembly Window（显示与隐藏反汇编窗口）、Sysol Window（显示与隐藏符号窗口）、Registers Window（显示与隐藏寄存器窗口）、Call Stack Window（显示与隐藏堆栈窗口）、Watch Windows（显示与隐藏变量观察窗口）、Memory Windows（显示与隐藏存储器窗口）、Serial Windows（显示与隐藏串行输出窗口）、Analysis Windows（显示与隐藏分析窗口）、Trace Windows（显示与隐藏跟踪窗口）、System ViewerWindows（显示与隐藏系统查看器窗口）、Toolbox（显示与隐藏工具箱）、Debug Restore Views（调试恢复视图）等工具图标。单击工具图标，执行图标对应的功能。

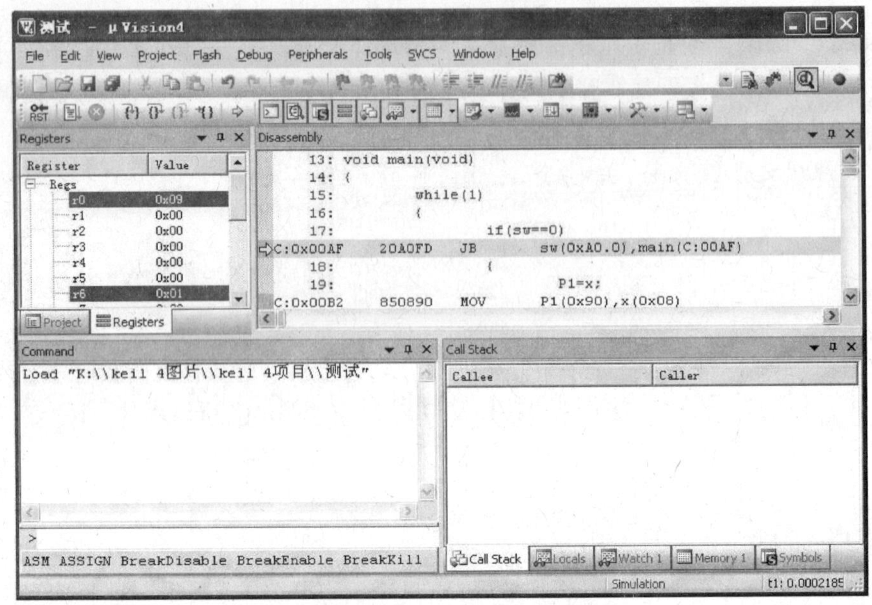

图 12 - 2 - 1　调试用户界面

图 12 - 2 - 2　调试工具栏

2. 窗口

（1）存储器窗口。

进入调试模式后，选择菜单命令 View→Memory Window，可以显示与隐藏存储器窗口（Memory Window），如图 12 - 2 - 3 所示。存储器窗口用于显示当前程序内部数据存储器、外部数据存储器与程序存储器的内容。

```
Memory 1
Address: i:0x20
I:0x20:0: 00 00 00 00 00 00 00 00 00 00 00 00 00 00 00 00 00 00 00 00 00 00 00 00
I:0x38:8: 00 00 00 00 00 00 00 00 00 00 00 00 00 00 00 00 00 00 00 00 00 00 00 00
I:0x50:0: 00 00 00 00 00 00 00 00 00 00 00 00 00 00 00 00 00 00 00 00 00 00 00 00
I:0x68:8: 00 00 00 00 00 00 00 00 00 00 00 00 00 00 00 00 00 00 00 00 00 00 00 00
I:0x80:0: 00 00 00 00 00 00 00 00 00 00 00 00 00 00 00 00 00 00 00 00 00 00 00 00
Call Stack | Locals | Watch 1 | Memory 1 | Symbols
```

图 12 - 2 - 3　存储器窗口

在 Address 地址框中输入存储器类型与地址，存储器窗口中可显示相应类型和相应地址为起始地址的存储单元的内容。通过移动垂直滑动条可查看其他地址单元的内容，或修改存储单元的内容。

① 输入“C：存储器地址”，显示程序存储区相应地址的内容。

② 输入“I：存储器地址”，显示片内数据存储区相应地址的内容，图 12－2－3 显示的为片内数据存储器 20H 单元为起始地址的存储内容。

③ 输入“X：存储器地址”，显示片外数据存储区相应地址的内容。

在窗口数据处单击鼠标右键，可以在快捷菜单中选择修改存储器内容的显示格式或修改指定存储单元的内容。

（2）I/O 口控制窗口。

进入调试模式后，选择菜单命令 Peripherals→I/O－Port，再在下级子菜单中选择显示与隐藏指定的 I/O 口（P0、P1、P2、P3 口）的控制窗口，如图 12－2－4 所示。使用该窗口可以查看各 I/O 口的状态和设置输入引脚状态。在相应的 I/O 端口中，上为 I/O 端口输出锁存器值，下为用于设置输入引脚状态。

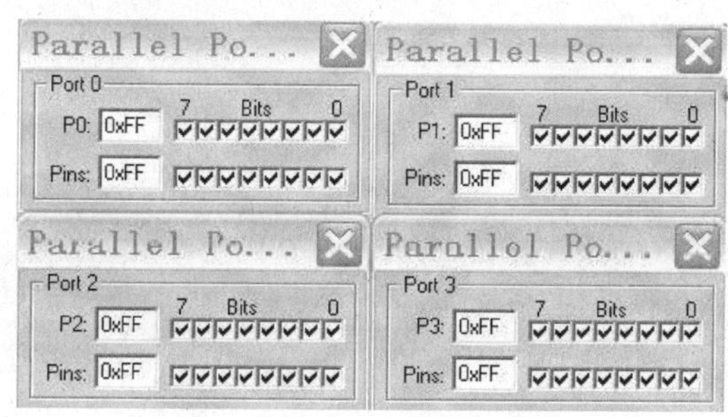

图 12－2－4　I/O 口控制窗口

（3）定时器控制窗口。

进入调试模式后，选择菜单命令 Peripherals→Timer，再在下级子菜单中选择显示与隐藏指定的定时/计数器控制窗口，如图 12－2－5 所示。使用该窗口可以设置对应定时/计数器的工作方式，观察和修改定时/计数器相关控制寄存器的各个位，以及定时/计数器的当前状态。

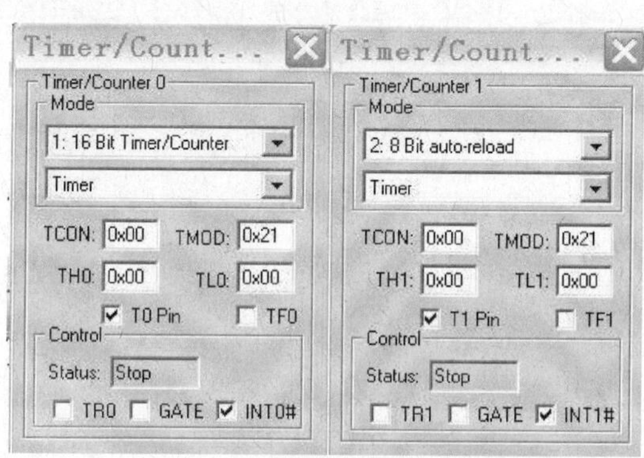

图 12－2－5　定时/计数器控制窗口

（4）中断控制窗口。

进入调试模式后，选择菜单命令 Peripherals→Interrupt，可以显示与隐藏中断控制窗口，如图 12－2－6 所示。中断控制窗口用于显示和设置 8051 单片机的中断系统。根据单片机型号的不同，中断控制窗口会有所区别。

（5）串行口控制窗口。

进入调试模式后，选择菜单命令 Peripherals→Serial，可以显示与隐藏串行口的控制窗口，如图 12－2－7 所示。使用该窗口可以设置串行口的工作方式，观察和修改串行口相关控制寄存器的各个位，以及发送、接收缓冲器的内容。

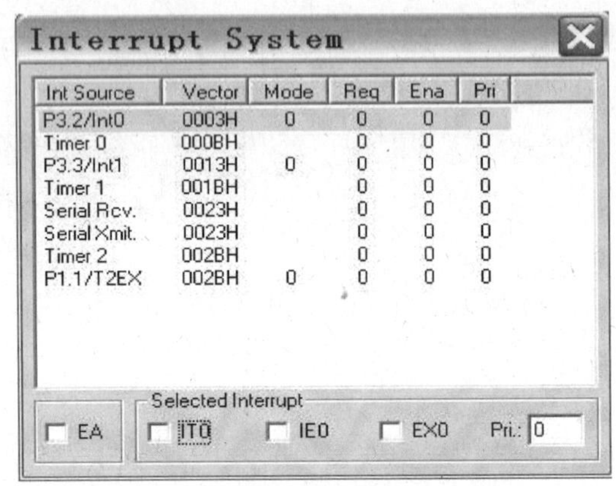

图 12－2－6　**中断控制窗口**

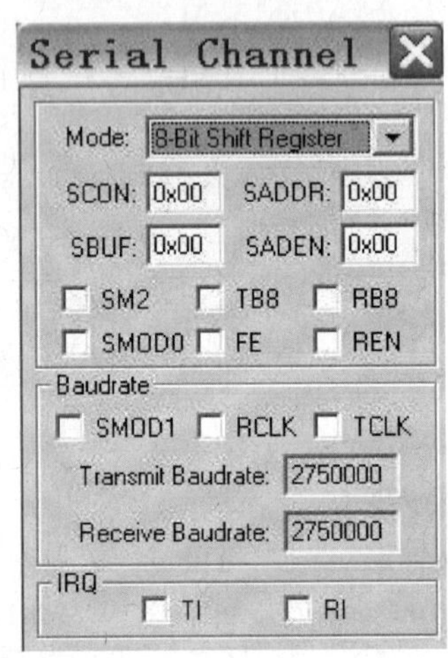

图 12－2－7　**串行口控制窗口**

（6）串行口输出窗口。

进入调试模式后，在菜单命令 View→ Serial Window 中，共有 UART#1、UART#1、UART#1 与 Debug（printf）viewer 选项，每个选项对应一个窗口，点击相应选项，可以显示与隐藏对应的串行口输出窗口，如图 12－2－8 所示。

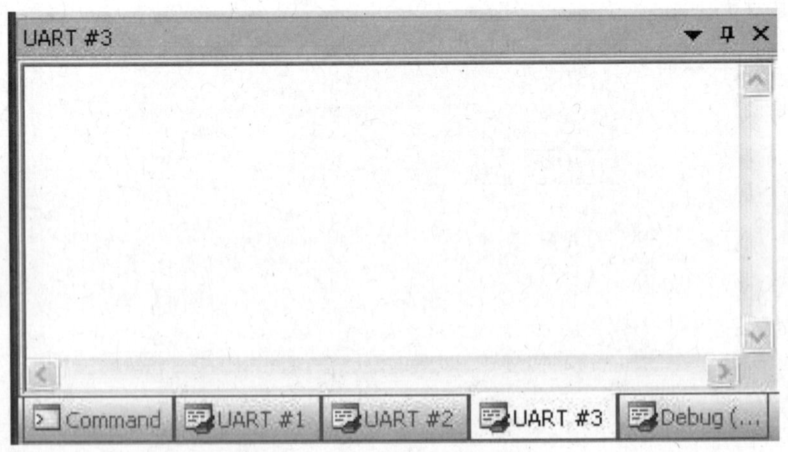

图 12－2－8　**串行口输出窗口**

（7）监视窗口。

进入调试模式后，在菜单命令 View→Watch Window 中，共有 Locals、Watch #1、

Watch #2 等选项，每个选项对应一个窗口，点击相应选项，可以显示与隐藏对应的监视输出窗口（Watch Window），如图 12－2－9 所示。使用该窗口可以观察程序运行中特定变量或寄存器的状态以及函数调用时的堆栈信息。

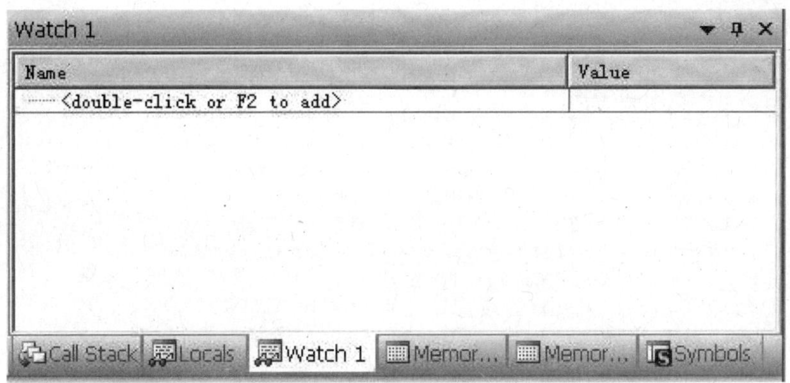

图 12－2－9　**监视窗口**

该窗口共有 3 个选项：

Locals：该选项用于显示当前运行状态下的变量信息。

Watch #1：监视窗口 1，可以按 F2 添加要监视的名称，Keil μVision4 会在程序运行中全程监视该变量的值，如果该变量为局部变量，则运行变量有效范围外的程序时，该变量的值以“????”形式表示。

Watch #2：监视窗口 2，操作与使用方法同监视窗口 1。

（8）堆栈信息窗口。

进入调试模式后，选择菜单命令 View→Call Stack Window，可以显示与隐藏堆栈信息输出窗口，如图 12－2－10 所示。使用该窗口可以观察程序运行中函数调用时的堆栈信息。

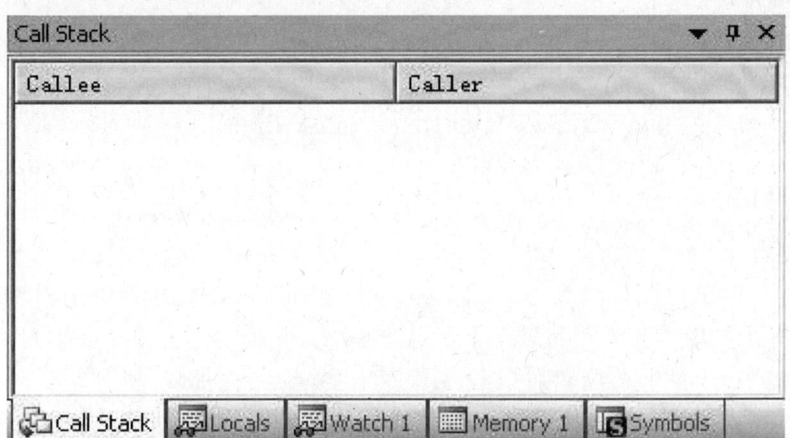

图 12－2－10　**堆栈信息输出窗口**

(9) 反汇编窗口。

进入调试模式后，选择菜单命令 View→Disassembly Window，可以显示与隐藏编译后窗口（Disassembly Window）。编译后窗口同时显示机器代码程序与汇编语言源程序（或C51 的源程序和相应的汇编语言源程序），如图 12-2-11 所示。

```
Disassembly
C:0x0000    020003    LJMP    C:0003
C:0x0003    787F      MOV     R0,#0x7F
C:0x0005    E4        CLR     A
C:0x0006    F6        MOV     @R0,A
C:0x0007    D8FD      DJNZ    R0,C:0006
C:0x0009    758108    MOV     SP(0x81),#x(0x08)
C:0x000C    02004A    LJMP    C:004A
C:0x000F    0200AF    LJMP    main(C:00AF)
C:0x0012    E4        CLR     A
```

图 12-2-11　反汇编窗口

任务实施

Keil μVision4 集成开发环境有 2 种仿真调试模式，即软件模拟仿真与硬件仿真。本任务主要练习 Keil μVision4 集成开发环境的软件模拟仿真。

1. 设置软件模拟仿真方式

打开编译环境设置对话框，打开“Debug”选项页，选中“Use Simulator”，如图 12-2-12所示，按确定按钮，Keil μVision4 集成开发环境被设置为软件模拟仿真。

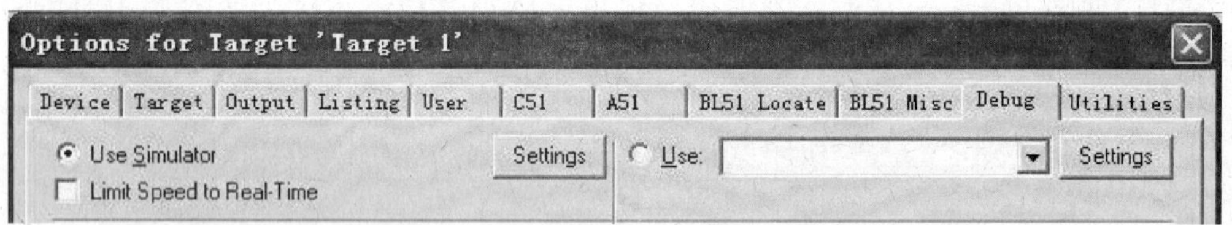

图 12-2-12　目标设置对话框（Debug 选项，选中“Use Simulator”）

2. 仿真调试

选择菜单命令 Debug→Start/Stop Debug Session 或单击工具栏中的调试按钮，系统进入调试界面，调试界面如图 12-2-1 所示；若复选调试按钮，则退出调试界面。在调试界面可采用单步、跟踪、断点、运行到光标处、全速运行等方式进行调试。

使用调试界面上的监视窗口可以设定程序中要观察的变量，随时监视其变化，也可以使用存储器窗口观察各个存储区指定地址的内容。

使用 Peripherals 菜单，可以调用 51 单片机的片内接口电路的控制窗口，使用这些窗口可以实现对单片机硬件资源的完全控制。

如图 12-2-13 所示，单击全速运行“”按钮，因 P2.0 输入为高电平，流水灯不工作；点击 P2.0 的引脚输入框，框中“√”符号消失，表示输入低电平，此时流水灯左移，即 P1 口的空白框往左移动，如图 12-2-14 所示。

图 12-2-13 全速运行按钮

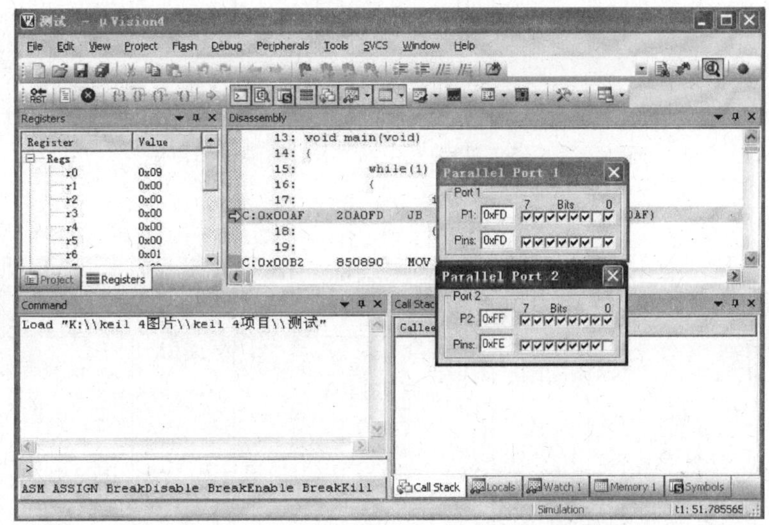

图 12-2-14 当 P2.0 输入为 0 时的仿真调试效果

说明：框中有“√”表示输出或输入的电平为高电平，框中无“√”表示输出或输入的电平为低电平。

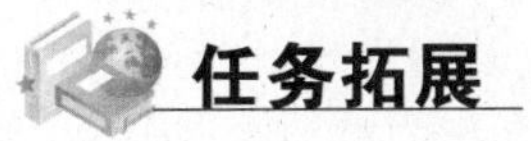

任务拓展

Keil µVision4 与 STC 仿真器的硬件仿真调试

Keil µVision4 的硬件仿真需要与外围 8051 单片机仿真器配合实现，在此，选用 IAP15F2K61S2 单片机来实现，IAP15F2K61S2 单片机兼有在线仿真功能。

1. Keil µVision 的硬件仿真的电路连接

(1) 采用 PC 机 RS-232 串行接口与单片机的串口连接

连接电路如图 12-2-15 所示。

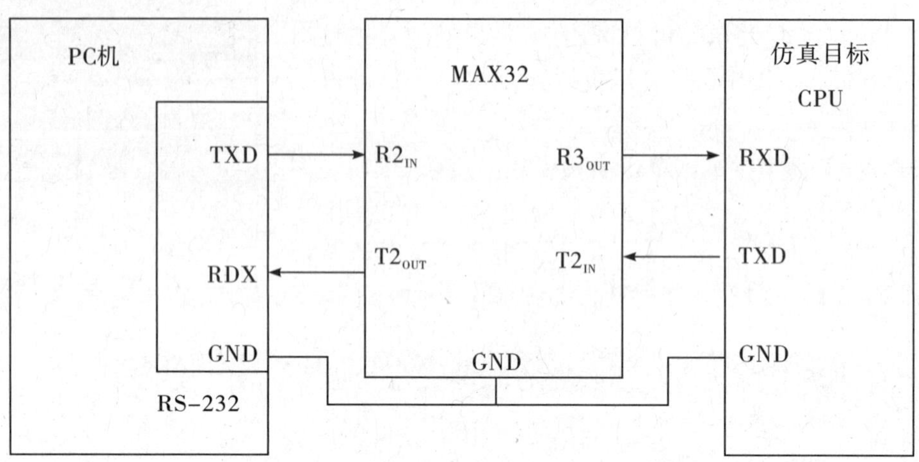

图 12－2－15 采用 RS－232 接口的硬件仿真图

（2）PC 机采用 USB 接口与单片机串口连接

目前，许多 PC 机已无 RS－232 接口引出，需要用 USB 接口连接，PC 机与单片机之间必须采用 CH340T 芯片进行逻辑电平转换。转换电路如图 12－2－16 所示。

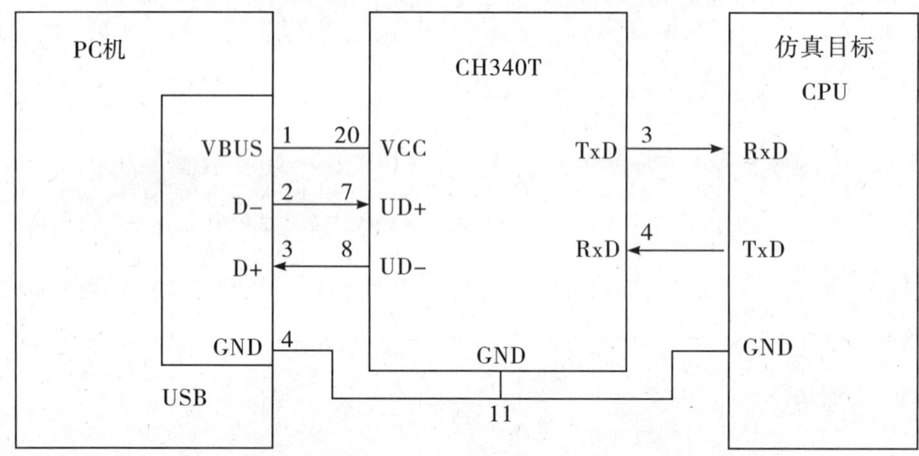

图 12－2－16 采用 USB 接口的硬件仿真图

说明：当使用 USB 接口连接时，需要加载 USB 转串口驱动程序，使用 USB 模拟的串口号进行 RS－232 串口通信。

2. 设置 STC 仿真器

STC 单片机由于有了基于 Flash 存储器的在线编程（ISP）技术，可以无仿真器、编程器就可进行单片机应用系统的开发，但为了满足习惯于采用硬件仿真的单片机应用工程师的要求，STC 也开发了 STC 硬件仿真器，而且是一大创新，单片机芯片既是仿真芯片，又是应用芯片，下面简单介绍 STC 仿真器的设置与使用。

说明：仿真、目标 CPU 芯片必须是宏晶 STC 的 IAP15F2K61S2 或 IAP15L2K61S2 芯片。

（1）将 STC 系列单片机添加到 Keil μVision4 集成开发环境。

Keil μVision4 集成开发环境自身并没用 STC 系列单片机参数，为了便于硬件仿真，可采用 STC－ISP 在线编程工具中的 Keil 关联设置选项中的“添加 MCU 型号到 Keil 中”功能，如图 12－2－17 所示。

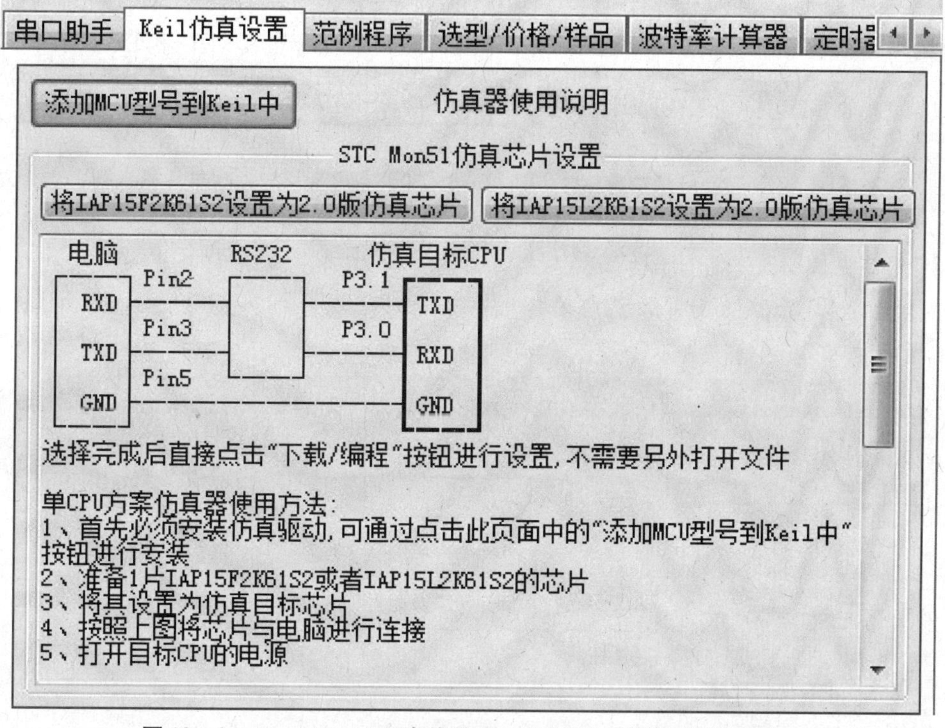

图 12－2－17　STC－ISP 在线编程工作界面（KEIL 关联设置）

点击“添加 MCU 型号到 Keil 中”按钮后，屏幕弹出“请选择 Keil 的安装路径”的对话框，如图 12－2－18 所示，一般为“C：\keil”。

图 12－2－18　选择 Keil 的安装路径

点击“确定”按钮后，屏幕弹出“STC MCU 添加成功”信息框，如图 12－2－19 所示。

图 12－2－19　STC MCU 添加成功信息框

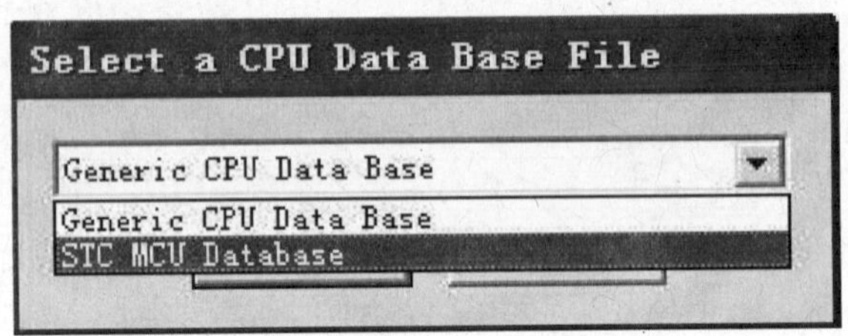

图 12－2－20　STC 系列与常规单片机系列”选择对话框

说明：当添加 STC MCU 型号，在选择目标单片机时，就增加了“STC 系列与常规单片机系列”选择对话框和选择 STC 单片机型号的对话框，分别如图 12－2－20 和图 12－2－21 所示。

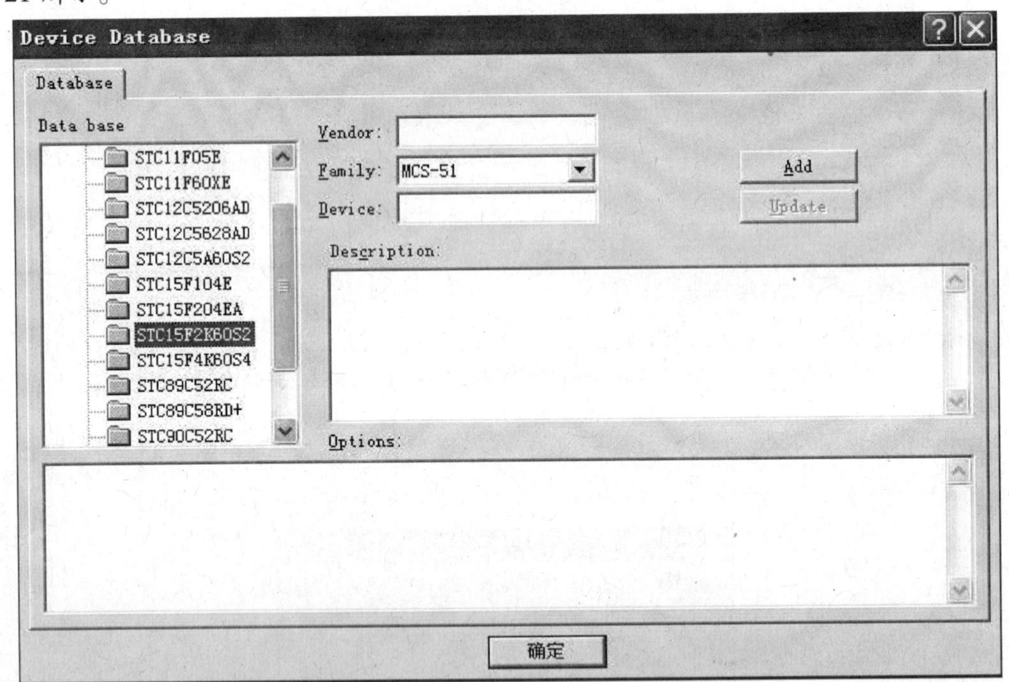

图 12－2－21　STC 单片机型号的对话框

（2）创建仿真芯片。

根据选用芯片，点击“将 IAP15F2K61S2 设置为 2.0 版仿真芯片”或“将 IAP15L2K61S2 设置为 2.0 版仿真芯片”按钮，即启动“下载/编程”功能，完成后该芯片即为仿真芯片，即可与 Keil μVision4 集成开发环境进行在线仿真。

3. 设置 Keil μVision4 硬件仿真调试方式

（1）打开编译环境设置对话框，打开编译环境设置对话框，打开“Debug”选项页，选中“Use STC Monitor－51 Driver”，勾选“Go till main”选项，如图 12－2－22 所示，按确定按钮，Keil μVision4 集成开发环境被设置为硬件仿真。

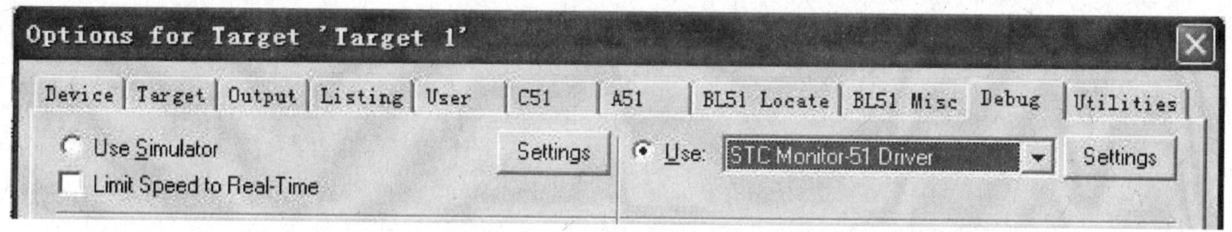

图 12－2－22　目标设置对话框（Debug 选项，选中“Use STC Monitor－51 Driver”）

（2）设置 Keil μVision4 硬件仿真参数。

点击图 12－2－22 右上角的“settings”按钮，弹出硬件仿真参数设置对话框，如图 12－2－23 所示。根据仿真电路所使用的串口号（或 USB 驱动的模拟串口号）选择串口端口。

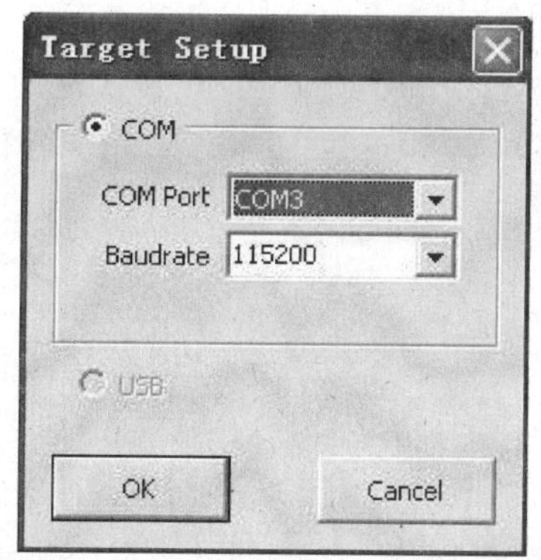

图 12－2－23　Keil μVision2 硬件仿真参数

1）选择串口：根据硬件仿真时，实际使用的串口号（或 USB 驱动时的模拟串口号），如本例的“COM3”。

2）设置串口的波特率：点击下拉，选择一合适的波特率，如本例的“115200”。

设置完毕，点击“确定”按钮，再点击图 12－2－22 中“确定”按钮即完成硬件仿真的设置。

4. 在线调试

同软件模拟调试一样，选择菜单命令 Debug→Start/Stop Debug Session 或单击工具栏中的调试按钮，系统进入调试界面；若复选调试按钮，则退出调试界面。在线调试除可以在 Keil μVision4 集成开发环境调试界面观察程序运行信息外，还可以直接从目标电路上观察程序的运行结果。

习　题

1. Keil μVision4 集成开发环境中，有哪几种程序调试方法？如何设置软件模拟仿真？

2. 在软件模拟仿真状态下，有哪几种运行模式，说明其各自的运行特性。在实际应用中如何选择运行模式？

3. 什么是断点？如何设置与取消断点？在什么情况下，要设置断点？

4. 如何查看和修改程序存储器、片内数据存储器以及片外数据存储器存储单元的内容？

5. 如何查看与设置并行输入/输出端口、定时器/计数器、串行口以及中断系统的工作状态？

6. 简述 Keil μVision4 集成开发环境硬件仿真的设置。

7. STC 系列单片机中，哪两款单片机可作为仿真器使用？

8. PC 机与 8051 单片机通信时，有哪两种连接方式？各采用什么芯片进行逻辑电平的转换？

项目十三　C51 应用编程

C 语言既是高级语言，又能直接面向机器操作。C51 就是专门针对 8051 单片机操作开发的，前述 Keil C 就是针对 8051 单片机 C 语言编程的开发工具。

本项目突出 C51 新增功能特性，即如何访问 8051 单片机的硬件结构，包括访问 8051 单片机的存储空间、内部接口以及中断功能的实现。

知识点

◇ 存储类型与 8051 单片机存储空间、寻址方式间的关系
◇ 特殊功能寄存器符号与特殊功能寄存器地址的关系
◇ 特殊功能寄存器位与特殊功能寄存器位地址的关系
◇ C51 新增的数据类型
◇ 中断函数定义的格式

技能点

◇ C51 变量存储类型的定义
◇ 应用 sfr、sbit 定义特殊功能寄存器与特殊功能寄存器位符号的地址
◇ while、for、if - else、switch - case 等语句的应用编程
◇ 中断函数的应用编程

任务 1　C51　基　础

任务说明

C51 是专门针对 8051 单片机应用编程而设计的，是 C 语言应用的具体体现。C51 保留了 C 语言的基本特性，新增了面向 8051 单片机的编程特性。当面向一个单片机进行 C 语言编程时，实际上如何用 C 语言直接使用单片机的存储器和 I/O 接口的问题。

本任务主要涉及的内容就是在 C51 中如何对 8051 单片机的存储器以及 I/O 接口进行操作。

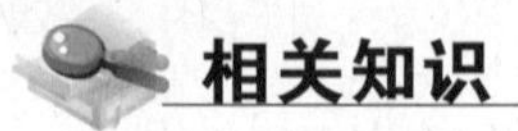

相关知识

一、8051 单片机的存储结构

8051 单片机的存储结构在应用上分为 3 大空间，具体见表 13－1－1 所示。

表 13－1－1　8051 单片机的存储空间

存储器名称		存储空间
程序存储器		64KB，0000H ~ FFFFH
片内 RAM（IRAM）	低 128B	00H ~ 7FH
	特殊功能寄存器	80H ~ FFH
片外扩展 RAM（XRAM）		64KB，0000H ~ FFFFH

二、8051 单片机的 I/O 接口

8051 单片机有 4 个并行输入/输出端口：P0、P1、P2、P3，2 个 16 位的定时器/计数器，中断系统和串行通信接口。8051 单片机的 I/O 接口的所有操作与控制都是通过对片内 RAM 的特殊功能寄存器的读写来实施的，不同地址、不同名称的特殊功能寄存器控制着不同的 I/O 接口，8051 单片机 I/O 接口与特殊功能寄存器名称、地址的对应关系见表 13－1－2 所示。

表 13－1－2　8051 单片机 I/O 接口与特殊功能寄存器名称、地址的对应关系

SFR	名称	字节地址	位地址/位符号							
P0	P0 口	80H	87H	86H	85H	84H	83H	82H	81H	80H
			P0.7	P0.6	P0.5	P0.4	P0.3	P0.2	P0.1	P0.0
SP	堆栈指针	81H	始终指向堆栈位置，用于管理堆栈区域							
DPL	数据指针低 8 位	82H	DPL、DPH 可独立按字节访问，但主要用于组合在一起构成 16 位数据指针，命名为 DPTR，DPTR 作为数据指针用于访问 16 位程序存储空间或片外数据存储空间							
DPH	数据指针高 8 位	83H								
PCON	电源控制寄存器	87H	按字节访问，但相应位有特殊的含义							
TCON	定时器控制寄存器	88H	8FH	8EH	8DH	8CH	8BH	8AH	89H	88H
			TF1	TR1	TF0	TR0	IE1	IT1	IE0	IT0
TMOD	定时器方式寄存器	89H	按字节访问，但相应位有特殊的含义							

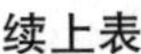

续上表

SFR	名称	字节地址	位地址/位符号							
TL0	T0 定时器低 8 位	8AH								
TH0	T0 定时器高 8 位	8BH								
TL1	T1 定时器低 8 位	8CH								
TH1	T1 定时器高 8 位	8DH								
P1	P1 口	90H	97H	96H	95H	94H	93H	92H	91H	90H
			P1. 7	P1. 6	P1. 5	P1. 4	P1. 3	P1. 2	P1. 1	P1. 0
SCON	串行口控制寄存器	98H	9FH	9EH	9DH	9CH	9BH	9AH	99H	98H
			SM0	SM1	SM2	REN	TB8	RB8	TI	RI
SBUF	串行口缓冲器	99H								
P2	P2 口	A0H	A7H	A6H	A5H	A4H	A3H	A2H	A1H	A0H
			P2. 7	P2. 6	P2. 5	P2. 4	P2. 3	P2. 2	P2. 1	P2. 0
IE	中断允许控制寄存器	A8H	AFH	AEH	ADH	ACH	ABH	AAH	A9H	A8H
			EA	–	–	ES	ET1	EX1	ET0	EX0
P3	P3 口	B0H	B7H	B6H	B5H	B4H	B3H	B2H	B1H	B0H
			P3. 7	P3. 6	P3. 5	P3. 4	P3. 3	P3. 2	P3. 1	P3. 0
IP	中断优先控制寄存器	B8H	BFH	BEH	BDH	BCH	BBH	BAH	B9H	B8H
			–	–	–	PS	PT1	PX1	PT0	PX0
PSW	程序状态字	D0H	D7H	D6H	D5H	D4H	D3H	D2H	D1H	D0H
			CY	AC	F0	RS1	RS0	OV	–	P
ACC	累加器	E0H	E7H	E6H	E5H	E4H	E3H	E2H	E1H	E0H
			ACC. 7	ACC. 6	ACC. 5	ACC. 4	ACC. 3	ACC. 2	ACC. 1	ACC. 0
B	寄存器 B	F0H	F7H	F6H	F5H	F4H	F3H	F2H	F1H	F0H
			B. 7	B. 6	B. 5	B. 4	B. 3	B. 2	B. 1	B. 0

任务实施

一、8051 单片机存储器的使用

8051 单片机存储器的分配是通过定义变量的存储类型来实现的，但不需要指定具体的地址。

1. 变量的存储类型

在 C51 中对变量的定义格式为：

［存储种类］数据类型［存储器类型］变量名表

（1）C51 变量的存储种类。

变量的存储种类有 4 种，分别为：auto（自动）、extern（外部）、static（静态）、register（寄存器）。缺省时为 auto，一般取缺省状态。

（2）C51 变量的数据类型。

对于 Keil C51 编译器来说，short 型与 int 型相同，double 型与 float 型相同。表 13－1－3所示为 Keil C51 编译器支持的数据类型。

表 13－1－3　Keil C51 编译器支持的数据类型

数据类型	长度	值　　域
unsigned char	单字节	0～255
signed char	单字节	－128～＋127
unsigned int	双字节	0～65535
signed int	双字节	－32768～＋32767
unsigned long	4 字节	0～4294967295
signed long	4 字节	－2147483648～＋2147483647
float	4 字节	±1.175494E－38～±3.402823E＋38
*	1～3 字节	对象的地址
bit	位	0 或 1

（3）C51 变量的存储器类型。

Keil C 编译器完全支持 8051 系列单片机的硬件结构、可以访问其硬件系统的各个部分，对于各个变量可以准确地赋予其存储器类型，使之能够在单片机内准确定位。Keil C 编译器支持的存储器类型见表 13－1－4 所示。

表 13-1-4 Keil C 编译器支持的存储器类型

存储器类型	说　明
data	直接访问内部数据存储器 128B（00H~7FH），访问速度最快
bdata	可位寻址内部数据存储器 16B（20H~2FH），允许位与字节混合访问
idata	间接访问内部数据存储器 256B（00H~7FH，80H~FFH（仅 52 型单片机有，如 8052））
pdata	分页访问外部数据存储器 256B（00H~FFH），用 MOVX @ Ri 指令
xdata	访问全部外部数据存储器 64KB（0000H~FFFFH），用 MOVX @ DPTR 指令
code	访问程序存储器 64KB（0000H~FFFFH），用 MOVC A，@ A + DPTR 指令

例如：

```
1    auto    int     data        x;
2            char    code    y = 0x22 ;
```

行号 1 中，变量 x 的存储种类、数据类型、存储器类型分别为 auto、int、data。

行号 2 中，变量 y 只定义了数据类型和存储器类型，未直接给出存储种类。在实际应用中，对于“存储种类”和“存储器类型”是可选项，默认的存储种类是 auto（自动）；如果省略存储器类型时，则按 Keil C 编译器编译模式 SMALL、COMPACT、LARGE 所规定的默认存储器类型确定存储器的存储区域。C 语言允许在定义变量的同时给变量赋初值，如行号 2 中对变量的赋值。

2. Keil C 编译器的编译模式与默认存储器类型

（1）SMALL。

变量被定义在 8051 单片机的内部数据存储器（data）区中，直接寻址访问，因此对这种变量的访问速度最快。另外，所有的对象，包括堆栈，都必须嵌入内部数据存储器。

（2）COMPACT。

变量被定义在外部数据存储器（pdata）区中，外部数据段长度可达 256 字节。这时对变量的访问是通过寄存器间接寻址（MOVX @ Ri）实现的。采用这种模式编译时，变量的高 8 位地址由 P2 口确定。因此，在采用这种模式的同时，必须适当改变启动程序 STARTUP. A51 中的参数：PDATASTART 和 PDATALEN，用 L51 进行连接时还必须采用控制命令 PDATA 来对 P2 口地址进行定位，这样才能确保 P2 口为所需要的高 8 位地址。

（3）LARGE。

变量被定义在外部数据存储器（xdata）区中，使用数据指针 DPTR 进行访问。这种访问数据的方法效率是不高的，尤其是对于 2 个或多个字节的变量，用这种数据访问方法对程序的代码长度影响非常大。另外一个不便之处是数据指针不能对称操作。

二、8051 单片机 I/O 口的操作与控制

前述，8051 单片机的 I/O 口与特殊功能寄存器有一一对应关系，对 8051 单片机 I/O

口的操作就是对与其对应的特殊功能寄存器或特殊功能寄存器位的操作，因此，操作时必须给出准确地址，为此，对特殊功能寄存器变量必须进行准确的地址定义。

1. 8051单片机特殊功能寄存器变量的定义

8051系列单片机有21个特殊功能寄存器，它们离散地分布在片内RAM的高128字节中。为了能直接访问这些特殊功能寄存器或特殊功能寄存器位，C51编译器扩充了关键字sfr、sfr16和sbit，利用sfr、sfr16和sbit关键字可以在C语言源程序中直接对特殊功能寄存器或特殊功能寄存器位的进行“地址”定义。

(1) 8位地址特殊功能寄存器的定义。

定义格式：

```
sfr 特殊功能寄存器名 =地址常数 ;
```

例如：sfr P0 =0x80 ；定义特殊功能寄存器P0口的地址为80H。

要注意的是：特殊功能寄存器定义与普通变量定义中的赋值，其意义是不一样的，在特殊功能寄存器定义中，赋值是必须有的，用于定义特殊功能寄存器所对应内存的地址（即分配存储地址）；而在普通变量的定义中，赋值是可选的，是对变量存储单元赋值。

例如：int i =0x22 ；

此语句为定义x为整型变量，同时对x进行赋值，即x变量的内容为22H，其效果等同与如下两条语句：

```
int i ;
i =0x22 ;
```

(2) 16位特殊功能寄存器变量的定义。

在新一代的增强型8051单片机中，特殊功能寄存器经常组合成16位使用。为了有效地访问这种16位的特殊功能寄存器，可采用关键字sfr16进行定义。例如定义8052单片机的定时器/计数器T2，就可用如下方法定义：

sfr16 T2 =0xCC；定义T2，其地址为T2L = CCH，T2H = CDH

这里T2为特殊功能寄存器名，等号后面是它的低字节地址，其高字节地址是低字节地址加1。此定义仅适用于地址相邻的16位特殊功能寄存器，而且定义时，给出的一定是低字节地址。

(3) 特殊功能寄存器中位变量的定义。

在8051单片机编程中，要经常访问特殊功能寄存器中的某些位，Keil C编译器为此提供了sbit关键字，利用sbit可以对特殊功能寄存器中的位寻址变量进行定义，定义方法有如下3种：

1) sbit 位变量名 = 位地址。

这种方法将位的绝对地址赋给位变量，位地址必须位于80H ~ FFH之间。例如：

sbit OV = 0xD2；定义位变量OV（溢出标志），其位地址为D2H。

sbit CY = 0xD7；定义位变量CY（进位位），其位地址为D7H。

2）sbit 位变量名 = 特殊功能寄存器名^位位置。

适用已定义的特殊功能寄存器位变量的定义，位位置值为 0 ~ 7。

例如：

sbit OV = PSW^2；定义位变量 OV（溢出标志），它是 PSW 的第 2 位。

sbit CY = PSW^7；定义位变量 CY（进位位），它是 PSW 的第 7 位。

3）sbit 位变量名 = 字节地址^位位置。

这种方法是以特殊功能寄存器的地址作为基址，其值位于 80H ~ FFH 之间，位位置值为 0 ~ 7。例如：

sbit OV = 0xD0^2；定义位变量 OV（溢出标志），直接指明了特殊功能寄存器 PSW 的地址为 D0H，OV 是 D0H 地址单元的第 2 位。

sbit CY = 0xD0^7；定义位变量 CY（进位位），直接指明了特殊功能寄存器 PSW 的地址为 D0H，CY 是 D0H 地址单元第 7 位。

实际使用中，经常利用 sbit 将并行输入/输出引脚与外部引脚功能联系在一起，如 RSPIN。

例如：

sbit RSPIN = 0x80^0；或 sbit RSPIN = P0^0；

定义单片机引脚变量 RSPIN，RSPIN 是 P0 口的第 0 位。对 RSPIN 操作就是对 P0.0 操作。

2. 8051 单片机头文件 REG51. H

Keil C 编译器包含了对 8051 系列单片机各特殊功能寄存器以及特殊功能寄存器位定义的头文件 REG51. H，在程序设计时只要利用包含指令将头文件 REG51. H 包含进来即可。8051 单片机中有效的特殊功能寄存器以及特殊功能寄存器位的符号就可以直接使用了。

但对于增强型 8051 单片机，新增特殊功能寄存器就需要用 sfr 和 sbit 新增定义。

REG51. H 程序清单：

```
/*------------------------------------------------------------------------
REG51.H
Header file for generic 80C51 and 80C31 microcontroller.
Copyright (c) 1988 - 2002 Keil Elektronik GmbH and Keil Software, Inc.
All rights reserved.
------------------------------------------------------------------------*/

#ifndef __REG51_H__
#define __REG51_H__

/* BYTE Register */
sfr P0  = 0x80;
sfr P1  = 0x90;
```

```
sfr P2  = 0xA0;
sfr P3  = 0xB0;
sfr PSW  = 0xD0;
sfr ACC  = 0xE0;
sfr B  = 0xF0;
sfr SP  = 0x81;
sfr DPL  = 0x82;
sfr DPH  = 0x83;
sfr PCON  = 0x87;
sfr TCON  = 0x88;
sfr TMOD  = 0x89;
sfr TL0  = 0x8A;
sfr TL1  = 0x8B;
sfr TH0  = 0x8C;
sfr TH1  = 0x8D;
sfr IE  = 0xA8;
sfr IP  = 0xB8;
sfr SCON  = 0x98;
sfr SBUF  = 0x99;

/* BIT Register */
/* PSW */
sbit CY  = 0xD7;
sbit AC  = 0xD6;
sbit F0  = 0xD5;
sbit RS1  = 0xD4;
sbit RS0  = 0xD3;
sbit OV  = 0xD2;
sbit P  = 0xD0;

/* TCON */
sbit TF1  = 0x8F;
sbit TR1  = 0x8E;
sbit TF0  = 0x8D;
sbit TR0  = 0x8C;
sbit IE1  = 0x8B;
sbit IT1  = 0x8A;
sbit IE0  = 0x89;
sbit IT0  = 0x88;

/* IE */
sbit EA  = 0xAF;
```

```
sbit ES  = 0xAC;
sbit ET1  = 0xAB;
sbit EX1  = 0xAA;
sbit ET0  = 0xA9;
sbit EX0  = 0xA8;

/* IP */
sbit PS  = 0xBC;
sbit PT1  = 0xBB;
sbit PX1  = 0xBA;
sbit PT0  = 0xB9;
sbit PX0  = 0xB8;

/* P3 */
sbit RD  = 0xB7;
sbit WR  = 0xB6;
sbit T1  = 0xB5;
sbit T0  = 0xB4;
sbit INT1  = 0xB3;
sbit INT0  = 0xB2;
sbit TXD  = 0xB1;
sbit RXD  = 0xB0;

/* SCON */
sbit SM0  = 0x9F;
sbit SM1  = 0x9E;
sbit SM2  = 0x9D;
sbit REN  = 0x9C;
sbit TB8  = 0x9B;
sbit RB8  = 0x9A;
sbit TI  = 0x99;
sbit RI  = 0x98;

#endif
```

三、C51 程序分析

C51 程序结构与 ANSI C 程序结构是一致的，下面以一 C51 程序实例给出 C51 编程特点。

EX13－1－1. C:

```
#include <REG51.H>          //必须包含的头文件,头文件名称大、小写都可以
```

```
#define uchar unsigned char // 常用数据类型的宏定义,无符号字符型
#define uint unsigned int    //常用数据类型的宏定义,无符号整型
uchar code SEG7[10] ={0x3f,0x06,0x5b,0x4f,0x66,0x6d,0x7d,0x07,0x7f,0x6f};
                             //定义共阴极数码管字形码数组,并存储在程序存储器中
uchar data ACT[4] ={0xfe,0xfd,0xfb,0xf7};
                                          //定义共阴极数码管字位控制码数组,并存储在片内 RAM 中
uchar x =0x88;                            //定义无符号数字符型变量 x,并赋值 88H,存储在片内 RAM
uint y =2233;                             //定义无符号数整型型变量 y,并赋值 2233,存储在片内 RAM
bit bdata MYBIT_0;           //定义位标量 MYBIT_0,分配在片内 RAM 的位寻址区
sbit IN_PIN =P2^1;           //定义输入引脚变量
sbit OUT_PIN =P2^7;          //定义输出引脚变量
void main(void)
{
  uchar k;                   //定义无符号数字符型变量 k,分配在片内 RAM
  while(1)
  {
      k =P0;                     //读 P0 端口输入,存储在变量 k 中
      P1 =k;                     //将 k 的内容送 P1 端口输出
      MYBIT_0 =IN_PIN;           //读 P2.1,存储在位变量 MYBIT_0 中
      OUT_PIN =MYBIT_0;          //将 MYBIT_0 值送 P2.7 输出
  }
}
```

任务拓展

实践练习应用 Keil μVision4 集成开发环境编辑、编译 EX13-1-1.C，进入调试界面运行程序，检查如下内容：

（1）调出程序存储器窗口，查询 SEG7[10] 位于程序存储空间的位置；

（2）调出片内 RAM 存储器窗口，查询 ACT[4] 数组和变量 x、y、k，以及位变量 MYBIT_0 在片内 RAM 的位置；

（3）从 P0 口输入数据 55H，检查 P1 端口的输出的状态；

（4）从 P2.1 输入“0”，检查 P2.7 的输出状态。

习　题

1. Keil C 编译器相比 ANSI C，多了哪些数据类型？举例说明定义单字节数据。

2. sfr、sfr16、sbit 是 Keil C 编译器部分新增的关键词，请说明其含义。

3. Keil C 编译器支持哪些存储器类型？存储类型与 8051 单片机存储空间、寻址方式是什么关系？

4. Keil C 编译器的编译模式与默认存储器类型的关系是怎样的？在实际应用中，最常用的编译模式是什么？

5. 在 Keil μVision4 集成开发环境中，如何查看程序存储器、片内 RAM 以及片外 RAM 的内容？

6. 在 Keil μVision4 集成开发环境中，如何查看 C51 程序编译后对应的汇编语言源程序代码？

任务2 if、while、for、switch－case 语句的应用编程

任务说明

if、while、for、switch－case 等控制语句在 C 语言程序设计中占有重要的地位，同样，在 C51 应用编程中 if、while、for 等语句是应用最为频繁的。本任务实例介绍 if、while、for、switch－case 等控制语句在 8051 单片机应用系统中的应用。

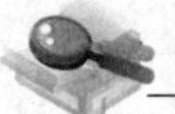

相关知识

if、while、for、switch－case 等控制语句功能、格式的复习。

一、条件分支语句

条件语句又称为分支语句，它是由关键字 if 构成，有 3 种格式。

1. 格式1

if（条件表达式）语句

若条件表达式的结果为真（非0值），就执行后面的语句；若条件表达式的结果为假（0值），就不执行后面的语句。这里的语句也可以是复合语句。

2. 格式2

if（条件表达式）语句1
else 语句2

若条件表达式的结果为真（非0值），就执行后面的语句1；若条件表达式的结果为假（0值），就执行语句2。这里的语句1和语句2均可以是复合语句。

3. 格式3

```
if（条件表达式1）语句1
else if（条件表达式2）语句2
  else if（条件表达式3）语句3
  …
```

```
else if (条件表达式 n) 语句 n
    else 语句 n +1
```

这种条件语句常用来实现多方向条件分支，它是又 if - else 语句嵌套而成的，在这种结构中，else 总是与临近的 if 相配对。

二、开关语句

switch - case 开关语句是一种多分支选择语句，是用来实现多方向条件分支的语句。

switch（表达式）

```
{
  case 常量表达式 1:        {语句 1}break;
  case 常量表达式 2:        {语句 2}break;

  case 常量表达式 n:        {语句 n}break;
  default:                  {语句 n +1}break;
}
```

开关语句说明：

（1）当 switch 后面表达式的值与某一“case”后面的常量表达式的值相等时，就执行该“case”后面的语句，遇到 break 语句就退出 switch 语句。

（2）switch 后面括号内的表达式，可以是整型或字符型表达式，也可以是枚举型数据。

（3）每一个 case 常量表达式的值必须不同。

（4）每个 case 和 default 的出现次序不影响执行结果，可先出现 default，再出现其他 case。

三、while 语句与 do - while 语句

1. while 语句的格式

```
while (条件表达式) {语句}
```

当条件表达式的结果为真（非 0 值）时，程序就重复执行后面的语句，一直执行到条件表达式的结果变化为假（0 值）为止。

2. do - while 语句的格式

```
do
{语句}
while (条件表达式);
```

先执行给定的循环体语句，然后再检查条件表达式的结果。当条件表达式的值为真（非 0 值）时，则重复执行循环体语句，直到条件表达式的结果变化为假（0 值）为止。

四、for 语句

1. for 语句的格式

```
for ([初值设定表达式 1]; [循环条件表达式 2]; [修改表达式 3])
{
  函数体语句
}
```

先计算出初值表达式 1 的值作为循环控制变量的初值，再检查循环条件表达式 2 的结果，当满足循环条件时就执行循环体语句并计算修改表达式 3；然后再根据修改表达式 3 的计算结果来判断循环条件 2 是否满足，满足就执行循环体语句，依次一直执行到循环条件表达式 2 的结果为假（0 值）时，退出循环体。

五、goto 语句、break 语句和 continue 语句

1. goto 语句的格式

goto 语句是一个无条件语句，其格式如下：

```
goto 语句标号 ;
```

其中语句标号是用于标识语句所在地址的标识符，语句标号与语句之间用冒号“:”分隔。当执行跳转语句时，使程序跳转到标号所指向的地址，从该语句继续执行程序。将 goto 语句和 if 语句一起使用，可以构成一个循环结构。但更常见的是采用 goto 语句来跳出多重循环，需要注意的是只能用 goto 语句从内层循环跳到外层循环，而不允许从外层循环跳到内层循环。

2. break 语句的格式

break 语句除了可以用在 switch 语句中，还可以用在循环体中。在循环体中遇见 break 语句，立即结束循环，跳到循环体外，执行循环结构后面的语句。break 语句的格式为：

```
break;
```

break 语句只能跳出它所处的那一层循环，而 goto 语句可以从最内层循环体中跳出来。而且，break 语句只能用于开关语句和循环语句之中。

3. continue 语句的格式

continue 语句也是一种中断语句，它一般用在循环结构中，其功能是结束本次循环，即跳过循环体中下面尚未执行的语句，把程序流程转移到当前循环语句的下一个循环周期，并根据控制条件决定是否重复执行该循环体。continue 语句的格式为：

```
continue ;
```

continue 语句和 break 语句的区别在于：continue 语句只结束本次循环而不是终止整

个循环的执行；break 语句则是结束整个循环，不再进行条件判断。

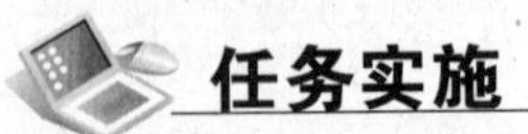

任务实施

一、程序功能

用4个按键（设分别为S0、S1、S2、S3，按下时输入低电平）控制8只LED灯（设分别为L0、L1、L2、L3、L4、L5、L6、L7，低电平驱动）的显示，按键S0、S1、S2、S3分别接P3口的P3.0、P3.1、P3.2和P3.3键；P1端口的P1.0、P1.1、P1.2、P1.3、P1.4、P1.5、P1.6、P1.7分别接L0、L1、L2、L3、L4、L5、L6、L7等8只LED灯，控制要求如下：

当按下S0键时，P1.3、P1.4输出低电平，L3、L4灯亮；

当按下S1键时，P1.2、P1.5输出低电平，L2、L5灯亮；

当按下S2键时，P1.1、P1.6输出低电平，L1、L6灯亮；

当按下S3键时，P1.0、P1.7输出低电平，L0、L7灯亮；

当无按键按下时，P1.2、P1.3、P1.4、P1.5输出低电平，L2、L3、L4、L5灯亮。

二、编程思路

采用if对4个按键输入逐个判断，并从P1口输出相应的值，控制LED灯；

或采用一次性读入P3口输入值，采用switch/case语句进行比较并从P1口输出相应的值，控制LED灯。

三、程序分析

（1）采用if语句编程的源程序清单（EX13－2－1.C）

```
#include <REG51.H>
#define uchar unsigned char
#define uint unsigned int
sbit KEY_S0 = P3^0; //定义输入引脚
sbit KEY_S1 = P3^1;
sbit KEY_S2 = P3^2;
sbit KEY_S3 = P3^3;
/*————————延时子函数————————*/
void delay(uint k)
{
  uint i, j;
   for(i = 0; i < k; i ++)
   {
     for(j = 0; j < 121; j ++)
     {;}
```

```
  }
}
/＊————————主函数——————————＊/
void main( void)
{
  delay(50);                  //调用延时子函数
  while(1)
  {
    if(!KEY_S0){P1 =0xe7;}//按下 S0 键, P1.3、P1.4 输出低电平, L3、L4 灯亮
      else if(!KEY_S1){P1 =0xdb;} //按下 S1 键, P1.2、P1.5 输出低电平, L2、L5 灯亮
        else if(!KEY_S2){P1 =0xbd;} //按下 S2 键, P1.1、P1.6 输出低电平, L1、L6 灯亮
          else if(!KEY_S3){P1 =0x7e;} //下 S3 键时, P1.0、P1.7 输出低电平, L0、L7 灯亮
            lse {P1 =0xc3;} //当无按键按下时, P1.2、P1.3、P1.4、P1.5 输出低电平,
                             //L2、L3、L4、L5 灯亮
    delay(5); //调用延时子函数
  }
}
```

（2）采用 switch/case 语句编程的源程序清单（EX13 -2 -2. C)）

```
#include <REG51.H>
#define uchar unsigned char
#define IN_PORT P3
/————————主函数——————————/
void main( void)
{
uchar temp;
  IN_ PORT =0xff;                          //将 P3 口置成输入状态
  while(1)
  {
      temp = N_PORT;                 // 读 P3 口的输入状态
      switch( temp& =0x0f)                //屏蔽高 4 位
      {
          case 0x0e:  P1 =0xe7; break;  //按下 S0 键, P1.3、P1.4 输出低电平, L3、L4 灯亮
          case 0x0d:  P1 =0xdb; break;  //按下 S1 键, P1.2、P1.5 输出低电平, L2、L5 灯亮
          case 0x0b:  P1 =0xbd; break;  //按下 S2 键, P1.1、P1.6 输出低电平, L1、L6 灯亮
          case 0x07:  P1 =0x7e; break;  //下 S3 键时, P1.0、P1.7 输出低电平, L0、L7 灯亮
          default:  P1 =0xc3; break; //当无按键按多个按键同时按下时, P1.2、P1.3、P1.4、
                                      //P1.5 输出低电平, L2、L3、L4、L5 灯亮
      }
  }
}
```

四、Keil μVision4 模拟仿真

（1）用 Keil μVision4 集成开发环境分别编辑、编译 EX13－2－1. C、EX13－2－2. C 程序，生成机器代码程序 EX13－2－1. hex、EX13－2－2. hex。

（2）用 Keil μVision4 集成开发环境模拟仿真调试 EX13－2－1. C 和 EX13－2－2. C 程序，进入调试界面后，调出 P1 和 P3 端口，按表 13－2－1 所示要求从 P 口输入按键值，并记录 P1 口状态值，填入表格中。

表 13－2－1　EX13－2－1. C 和 EX13－2－2. C 程序的调试表格

被调试程序	输入				输出							
	P3. 3	P3. 2	P3. 1	P3. 0	P1. 7	P1. 6	P1. 5	P1. 4	P1. 3	P1. 2	P1. 1	P1. 0
EX13－2－1. C	1	1	1	1								
	1	1	1	0								
	1	1	0	1								
	1	0	1	1								
	0	1	1	1								
	1	1	0	0								
EX13－2－2. C	1	1	1	1								
	1	1	1	0								
	1	1	0	1								
	1	0	1	1								
	0	1	1	1								
	1	1	0	0								

说明：教学中，教师先采用演示的方法教会学生，再由学生进行练习。除 Keil C 集成开发环境软件模拟调试法，教师也可以采用 Proteus 软件模拟调试或采用实物单片机应用系统进行调试，让学生进一步体会 C 语言在单片机编程中的应用，更重要的是让学生体会单片机的作用。

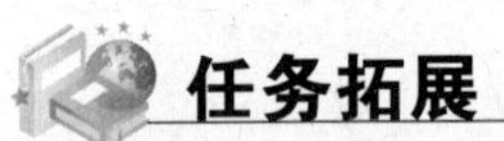

任务拓展

按键 S0、S1、S2、S3，可以形成 16 种状态，现要求每种输入状态对应输出一种输出状态，具体控制要求如表 13－2－2 所示。试编写程序实现，并模拟调试。

表 13－2－2　输入输出控制关系表

序号	输入				输出							
	P3. 3	P3. 2	P3. 1	P3. 0	P1. 7	P1. 6	P1. 5	P1. 4	P1. 3	P1. 2	P1. 1	P1. 0
1	0	0	0	0	0	0	0	0	0	0	0	0
2	0	0	0	1	1	0	0	0	0	0	0	1
3	0	0	1	0	1	1	0	0	0	0	1	

续上表

序号	输　入				输　　出							
	P3.3	P3.2	P3.1	P3.0	P1.7	P1.6	P1.5	P1.4	P1.3	P1.2	P1.1	P1.0
4	0	0	1	1	1	1	1	0	0	1	1	1
5	0	1	0	0	0	0	0	0	0	0	0	0
6	0	1	0	1	0	0	0	1	1	0	0	0
7	0	1	1	0	0	0	1	1	1	1	0	0
8	0	1	1	1	1	1	1	0	0	1	1	1
9	1	0	0	0	1	1	0	0	0	0	1	1
10	1	0	0	1	1	0	0	0	0	0	0	1
11	1	0	1	0	1	1	1	1	0	0	0	
12	1	0	1	1	0	0	0	0	1	1	1	1
13	1	1	0	0	0	0	1	1	1	1	0	0
14	1	1	0	1	1	1	0	0	0	0	1	1
15	1	1	1	0	0	0	0	0	0	0	0	0
16	1	1	1	1	1	1	1	1	1	1	1	1

习　　题

1. 试说明下列语句的含义。

（1）
```
unsigned char x;
unsigned char y;
k = (bit) (x+y);
```
（2）
```
#define uchar unsigned char
uchar a;
uchar b;
uchar min;
min = (a<b) ? a: b;
```
（3）
```
#define uchar unsigned char
uchar tmp;
P1 =0xff;
temp =P1;
temp & =0x0f;
```
（4）
```
for ( , , )
{
```

```
    …
}
```

2. 求1~100各个自然数的和，个位数、十位数从P1口输入，百位数、千位数从P2输出，分别用while语句和for语句实现，并用Keil μVision4进行仿真调试。

3. 从P1口输入数据，当输入数据小于100时，P3.0输出低电平；当输入数据大于等于100且小于200时，P3.1输出低电平；当输入数据大于等于200时，P3.2输出低电平；试编写程序实现，并模拟调试。

任务3　C51的中断函数

任务说明

C语言程序的基本组成单位是函数，但函数的使用是由用户在编程时主动调用的。在8051单片机内部有一个中断系统，用于接收中断源（定时器、串行接口、外部中断源等）提出的中断请求，给中断源提供中断服务，但中断请求是不定时的、不确定的，只有中断源需要时才提供服务，因此，无法在编程时主动提供中断服务。

中断函数是一种特殊函数，编程时不能调用中断函数。当某中断源发出请求后，CPU响应时会自动执行该中断源的中断函数。

本任务学习8051单片机各中断源中断函数的定义与应用。

相关知识

C51编译器支持在C语言源程序中直接编写C51单片机的中断服务函数程序。为了能够在C语言源程序中直接编写中断服务函数，C51编译器对函数的定义进行了扩展，增加了一个扩展关键字interrupt。关键字interrupt是函数定义时的一个选项. 加上这个选项就可以将一个函数定义成中断服务函数。

1. 中断服务函数的定义

中断服务函数定义的—般形式为：

函数类型 函数名（形式参数表）[interrupt n] [using m]

其中，关键字interrupt后面的n是中断号，n的取值范围为0~31。编译器从8n+3处产生中断向量，具体的中断号n和中断向量取决于不同的单片机芯片。

关键字using用于选择工作寄存器组，m为对应的寄存器组号，m取值为0~3，对应8051单片机的0~3工作寄存器组。

2. 8051单片机中断源

8051单片机中断源的中断号与中断向量如表13-3-1所示。

表 13－3－1　8051 单片机中断源的中断号与中断向量表

中断源	中断号 n	中断向量 8n＋3
外部中断 0	0	0003H
定时器/计数器中断 0	1	000BH
外部中断 1	2	0013H
定时器/计数器中断 1	3	001BH
串行口中断	4	0023H

3．中断服务函数的编写规则

（1）中断函数不能进行参数传递，如果中断函数中包含任何参数声明都将导致编译出错。

（2）中断函数没有返回值，如果企图定义一个返回值将得到不正确的结果。因此，最好定义中断函数时将其定义为 void 类型，以明确说明没有返回值。

（3）在任何情况下都不能直接调用中断函数，否则会产生编译错误。因为中断函数的返回是由 8051 单片机指令 RETI 完成的，RETI 指令影响 8051 单片机的硬件中断系统。

（4）如果中断函数中用到浮点运算，必须保存浮点寄存器的状态，当没有其他程序执行浮点运算时可以不保存。

（5）如果在中断函数中调用了其他函数，则被调用函数所使用的寄存器组必须与中断函相同。用户必须保证按要求使用相同的寄存器组，否则会产生不正确的结果。如果定义中函数时没有使用 using 选项，则由编译器选择一个寄存器组作绝对寄存器组访问。

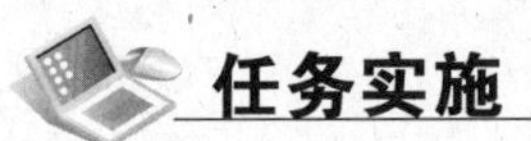

任务实施

一、程序功能

将 EX12－1－1. C 流水灯程序的启动、停止控制改为用外部中断 0 实现。

二、编程思路

设定一个标志 flag，当 flag 为 1 时，流水灯停止工作；当 flag 为 0 时，流水灯左移。

每中断一次，对 flag 值取反。外部中断 0 的输入端是 P3. 2 输入端，每产生一个下降沿，就会引发中断一次，即在 P3. 2 连接一个按键，每按动一次就产生一个中断，flag 值取反一次，即改变流水灯的工作状态。

在 EX12－1－1. C 程序基础做如下处理：

（1）中断初始化，包括外部中断 0 的中断触发方式，外部中断 0 的中断允许与 CPU 中断的中断允许。

（2）外部中断 0 中断服务函数。

三、编写程序

中断控制的流水灯 C51 源程序如下。

EX13 -3 -1. C:

```
#include < reg51. h >
#include < intrins. h >
#define uchar unsigned char
#define uint unsigned int
uchar x = 0xfe;
bit bdata flag = 1;        //定义位标量,存储在位寻址区:20H ~2FH
void delay( uint ms)
{
  uint i, j;
  for( j = 0; j < ms; j + + )
      for( i = 0; i < 121; i + + ) ;
}
void ex0_inti( void)        //中断初始化
{
    IT0 = 1;               //设置外部中断 0 的中断触发方式,即下降沿触发
    EX0 = 1;               //开放外部中断 0
    EA = 1;                //开放 CPU 中断
}
void main( void)
{
  ex0_inti( ) ;
  while( 1)
  {
      if( flag = = 0)
      {
          P1 = x;
          x = _crol_( x, 1) ;
          delay( 500) ;
      }
  }
}
void extern_int0( void)  interrupt 0 using 0        // 外部中断 0 服务函数
{
    flag = ! flag;                                  //标志位取反
}
```

四、Keil μVision4 模拟仿真

（1）用 Keil μVision4 集成开发环境编辑、编译 EX13－3－1. C 程序，生成机器代码程序 EX13－3－1. HEX。

（2）进入 Keil μVision4 集成开发环境模拟仿真调试界面。

（3）全速运行程序，检查程序功能是否与 EX12－1－1. C 流水灯程序功能一致。

1）观察初始工作状态（P1 口的工作状态）；

2）P3. 2 输入端输入按键信号，则：高电平→低电平→高电平，观察程序运行状态（P1 口的工作状态）；

3）P3. 2 输入端再次输入按键信号，则：高电平→低电平→高电平，观察程序运行状态（P1 口的工作状态）。

任务拓展

按如下要求修改程序 EX13－3－1. C 以及修改电路，并用 Keil μVision4 集成开发环境模拟仿真。

（1）将外部中断 0 改为用外部中断 1 实现。

（2）在外部中断 1 中断源按键的控制下，流水灯在左移和右移间切换。

习　　题

1. 用于定义中断函数的关键字是什么？
2. 关键字 using 的含义是什么？
3. 8051 单片机有哪些中断源，其各自的中断号是什么？
4. 中断服务函数在 C 程序中的位置，是否有什么约定？
5. 中断服务函数能否在主函数或其他函数中调用？
6. 中断服务函数能否传递参数或返回参数？

综合实训1　邮件计费系统

一、实训目的

（1）掌握C语言基本数据类型的定义和使用。

（2）掌握C语言基本程序结构的使用方法。

（2）掌握C语言自定义函数的编写和函数调用的基本方法。

（4）进一步了解C语言库函数的使用，通过有关库函数熟悉字符数组操作。

（4）了解C语言中指针在函数调用时的应用。

二、实训内容

邮件快递公司一般的收费方法，是在一定重量范围内有一个基准收费，每超出一定的重量就加收相应的金额。下面是计费的具体需求：

（1）邮件快递每次最高重量限制设定为5千克。

（2）500克范围内按15元收费。

（3）每增加500克，加收费用8元。

（4）增加的重量小于500克的，按500克计算。例如，重量510克，则收取邮费23元。

本实训内容是按照上述要求设计一个自动计费程序，能根据邮件的重量自动计算出所要付的资费。考虑到可能的误输入，程序应能对不当的输入要进行错误提示。

三、实训要求

（1）结合流程图，正确理解实训项目的需要。

（2）仔细复习有关知识点，进一步提高C语言程序设计的能力。

（3）进一步提高运用结构化方法进行程序设计的技能。

（4）撰写实训报告。

1）正确填写封面。

2）实训报告要列写摘要与关键字。

3）正文包含项目需求分析、项目系统分析、项目设计、项目运行与调试、实训心得等内容。

4）需要用到参考文献时要注明。

四、实训指导

1．项目需求分析

根据项目需求中邮费计算的具体需求，分析邮费的计算方法如下：

500克范围内：邮费 = 15元；

500～5000克范围内：邮费 = 15 + 重量/500取整后乘以8。

2．项目系统分析

（1）功能概述：输入邮件重量，计算出应缴纳的邮费。

（2）系统主要功能：

1）主函数：循环录入邮件重量，并计算出邮费，若输入的重量为“0”表示结束。

2）数据的合法性检查：输入邮件重量，检查数据的合法性，不能是字母，必须是包含最多一个小数点的数字格式。

3）计算：根据邮件重量，计算出应缴邮费。

3．项目设计

（1）流程图：

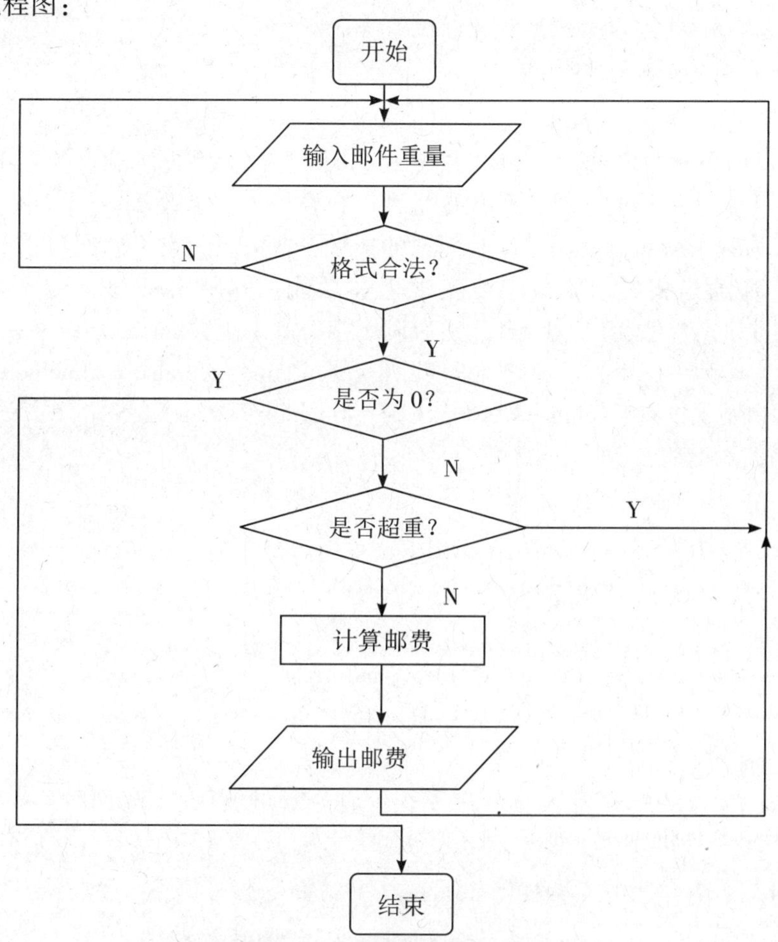

实训图1－1　邮件计费系统流程图

（2）主要功能函数分析。

根据程序框图，程序由以下功能函数组成。

1）主函数 main（）。

主函数 main（）的作用是设计一个简单的欢迎界面，获得输入的邮件重量，把邮件重量传递给其他函数，判断邮件重量格式是否合法。如果格式非法则要求重新输入数据，若合法则先判断邮件重量是否超重（大于5 000克）。如果是正常重量则把重量传递给其他函数进行计算并输出邮费。需要退出的话，输入0。

因为录入的字符不一定是数字（有可能误输入），所以应用 gets（）函数，把录入的东西作字符串处理。在确认输入合法以后，应通过 atof（ ）函数，把输入的字符串变成浮点数。有关函数的功能、用法如下：

函数名：atof

功　能：把字符串转换成浮点数。

用　法：double atof（const char ＊nptr）。

函数名：gets

功　能：从流中取一字符串；

用　法：char ＊gets（char ＊string）；

2）自定义函数 CheckNum（）。

函数 CheckNum（）的作用是接受主函数传递的参数，检查所输入的数字是否有误，例如是否输入了数字以外的字符，小数点是否符合要求等。函数 CheckMoney 的参数应定义成指针，因为数组的名字就是指向首元素的指针，取数组元素可以通过指针运算获得，数组参数的传递通过指针来实现。要实现上述功能，先调用 C 语言的字符串库函数 memset 初始化临时字符数组变量 str1，然后调用字符串库函数 memcpy 将主函数输入的内容复制到 str1 中。为了调用上述函数，程序除了#include <stdlib. h>、#include <stdio. h>外，还应包含以下头文件#include <string. h>、#include <ctype. h>。

相关的函数功能简介：

函数名：memset

功　能：设置 s 中的所有字节为 ch，s 数组的大小由 n 给定。

用　法：void ＊memset（void ＊s，char ch，unsigned n）。

函数名：memcpy

功　能：从源 source 中拷贝 n 个字节到目标 destin 中。

用　法：void ＊memcpy（void ＊destin，void ＊source，unsigned n）。

函数名：isdigit

功能：判断字符 c 是否为数字，当 c 为数字 0－9 时，返回非零值，否则返回零。

用法：需要头文件#include <ctype. h>

判断字符是否为数字的参考程序如下：

```
int CheckNum(char * mweigh) // mweigh 为邮件重量,定义为字符数组
```

```
{
  char str1[100]; //定义临时数组
  int i, length = 0; //循环变量,字符串长度,
  memset(str1, 0, sizeof(str1));
  memcpy(str1, mweigh, sizeof(str1));
  length = strlen(str1);
  //循环检查字符串中每一个字符的合法性
  for(i=0; i<length; i++)
  {
    if(!isdigit(str1[i]))
    {
      return 1;
    }
  }
  return 0;
}
```

3）自定义函数 MailPrice（）。

主函数在检查输入的字符合法，并转化为浮点数后，就会把数字传给这部分函数进行邮费的计算。请大家根据计费的具体需求，运用所学的 if 选择语句的有关知识，写出相应的程序。

（3）程序设计。

按照流程图和主要功能函数的介绍，请大家自行写出符合要求的程序代码。

提示：

1）一定要把需要的头文件写上，具体参考功能函数的有关说明。

2）建议的程序结构如下：

```
main ()
{
  设计界面
      ↓
  循环录入数据并调用 CheckNum () 判断
      ↓
  合法的输入调用 MailPrice () 进行计算
      ↓
  输出邮费
}
int CheckNum (char * mweigh)
{
}
MailPrice()
{
}
```

4．项目运行与调试

（1）调试方案。

程序完成以后，首先根据计费的具体需求分别输入不同范围的数值，判断是否得到预计的计费值。然后，再分别输入限值以外的数值和数字以外的其他字符等，测试系统是否能给出相应的错误提示。最后，测试输入0的时候能否正常退出系统。

（2）测试结果。

```
************************************
***                              ***
***          邮件计费系统          ***
***                              ***
************************************

请输入邮件重量（克），0表示结束：450
邮件重量：   450.00克，应收汇费：       15元

请输入邮件重量（克），0表示结束：900
邮件重量：   900.00克，应收汇费：       23元

请输入邮件重量（克），0表示结束：11000

超过最高重量限额！

请输入邮件重量（克），0表示结束：1kg

录入的重量格式非法！

请输入邮件重量（克），0表示结束：0
```

实训图1－2　测试结果截图

5．项目总结

本实训项目的程序设计，包含了顺序、选择和循环这三种基本的程序结构。通过实训，应进一步熟悉这三种结构主要语句的使用。此外，实训还涉及指针、数组、函数、字符串处理以及系统头文件的调用，熟练掌握这些内容，是我们写出高质量C语言程序的关键。

在达到了实训基本要求的基础上，程序还可以作进一步的完善。例如，在CheckNum（）函数中，如果操作者录入的数字中误输入了两个或两个以上小数点，应如何检测到这种情况？请大家在给出的CheckNum（）函数的基础上，增加相应的代码，实现这一功能。

综合实训2　俄罗斯方块

俄罗斯方块（Tetris）原本是苏联科学家阿列克谢·帕吉特洛夫在1984年6月利用空闲时间所编写的游戏程序。俄罗斯方块由于上手简单、老少皆宜，从而成为了家喻户晓风靡全球的游戏。据俄罗斯人事后回忆，俄罗斯方块诞生两周之后，整个莫斯科都陷入玩俄罗斯方块的狂热中：人们四处谈论的是它，工作时分心玩的是它，晚上打发时间的还是它。

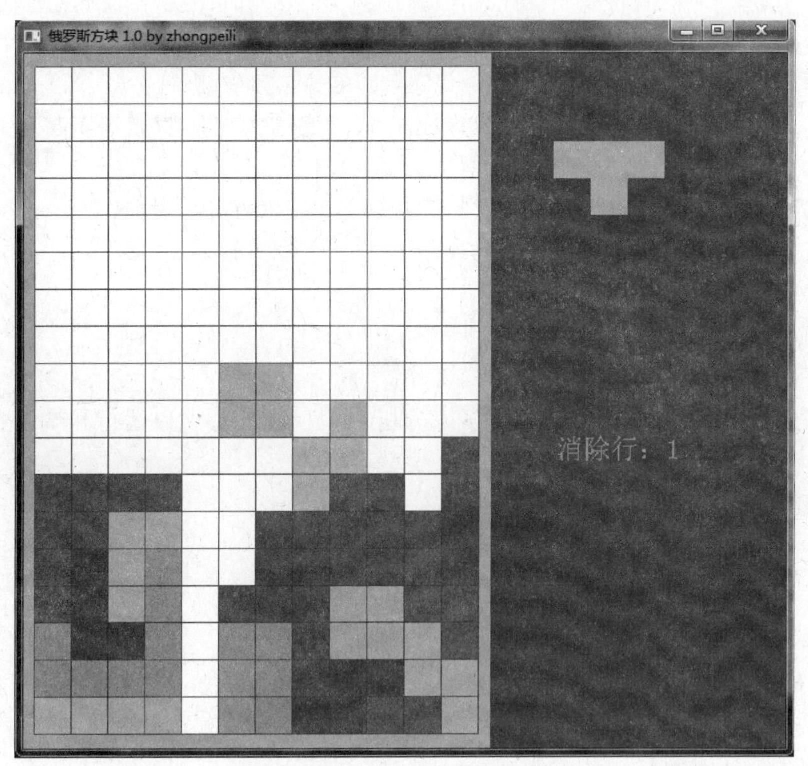

实训图2－1　俄罗斯方块游戏

学习的目的在于应用。学习编程的最好方法就是编写实际项目，在应用中加深自己对相关概念的理解。

本综合实训任务，使用图形编程、游戏编程等内容提高同学们编写程序的兴趣。程序中涉及 OpenGL、glut、数组、时钟中断及绘图等方面的知识。

一、实训目的

(1) 数组的应用;

(2) 函数的定义和使用;

(3) OpenGL 的使用;

(4) Glut 库的使用;

(5) 绘图知识;

(6) 键盘的使用;

二、实训内容

俄罗斯方块的基本规则是移动、旋转和摆放游戏自动输出的各种方块,使之排列成完整的一行或多行并且消除得分。

本实训内容是,使用前面学习过的 OpenGL 和 Glut 库的知识,编写一个俄罗斯方块游戏。

三、实训要求

(1) 认真学习实训指导内容,理解程序中的数据结构与各功能子函数,画出程序流程图。

(2) 利用函数,运用结构化方法进行程序设计,汇总程序的源代码。

(3) 制定调试方案,调试俄罗斯方块游戏。

(4) 撰写实训报告。

1) 正确填写封面。

2) 实训报告要列写摘要与关键字。

3) 正文包含项目需求分析、项目系统分析、项目设计、项目运行与调试、实训体会等内容。

4) 参考文献。

四、实训指导

1. 数据结构

经典的俄罗斯方块有七种不同的方块:

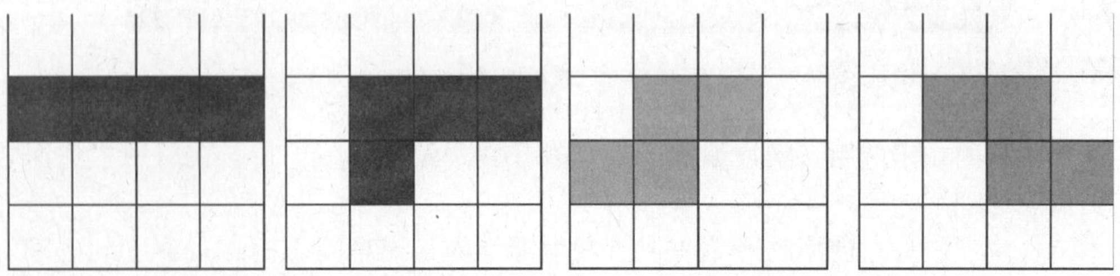

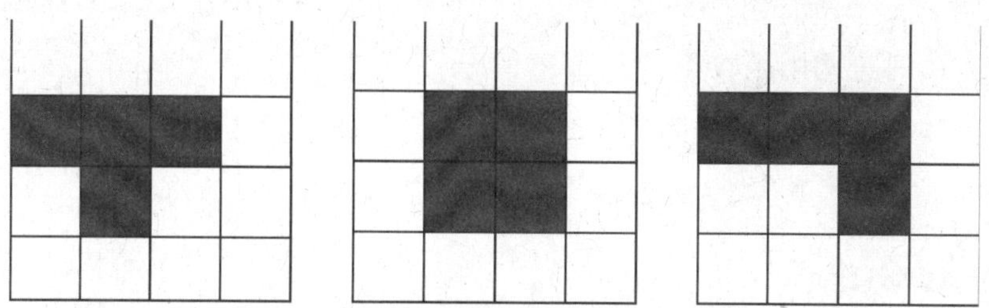

实训图 2-2　俄罗斯方块游戏七种方块

每一方块用一个二维数组存放，元素值为 1 表示有小方块，为 0 表示没有小方块，由此构成方块的形状。共有七种，所以使用三维数组来存放七种方块：

```
int blocks[7][4][4] = {
{
  {0,0,0,0},
  {1,1,1,1},
  {0,0,0,0},
  {0,0,0,0}
},{
  {0,0,0,0},
  {0,1,1,1},
  {0,1,0,0},
  {0,0,0,0}
},{
……
},{
  {0,0,0,0},
  {0,1,1,0},
  {0,1,1,0},
  {0,0,0,0}
}
};
```

使用一个二维数组 int data[maze_row][maze_col] 存放游戏显示在屏幕上的内容。方块下落数据放在这个数组中。数组里为 0 的元素表示该小格没有小方块。每个方块颜色用数字 1～10 代表，共有 10 种不同的颜色。在随机产生新方块时，也随机产生颜色。

当前正在下落的方块，保存在二维数组中：

```
int cur_block[4][4] = {
  {0,0,0,0},
  {0,0,0,0},
  {0,0,0,0},
  {0,0,0,0}
```

```
};
```

产生新方块时，调用函数：

```
void new_block()
{
    int row, col;
    int i = next_block_index;
    int color = next_block_color;

    next_block_index = rand() %7; //方块种类
    next_block_color = rand() %9 +1; //方块颜色。0 不画，所以要确保不是 0

    //复制到当前方块，同时加入颜色
    for( row =0; row <4; row + + )
    {
        for( col =0; col <4; col + + )
        {
            cur_block[ row] [ col] = blocks[ i] [ row] [ col] * color;
        }
    }
}
```

全局变量：

```
int next_block_index; //下一方块
int next_block_color;
```

保存下一方块的索引和颜色。

2. 函数讲解

（1） main 函数。

设置好 glut 对应的各个具体功能函数。位置放在文件的最后面。

```
int main( int argc, char * * argv)
{
    glutInit( &argc, argv);
    glutInitDisplayMode( GLUT_RGB | GLUT_DOUBLE);
    glutInitWindowSize( 660, 600);
    glutCreateWindow( "俄罗斯方块 1.0 by zhongpeili");
    glutKeyboardFunc( keyboard);
    glutDisplayFunc( display);
    glutReshapeFunc( reshape );
    glutTimerFunc( fall_time, Timer, 0);
    glutSpecialFunc( special);
```

```
    init();
    glutMainLoop();
    return 0;
}
```

（2）初始设置函数设定游戏初始值：

```
void init()
{
    srand((unsigned)time(0));
    next_block_index = rand() % 7; //方块种类
    next_block_color = rand() %9 + 1; //方块颜色。0 不画，所以要确保不是 0
    cur_row = -4;
    cur_col = 4;
    new_block();
    selectFont(24, GB2312_CHARSET, "楷体_GB2312");
    fall_time = 500;
}
```

随机产生本次方块的类型和颜色，然后设定方块首次出现的位置。之后产生下一方块的类型和颜色。设定字体和方块下落一行所用的时间，单位是毫秒。

（3）定时处理函数。

main 函数中 glutTimerFunc（fall_time，Timer，0）；行设定了定时处理。到时间后，运行定时处理函数：

```
void Timer(int value)
{
    if(!fall()) //无法下落一行
    {
        put_block(cur_row, cur_col);
        line_count += check_lines();
        //
        if(is_full())
        {
            is_game_over = TRUE;
        }
        else
        {
            cur_row = -4;
            cur_col = 4;
            new_block();
        }
    }
```

```
    if( ! is_game_over)
        glutTimerFunc( fall_time, Timer, value) ;
    glutPostRedisplay( ) ; //更新画面
}
```

在定时处理函数中，fall（）函数处理方块下落一行。如果无法下落，put_block（cur_row，cur_col）就将方块复制到地图上。然后 check_lines（）检查是否有某一横行是满的。再检查是否填到顶了？如果是，则游戏结束，设置游戏结束标志。否则产生新的方块，设置新坐标。若游戏未结束，再次设定定时程序。

（4）方块下落。

方块下落一行 fall（）函数。如果落一行，返回 TRUE；没法下落，返回 FLASE。

```
int fall( )
{
    int tmp_row = cur_row + 1; //假如下落一行
    if( collision( tmp_row, cur_col) ) //有碰撞?
        return FALSE; //没法下落
    else
        cur_row + + ; //下落一行
    return TRUE;
}
```

全局变量 int cur_col，cur_row 保存当前方块位置。函数 collision（tmp_row，cur_col）负责检测当前方块在当前位置上是否和地图上的其他方块有碰撞。按位置检查地图二维数组和当前方块的二维数组对应元素是否都是大于零，如果大于零，则有碰撞。具体函数如下：

```
//碰撞检测
int collision( int r,  int c)
{
    int row, col;
    for( row = 0; row < 4; row + + )
    {
        for( col = 0; col < 4; col + + )
        {
            if( cur_block[ row] [ col] > 0)
            {
                //和地图里的块碰
                if( inMap( r + row, c + col)  && data[ r + row] [ c + col] > 0)  return TRUE;
                if( r + row > = maze_row) return TRUE; //和底碰
                if( c + col > = maze_col) return TRUE; //和图右边碰
                if( c + col < 0) return TRUE; //和图左边碰
            }
```

```
        }
    }
    return FALSE;
}
```

（5）方块复制。

函数 put_block（）如下：

```
void copy_block(int dst[4][4], int src[4][4])
{
    int row, col;
    for(row = 0; row < 4; row + +)
    {
        for(col = 0; col < 4; col + +)
        {
            dst[row][col] = src[row][col];
        }
    }
}
```

简单的将二维数组的元素逐个复制。

（6）检查是否有满行。

函数 check_lines（）检查是否有某一横行是满的。有满行，则消去该行。

```
//检查是否有可以消去的行，有则消去
int check_lines()
{
    int row, col;
    int sum, count = 0;
    for(row = maze_row; row > = 0; row - -)
    {
        sum = 0;
        for(col = 0; col < maze_col; col + +)
        {
            if(data[row][col] > 0) sum + +;
        }
        if(sum = = maze_col)
        {
            count + +;
            destroy_line(row); //消去一行
            row + +; //本行是新的数据，要重做
        }
    }
    return count;
```

```
}
```

检查时，从下面往上检查。若某行满，调用 destroy_line（row）消去该行。destroy_line（row）函数会将 row 行以上的所有行的数据向下移动一行。所以当前行应该再检查一次。

destroy_line（row）函数如下：

```
//消掉第 r 行。即将 r - 1 至 0 行的数据逐行下移。
void destroy_line( int r)
{
    int row, col;
    //可以扩展显示爆炸效果
    for( row = r; row >0; row - - )
    {
        for( col =0; col < maze_col; col + + )
        {
            data[ row] [ col] = data[ row - 1] [ col];
        }
    }
}
```

在消去一行时，本程序只是移动数据。扩展编程时，可以加入爆炸的粒子效果消去一行方块。

（7）游戏是否结束。

函数 is_full（）判断游戏是否结束，即判断地图是否被方块顶到顶。函数如下：

```
//逐行查找，如果有一行是空的，就没有填满。
int is_full()
{
    int row, col;
    int sum;
    for( row =0; row < maze_row; row + + )
    {
        sum =0;
        for( col =0; col < maze_col; col + + )
        {
            sum + = data[ row] [ col];
        }
        if(0 = = sum) return FALSE;
    }
    return TRUE;
}
```

函数逐行检查，如果有某行是一块小方块也没有的，就没有填满。因为地图中代表小方块的元素值不为零，所以一行的元素值加起来如果是零，说明整行里没有一块小方块。

（8）处理键盘输入。

函数 special（）中处理键盘输入。检测箭头键：

```
void special( int key, int x, int y)
{
  int tmp_row = cur_row;
  int tmp_col = cur_col;
  switch( key)
  {
       case GLUT_KEY_LEFT: // Scroll up.
            tmp_col - -;
            break;
       case GLUT_KEY_RIGHT: // Scroll up.
            tmp_col + +;
            brcak;
       case GLUT_KEY_DOWN: // Scroll down.
            tmp_row + +;
            break;
       default:
            break;
  }
  if( ! collision( tmp_row, tmp_col) )
  {
   cur_row = tmp_row;
   cur_col = tmp_col;
  }

  glutPostRedisplay( ) ;
}
```

根据箭头键控制当前方块的位置。如果新位置没有碰撞，就可以移动到新位置。然后更新显示。

（9）旋转当前方块。

在 keyboard（）函数中检测空格键，旋转当前方块：

```
void keyboard( unsigned char key, int x, int y)
{
        if( key = =' ') //按空格键旋转方块
        {
                copy_block( tmp_block, cur_block) ; //保存原状态
                rotate_block( ) ; //旋转
```

```
                if(collision(cur_row, cur_col)) //若碰撞
                copy_block(cur_block, tmp_block); //恢复原状态
        else
                glutPostRedisplay(); //已键旋转方块,更新显示
    }
}
```

先保存当前方块的原状态，然后旋转方块，检测旋转后的方块是否和地图碰撞，没有碰撞则旋转成功，有碰撞则恢复原状态。旋转方块的函数如下：

```
//逆时针旋转 90 度
void rotate_block()
{
    int row, col;
    for(row = 0; row < 4; row++)
    {
        for(col = 0; col < 4; col++)
        {
            tmp_block[row][col] = cur_block[row][col];
        }
    }
    for(row = 0; row < 4; row++)
    {
        for(col = 0; col < 4; col++)
        {
            cur_block[row][col] = tmp_block[col][3 - row]; //逆时针旋转 90 度
        }
    }
}
```

（10）OpenGL 基本画图函数。

```
//OpenGL 画线
void line(int x1, int y1, int x2, int y2)
{
    glBegin(GL_LINES);
        glVertex2i(x1, y1);
        glVertex2i(x2, y2);
    glEnd();
}
//OpenGL 画填充四边形
void box(int left, int top, int right, int bottom)
{
    glBegin(GL_POLYGON);
        glVertex2i(left, top);
```

```
        glVertex2i(left, bottom);
        glVertex2i(right, bottom);
        glVertex2i(right, top);
    glEnd();
}
```

有了上面两个基本函数，可以扩展我们自己的画图函数，方便程序中使用。

（11）画小正方形块。

```
//以行、列的坐标画小正方形块
void drawBox（int row, int col）
{ //已调整坐标偏移量
  box（OFFSETX + col * grid_width, OFFSETY + row * grid_height, OFFSETX + （col + 1） * grid_width, OFFSETY + （row + 1） * grid_height）;
}
```

因为用整型数据代表颜色，所以还要有对应的函数。

（12）以指定颜色代码画小正方形块。

```
void drawObject(int row, int col, int index)
{
  switch (index)
  {
  case 1:
      glColor3f(51.0f/255.0f, 162.0f/255.0f, 139.0f/255.0f);
      break;
  case 2:
      glColor3f(238.0f/255.0f, 162.0f/255.0f, 150.0f/255.0f);
      break;
  case 3:
      glColor3f(251.0f/255.0f, 212.0f/255.0f, 35.0f/255.0f);
      break;
  case 4:
      glColor3f(53.0f/255.0f, 185.0f/255.0f, 38.0f/255.0f);
      break;
  case 5:
      glColor3f(177.0f/255.0f, 236.0f/255.0f, 60.0f/255.0f);
      break;
  case 6:
      glColor3f(103.0f/255.0f, 130.0f/255.0f, 245.0f/255.0f);
      break;
  case 7:
      glColor3f(145.0f/255.0f, 212.0f/255.0f, 165.0f/255.0f);
      break;
  case 8:
```

```
        glColor3f(206.0f/255.0f, 199.0f/255.0f, 221.0f/255.0f);
        break;
    case 9:
        glColor3f(225.0f/255.0f, 70.0f/255.0f, 68.0f/255.0f);
        break;
    case 10:
        glColor3f(238.0f/255.0f, 182.0f/255.0f, 131.0f/255.0f);
        break;
    }
    if(index! =0)
            drawBox(row, col);
}
```

然后是画地图中的小正方块的函数。

（13）显示已落在地图中的小正方形块。

```
void drawMap()
{
    int row, col;
    for(row =0; row < maze_row; row + +)
    {
        for(col =0; col < maze_col; col + +)
        {
            drawObject(row, col, data[row][col]);
        }
    }
}
```

（14）画当前方块。

```
//在指定行列坐标位置画当前方块
void draw_cur_block(int r, int c)
{
    int row, col;
    for(row =0; row <4; row + +)
    {
        for(col =0; col <4; col + +)
        {
            if(inMap(r + row, c + col))
            {
                drawObject(r + row, c + col, cur_block[row][col]);
            }
        }
    }
}
```

(15) 画格线。

```
//画格线
void drawGrid()
{
   int i;
   glColor3f(77.0f/255.0f, 117.0f/255.0f, 128.0f/255.0f);
      //画横线
      for(i=0; i<=maze_row; i++)
      {
           line(OFFSETX+0, OFFSETY+i*grid_height,
                OFFSETX+maze_col*grid_width, OFFSETY+i*grid_height);
      }
          //画竖线
          for(i=0; i<=maze_col; i++)
      {
          line(OFFSETX+i*grid_width, OFFSETY+0,
               OFFSETX+i*grid_width, OFFSETY+maze_row*grid_height);
   }
}
```

函数里面的画线数据显得复杂，是因为要调整位置，令到游戏的界面更加美观。

(16) 整个游戏的显示函数：

```
void display()
{
  //以指定颜色清屏
  glClearColor(192.0f/255.0f, 210.0f/255.0f, 166.0f/255.0f, 0.0f);
  glClear(GL_COLOR_BUFFER_BIT);

  //画游戏黑色底框
  glColor3f(0.0f, 0.0f, 0.0f);
  box(OFFSETX, OFFSETY, maze_col*grid_width+OFFSETX,
                          maze_row*grid_height+OFFSETY);

  drawMap(); //画图里的小正方形块
  draw_cur_block(cur_row, cur_col); //画当前方块
  drawGrid(); //画格线

  //画右边显示信息区底色
  box(maze_col*grid_width+2*OFFSETX, 0, 680, 600);
  //画下一方块
  draw_next_block(1, 14);
```

```
    //显示文字
    glColor3f(227.0f/255.0f, 174.0f/255.0f, 100.0f/255.0f);
    sprintf(line_string, "消除行: %d", line_count);
    drawstring(460, 350, line_string);

    if(is_game_over)
    {
        game_over();
    }

    glutSwapBuffers();
}
```

按照游戏画面分成几部分。其中要注意的是显示文字部分。OpenGL没有提供文字显示的相关功能函数，这里使用的是windows的相关函数，存放在另一文件showstring. h中。在文件头包含即可使用对应的函数。函数有下面两个：

selectFont（24，GB2312_CHARSET，" 楷体_GB2312"）；

设置要使用的字体和大小。

drawstring（460，350，line_string）在指定的坐标位置显示文字。文字可以是汉字。

3．源程序

根据上面提示，组合出源代码。

4．调试、运行

（1）输入程序源代码，调试运行。

（2）理解各函数功能。

（3）领会程序结构。

5．拓展

（1）增加高分榜。

（2）增加新型方块。例如由5个小正方形组成的方块。

（3）增加一个可以穿透的“神奇”小正方形：如果所在列下面有空，可以穿透上面的方块，到达最下面层。

（4）游戏中只有计算消除的行数，没有设置分数和水平等级。请为游戏加上分数和水平等级。还可以检测如果同时消除两行，分数增加一倍，同时消除三行，分数再奖励。

（5）改进检测满行的函数，提高效率。

（6）增加重新进行游戏的功能。

（7）保存分数到文件中。

（8）从文件中读取高分数据，判断是否打破高分记录。

附 录

一、ASCII 码表

$b_6b_5b_4$ / $b_3b_2b_1b_0$	000	001	010	011	100	101	110	111
0000	NUL	DLE	SP	0	@	P	、	p
0001	SOH	DC1	!	1	A	Q	a	q
0010	STX	DC2	"	2	B	R	b	r
0011	ETX	DC3	#	3	C	S	c	s
0100	EOT	DC4	$	4	D	T	d	t
0101	ENQ	NAK	%	5	E	U	e	u
0110	ACK	SYN	&	6	F	V	f	v
0111	BEL	ETB	′	7	G	W	g	w
1000	BS	CAN	(	8	H	X	h	x
1001	HT	EM	)	9	I	Y	i	y
1010	LF	SUB	*	:	J	Z	j	z
1011	VT	ESC	+	;	K	[	k	{
1100	FF	FS	,	<	L	\	l	|
1101	CR	GS	–	=	M	]	m	}
1110	SO	RS	.	>	N	^	n	~
1111	SI	US	/	?	O	_	o	DEL

说明：ASCII 码表中各控制字符的含义

NUL	空字符	VT	垂直制表符	SYN	空转同步
SOH	标题开始	FF	换页	ETB	信息组传送结束
STX	正文开始	CR	回车	CAN	取消
ETX	正文结束	SO	移位输出	EM	介质中断
EOY	传输结束	SI	移位输入	SUB	换置
ENQ	请求	DLE	数据链路转义	ESC	溢出
ACK	确认	DC1	设备控制 1	FS	文件分隔符
BEL	响铃	DC2	设备控制 2	GS	组分隔符
BS	退格	DC3	设备控制 3	RS	记录分隔符
HT	水平制表符	DC4	设备控制 4	US	单元分隔符
LF	换行	NAK	拒绝接收	DEL	删除
SP	空格				

二、C 语言关键字

关键字	说　明
auto	声明自动变量，缺省时编译器一般默认为 auto
int	声明整型变量
double	声明双精度变量
long	声明长整型变量
char	声明字符型变量
float	声明浮点型变量
short	声明短整型变量
signed	声明有符号类型变量
unsigned	声明无符号类型变量
struct	声明结构体变量
union	声明联合数据类型
enum	声明枚举类型
static	声明静态变量
switch	用于开关语句
case	开关语句分支

续上表

关键字	说　明
default	开关语句中的“其他”分支
break	跳出当前循环
register	声明寄存器变量
const	声明只读变量
volatile	说明变量在程序执行中可被隐含地改变
typedef	用以给数据类型取别名
extern	声明变量是在其他文件正声明（也可以看做是引用变量）
return	子程序返回语句（可以带参数，也可不带参数）
void	声明函数无返回值或无参数，声明空类型指针
continue	结束当前循环，开始下一轮循环
do	循环语句的循环体
while	循环语句的循环条件
if	条件语句
else	条件语句否定分支（与 if 连用）
for	一种循环语句
goto	无条件跳转语句
sizeof	计算对象所占内存空间大小

三、C 语言的运算符种类、优先级与结合性

运算符种类	优先级	运算符	含义	操作个数	结合方向
初等运算符	1 优先级最高	( )	圆括号		左结合 （自左至右）
		[ ]	下标运算符		
		->	指向结构体成员运算符		
		.	结构体成员运算符		
单目运算符	2	!	逻辑非运算符	1 单目运算符	右结合 （自右至左）
		~	按位取反运算符		
		++	自增运算符		
		--	自减运算符		
		-	负号运算符		
		（类型）	类型转换运算符		
		*	指针运算符		
		&	取地址运算符		
		sizeof	长度运算符		

续上表

运算符种类	优先级	运算符	含义	操作个数	结合方向
算数运算符	3	*	乘法运算符	2 双目运算符	左结合 （自左至右）
		/	除法运算符		
		%	求余运算符		
	4	+	加法运算符		
		-	减法运算符		
位运算符	5	< <	左移位运算符	2 双目运算符	左结合 （自左至右）
		> >	右移位运算符		
关系运算符	6	<, < =, >, > =	关系运算符	2 双目运算符	左结合 （自左至右）
	7	= =	等于运算符	2 双目运算符	左结合 （自左至右）
		! =	不等于运算符		
位运算符	8	&	按位与运算符	2 双目运算符	左结合 （自左至右）
	9	^	按位异或运算符		
	10	|	按位或运算符		
逻辑运算符	11	&&	逻辑与运算符	2 双目运算符	左结合 （自左至右）
	12	||	逻辑或运算符		
条件运算符	13	? :	条件运算符	3 三目运算符	右结合 （自右至左）
赋值运算符	14	=, + =, - =, * =, / =, > > =, < < =, & =, ^ =, | =	赋值运算符	2 双目运算符	右结合 （自右至左）
逗号运算符	15	,	逗号运算符 （顺序求值运算符）		左结合 （自左至右）

说明：（1）同一优先级的运算符，运算次序由其结合性决定。例如 * 与/具有相同的优先级别，其结合方向为自左至右，因此3 * 5/4 的运算次序是先乘后除。- 和 + + 为同一优先级别，结合方向为自右至左，因此 - i + + 相当于 -（i + +）。

（2）不同的运算符要求不同的运算对象个数，如 +（加）和 -（减）为双目运算符，要求在运算符两侧各有一个运算对象（如：3 + 5，8 - 3 等）。而 + + 和 -（负号）运算符是单目运算符，只能在运算的一侧出现一个运算对象（如：- a，i + +，- - i，(float) i，sizeof (int)，* p 等）。条件运算符是 C 语言中唯一一个三目运算符 x ? a：b。

（3）从上述表中可以大致归纳出各类算术运算符的优先级（上面的高，下面的低）：

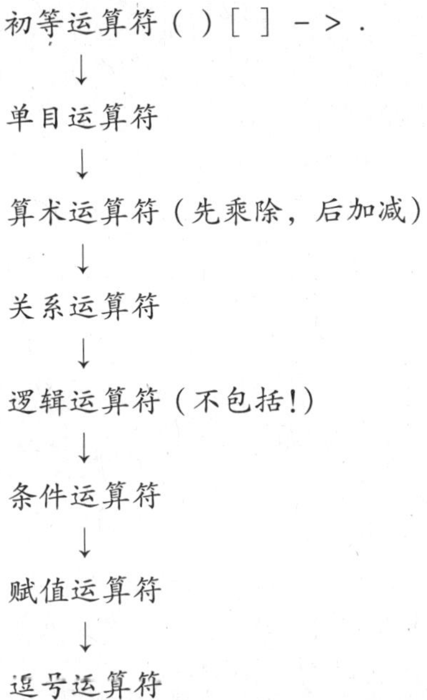

以上的优先级别由上到下递减。初等运算符优先级最高，逗号运算符优先级别最低，位运算符的优先级别比较分散，有的在算术运算符之前（如～），有的在算术运算符之后关系运算符之前（如< <和> >），有的在关系运算符之后（如&、^、|）。为了容易记忆，使用位运算符时可加圆括号。

四、常用头文件与库函数

1．输入与输出：<stdio. h >

（1）文件操作。

下列函数用于处理与文件有关的操作。其中，类型 size_t 是由运算符 sizeof 生成的无符号整形。

1）FILE ＊fopen（const char ＊filename，const char ＊mode）。

fopen 函数打开 filename 指定的文件，并返回一个与之相关联的流。如果打开操作失败，则返回 NULL。

访问模式 mode 可以为下列合法值之一：

"r"——打开文本文件用于读。

"w"——创建文本文件用于写，并删除已存在的内容（如果有的话）。

"a"——追加；打开或创建文本文件，并向文件末尾追加内容。

"r＋"——打开文本文件用于更新（即读和写）。

"w＋"——创建文本文件用于更新，并删除已存在的内容（如果有的话）。

"a＋"——追加；打开或创建文本文件用于更新，写文件时追加到文件末尾。

后三种方式（更新方式）允许对同一个文件进行读和写。在读和写的交叉过程中，必须调用 fflush 函数或文件定位函数。如果在上述访问模式之后再加上 b，如“rb”或“w+b”等，则表示对二进制文件进行操作。文件名 filename 限定最多为 FILENAME_MAX 个字符。一次最多可打开 FOPEN_MAX 个文件。

2）FILE *freopen（const char *filename, const char *mode, FILE *stream）。

freopen 函数以 mode 指定的模式打开 filename 指定的文件，并将该文件关联到 stream 指定的流。它返回 stream；若出错则返回 NULL。freopen 函数一般用于改变与 stdin、stdout 和 stderr 相关联的文件。

3）int fflush（FILE *stream）。

对输出流来说，fflush 函数将已写到缓冲区但尚未写入文件的所有数据写到文件中。对输入流来说，其结果是未定义的。如果在写的过程中发生错误，则返回 EOF，否则返回 0。fflush（NULL）将清理所有的输出流。

4）int fclose（FILE *stream）。

fclose 函数将所有未写入的数据写入 stream 中，丢弃缓冲区中的所有未读输入数据，并释放自动分配的全部缓冲区，最后关闭流。若出错则返回 EOF，否则返回 0。

5）int remove（const char *filename）。

remove 函数删除 filename 指定的文件。如果删除操作失败，则返回一个非 0 值。

6）int rename（const char *oldname, const char *newname）。

rename 函数修改文件的名字。如果操作失败，则返回一个非 0 值。

7）FILE *tmpfile（void）。

tmpfile 函数以模式“wb+”创建一个临时文件，该文件在被关闭或程序正常结束时将被自动删除。如果创建操作成功，该函数返回一个流；如果创建文件失败，则返回 NULL。

8）char *tmpnam（char s[L_tmpnam]）。

tmpnam（NULL）函数创建一个与现有文件名不同的字符串，并返回一个指向一内部静态数组的指针。tmpnam（s）函数把创建的字符串保存到数组 s 中，并将它作为函数值返回。s 中至少要有 L_tmpnam 个字符的空间。tmpnam 函数在每次被调用时均生成不同的名字。在程序执行的过程中，最多只能确保生成 TMP_MAX 个不同的名字。注意，tmpnam 函数只能用于创建一个名字，而不能创建一个文件。

9）int setvbuf（FILE *stream, char *buf, int mode, size_t size）。

setvbuf 函数控制流 stream 的缓冲。在执行读、写以及其他任何操作之前必须调用此函数。当 mode 的值为_IOFBF 时，将进行完全缓冲。当 mode 的值为_IOLBF 时，将对文本文件进行行缓冲。当 mode 的值为_IONBF 时，表示不设置缓冲。如果 buf 的值不是 NULL，则 setvbuf 函数将 buf 指向的区域作为流的缓冲区，否则将分配一个缓冲区。size 决定缓冲区的长度。如果 setvbuf 函数出错，则返回一个非 0 值。

10）void setbuf（FILE *stream, char *buf）。

如果 buf 的值为 NULL，则关闭流 stream 的缓冲；否则 setbuf 函数等价于（void）setvbuf（stream, buf, _IOFBF, BUFSIZ）。

（2）格式化输出。

printf 函数提供格式化输出转换。

int fprintf（FILE ＊stream，const char ＊format，…）

fprintf 函数按照 format 说明的格式对输出进行转换，并写到 stream 流中。返回值是实际写入的字符数。若出错则返回一个负值。

格式串由两种类型的对象组成：普通字符（将被复制到输出流中）与转换说明（分别决定下一后续参数的转换和打印）。每个转换说明均以字符% 开头，以转换字符结束。在% 与转换字符之间可以依次包含下列内容：

◆标志（可以以任意顺序出现），用于修改转换说明。

- ——指定被转换的参数在其字段内左对齐。

+ ——指定在输出的数前面加上正负号。

空格——如果第一个字符不是正负号，则在其前面加上空格。

0——对于数值转换，当输出长度小于字段宽度时，添加前导 0 进行填充。

#——指定另一种输出形式。如果为 O 转换，则第一个数字为零；如果为 x 或 X 转换，则指定在输出的非 0 值前加 0x 或 0X；对于 e、E、f、g 或 G 转换，指定输出总包括一个小数点；对于 g 或 G 转换，指定输出值尾部无意义的 0 将被保留。

◆一个数值，用于指定最小字段宽度。转换后的参数输出宽度至少要达到这个数值。如果参数的字符数小于此数值，则在参数左边（如果要求左对齐的话则为右边）填充一些字符。填充字符通常为空格，但是，如果设置了 0 填充标志，则填充字符为 0。

◆点号，用于分隔字段宽度和精度。

◆表示精度的数。对于字符串，它指定打印的字符的最大个数；对于 e、E 或 f 转换，它指定打印的小数点后的数字位数；对于 g 或 G 转换，它指定打印的有效数字位数；对于整型数，它指定打印的数字位数（必要时可加填充为 0 以达到要求的精度）。

◆长度修饰符 h、l 或 L。“h” 表示将相应的参数按 short 或 unsigned short 类型输出。l 表示将相应的参数按 long 或 unsigned long 类型输出；“L” 表示将相应的参数按照 long double 类型输出。

宽度和精度中的任何一个或两个都可以用＊指定，这种情况下，该值将通过转化下一个参数计算得到（下一个参数必须为 int 类型）。

附表 4－1 中列出了这些转换字符及其意义。如果% 后面的字符不是转换字符，则其行为没有定义。

附表 4－1　printf 函数的转换字符

转换字符	参数类型	转换结果
d，i	int；	有符号十进制表示
o	unsigned int；	无符号八进制表示（无前导 0）
x，X	unsigned int；	无符号十六进制表示（无前导 0x 和 0X）。如果是 0x，则使用 abcdef，如果是 0X，则使用 ABCDEF
u	int；	无符号十进制表示

续上表

转换字符	参数类型	转换结果
c	int;	转换为 unsigned char 类型后为一个字符
s	char *;	打印字符串中的字符，直到遇到'\0'或者已打印了由精度指定的字符数
f	double;	形式为[-] mmm. ddd 的十进制表示，其中，d 的数目由精度确定，默认精度为6。精度为 0 时，不输出小数点
e，E	double;	形式为[-] m. dddddd e ± xx 或[-] m. dddddd E ± xx 的十进制表示。d 的数目由精度确定，默认精度为 6。精度为 0 时不输出小数点
g，G	double;	当指数小于 -4 或大于等于精度时，采用%e 或%E 的格式，否则采用%f 的格式。尾部的 0 与小数点不打印
p	void *;	打印指针值（具体表示方法与实现有关）
n	int *;	到目前为止，此 printf 调用输出的字符的数目将被写入到相应参数中。不进行参数转换
%		不进行参数转换；打印一个符号%

int printf（const char *format，…）

printf（…）函数等价于 fprintf（stdout，…）。

int sprintf（char *s，const char *format，…）

sprintf 函数与 printf 函数基本相同，但其输出将被写到字符串 s 中，并以'\0'结束。s 必须足够大，以足够容纳输出结果。该函数返回实际输出的字符数，不包括'\0'。

int vprintf（const char *format，va_list arg）
int vfprintf（FILE *stream，const char *format，va_list arg）
int vsprintf（char *s，const char *format，va_list arg）

vprintf、vfprintf、vsprintf 这三个函数分别于对应的 printf 函数等价，但它们用 arg 代替了可变参数表。

（3）格式化输入。

scanf 函数处理格式化输入转换。

int fscanf（FILE *stream，const char *format，…）

fscanf 函数根据格式串 format 从流 stream 中读取输入，并把转换后的值赋值给后续各个参数，其中的每个参数都必须是一个指针。当格式串 format 用完时，函数返回。如果到达文件的末尾或在转换输入前出错，该函数返回 EOF；否则，返回实际被转换并赋值的输入项的数目。

格式串 format 通常包括转换说明，它用于指导对输入进行解释。格式字符串中可以包含下列项目：

◆空格或制表符。

◆普通字符（% 除外），它将与输入流中下一个非空白字符进行匹配。

◆转换说明，由一个%、一个赋值屏蔽字符 *（可选）、一个指定最大字段宽度的数（可选）、一个指定目标字段宽度的字符（h、l 或 L）（可选）以及一个转换字符组成。

转换说明决定了下一个输入字段的转换方式。通常结果将被保存在由对应参数指向的变量中。但是，如果转换说明中包含赋值屏蔽字符 *，例如% *s，则将跳过对应的输入字段，并不进行赋值。输入字段是一个由非空白符字组成的字符串，当遇到下一个空白符或达到最大字段宽度（如果有的话）时，对当前输入字段的读取结束。这意味着，scanf 函数可以跨越行的边界读取输入，因为换行符也是空白符（空白符包括空格、横向制表符、纵向制表符、换行符、回车符和换页符）。

换行字符说明了对输入字段的解释方式。对应的参数必须是指针。合法的转换字符如附表 4 -2 所示。

如果参数是指向 short 类型而非 int 类型的指针，则在转换字符 d、i、n、o、u 和 x 之前可以加上前缀 h。如果参数是指向 long 类型的指针，则在这几个转换字符前可以加上字母 l。如果参数是指向 double 类型而非 float 类型的指针，则在转换字符 e、f 和 g 前可以加上字母 l。如果参数是指向 long double 类型的指针，则在转换字符 e、f 和 g 前可以加上字母 l。

附表 4 -2　scanf 函数的转换字符

转换字符	输入数据；参数类型
d	十进制整型数；int *
i	整型数；int *。该整型数可以是八进制数（以 0 打头）或十六进制数（以 0x 或 0X 打头）
o	八进制整型数（可以带或不带前导 0）；int *
u	无符号十进制整型数；unsigned int *
x	十六进制整型数（可以带或不带前导 0x 或 0X）：int *
c	字符；char *，按照字段宽度的大小把读取的字符保存到指定的数组中，不字符'\0'字段宽 度的默认值为 1。在这种情况下，读取输入时将不跳过空白符，如果要读取下一个非空白字符，可以使用% 1s
s	由非空白符组成的字符串（不包含引号）；char *。它指向一个字符数组，该字符数组必须有足够的空间，以保存该字符串以及在尾部添加的'\0'字符

续上表

转换字符	输入数据；参数类型
e、f、g	浮点数；float *。float 类型浮点数的输入格式为：一个可选的正负号、一个可能包含小数点的数字串、一个可选的指数字段（字母 e 或 E 后跟一个可能带正负号的整型数）
p	printf（“%p”）函数调用打印的指针值；void *
n	将到目前为止该函数调用读取的字符数写入对应的参数中；int *。不读取输入字符。不增加已转换的项目计数
[⋯]	与方括号中的字符集合匹配的输入字符中最长的非空字符串；char *。末尾将添加字符'\0'。[ ] ⋯] 表示集合中包含字符”]”
[^⋯]	与方括号中的字符集合不匹配的输入字符中最长的非空字符串；char *。末尾将添加字符'\0'。[ ] ⋯] 表示集合中不包含字符”]”
%	表示“%”，不进行赋值

int scanf（const char *format，⋯）

scanf（⋯）函数与 fscanf（stdin，⋯）相同。

int sscanf（const char *s，const char *format，⋯）

sscanf（s，⋯）函数与 scanf（⋯）等价，所不同的是，前者的输入字符来源于字符串 s。

（4）字符输入/输出函数。

1）int fgetc（FILE *stream）。

fgetc 函数返回 stream 流的下一个字符，返回类型为 unsigned char（被转换为 int 类型）。如果到达文件末尾或发生错误，这返回 EOF。

2）char *fgets（char *s，int n，FILE *stream）。

fgets 函数最多将 n－1 个字符读入到数组 s 中。当遇到换行符时，把换行符读入到数组 s 中，读取过程终止。数组 s 以'\0'结尾。fgets 函数返回数组 s。如果到达文件的末尾或发生错误，则返回 NULL。

3）int fputc（int c，FILE *stream）。

fputc 函数把字符 c（转换为 unsigned char 类型）输出到流 stream 中。它返回写入的字符，错误则返回 EOF。

4）int fputs（const char *s，FILE *stream）。

fputs 函数把字符串 s（不包含字符'\n'）输出到流 stream 中；它返回一个非负值，若出错返回 EOF。

5）int getc（FILE *stream）。

getc 函数等价于 fgetc，所不同的是，当 getc 函数定义为宏时，它可能多次计算

stream 的值。

6）int getchar（void）。

getchar 函数等价于 getc（stdin）。

7）char ＊gets（char ＊s）。

gets 函数把下一个输入行读入到数组 s 中，并把末尾的换行字符替换为字符'\0'。它返回数组 s，如果到达文件末尾或发生错误，这返回 NULL。

8）int putc（int c，FILE ＊stream）。

putc 函数等价于 fputc，所不同的是，当 putc 函数定义为宏时，它可能多次计算 stream 的值。

9）int putchar（int c）。

putchar（c）函数等价于 putc（c，stdout）。

10）int puts（const char ＊s）。

puts 函数把字符串 s 和一个换行字符输出到 stdout 中。如果发生错误，则返回 EOF；否则返回一个非负值。

11）int ungetc（int c，FILE ＊stream）。

ungetc 函数把 c（转换为 unsigned char 类型）写回到流 stream 中，下次对该流进行操作时，将返回该字符。对每个流只能写回一个字符，且此字符不能是 EOF。ungetc 函数返回被写回的字符；如果发生错误，则返回 EOF。

（5）直接输入/输出函数。

1）size_t fread（void ＊ptr，size_t size，size_t nobj，FILE ＊stream）。

fread 函数从流 stream 中读取最大 nobj 个长度为 size 的对象，并保存到 ptr 指向的数组中。它返回读取的对象数目，此返回值可能小于 nobj。必须通过函数 feof 和 ferror 获得结果执行状态。

2）size_t fwrite（const void ＊ptr，size_t size，size_t nobj，FILE ＊stream）。

fwrite 函数从 ptr 指向的数组中读取 nobj 个长度为 size 的对象，并输出到流 stream 中。它返回输出的对象数目。如果发生错误，返回值会小于 nobj 的值。

（6）文件定位函数。

1）int fseek（FILE ＊stream，long offset，int origin）。

fseek 函数设置流 stream 的文件位置，后续的读写操作将从新位置开始。对于二进制文件，此位置被设置为从 origin 开始的第 offset 个字符处。origin 的值可能为 SEEK_SET（文件开始处）、SEEK_CUR（当前位置）或 SEEK_END（文件结束）。对于文本流，offset 必须设置为 0，或者由函数 ftell 返回的值（此时 origin 的值必须是 SEEK_SET）。fseek 函数在出错时返回一个非 0 值。

2）long ftell（FILE ＊stream）。

返回 stream 流的当前文件位置。出错时该函数返回 －1L。

3）void rewind（FILE ＊stream）。

等价于语句 fseek（fp，0L，SEEK_SET）；clearerr（fp）的执行结果。

4）int fgetpos（FILE ＊stream，fpos_t ＊ptr）。

把 stream 流的当前位置记录在 * ptr 中，供随后的 fsetpos 函数调用使用。若出错者返回一个非 0 值。

5）int fsetpos（FILE * stream，const fpos_t * ptr）。

将流 stream 的当前位置设置为 fgetpos 记录在 * ptr 中的位置。若出错则返回一个非 0 值。

（7）实用函数。

头文件 < stdio. h > 中声明了一些执行数值转换、内存分配以及其他类似工作的函数。

1）double atof（const char * s）。

将字符串 s 转换为 double 类型。该函数等价于 strtod（s，（char * * ）NULL）。

2）int atoi（const char * s）。

将字符串 s 转换为 int 类型。该函数等价于（int）strtol（s，（char * * ）NULL，10）。

3）long atol（const char * s）。

将字符串 s 转换为 long 类型。该函数等价于 strtol（s，（char * * ）NULL，10）。

4）double strtod（const char * s，char * * endp）。

将字符串 s 的前缀转换为 double 类型，并在转换时跳过 s 的前导空白符。除非 endp 为 NULL，否则该函数将把指向 s 中未转换部分（s 的后缀部分）的指针保存在 * endp 中。如果结果上溢，则函数返回带有适当符号的 HUGE_VAL；如果结果下溢，则返回 0。在这两种情况下，errno 都将被设置为 ERANGE。

5）long strtol（const char * s，char * * endp，int base）。

将字符串 s 的前缀转换为 long 类型，并在转换时跳过 s 的前导空白符。除非 endp 为 NULL，否则该函数将把指向 s 中未转换部分（s 的后缀部分）的指针保存在 * endp 中。如果 base 的取值在 2 ~ 36 之间，则假定输入时以该数为基地的；如果 base 的值为 0，则基底为八进制、十进制或十六进制。以 0 为前缀的是八进制，以 0x 或 0X 为前缀的是十六进制。无论在哪种情况下，字母均表示 10 ~ base - 1 之间的数字。如果 base 值是 16，则可以加前导 0x 或 0X。如果结果上溢，则函数根据结果的符号返回 LONG_MAX 或 LONG_MIN，同时将 errno 的值设置为 ERANGE。

6）unsigned long strtoul（const char * s，char * * endp，int base）。

功能与 strtol 函数相同，但其结果为 unsigned long 类型，错误值为 ULONG_MAX。

7）int rand（void）。

产生一个 0 ~ RAND_MAX 之间的伪随机整数。RAND_MAX 的取值至少为 32767。

8）void srand（unsigned int seed）。

将 seed 作为生成新的伪随机数序列的种子。种子数 seed 的初值为 1。

9）void * calloc（size_t nobj，size_t size）。

为由 nobj 个长度为 size 的对象组成的数组分配内存，并返回指向分配区域的指针；若无法满足要求，则返回 NULL。该空间的初始长度为 0 字节。

10）void * malloc（size_t size）。

为长度为 size 的对象分配内存，并返回指向分配区域的指针；若无法满足要求，则返回 NULL。该函数不对分配的内存区域进行初始化。

11）void ＊realloc（void ＊p，size_t size）。

将 p 指向的对象的长度修改为 size 个字节。如果新分配的内存比原内存大，则原内存的内容保持不变，增加的空间不进行初始化。如果新分配的内存比原内存小，则新分配内存单元不被初始化。realloc 函数返回指向新分配空间的指针；若无法满足要求，则返回 NULL，在这种情况下，原指针 p 指向的单元内容保持不变。

12）void free（void ＊p）。

释放 p 指向的内存空间。当 p 的值为 NULL 时，该函数不执行任何操作。p 必须指向先前使用动态分配函数 malloc、realloc 或 calloc 分配的空间。

13）void abort（void）。

使程序非正常终止。其功能与 raise（SIGABRT）类似。

14）void exit（int status）。

使程序正常终止。atexit 函数的调用顺序与登记的顺序相反，这种情况下，所有已打开的文件缓冲区将被清洗，所有已打开的流将被关闭，控制也将返回给环境。status 的值如何返回各环境要视具体的实现而定，但 0 值表示终止成功。也可能是用值 EXIT_SUCCESS 和 EXIT_FAILURE 作为返回值。

15）int atexit（void（＊fcn）（void））。

登记函数 fcn，该函数将在程序正常终止时被调用。如果登记失败，则返回非 0 值。

16）int system（const char ＊s）。

将字符串 s 传递给执行环境。如果 s 的值为 NULL，并且有命令处理程序，则这个函数返回非 0 值。如果 s 的值不是 NULL，则返回值与具体的实现有关。

17）char ＊getenv（const char ＊name）。

返回与 name 有关的环境字符串。如果该字符串不存在，则返回 NULL。其细节与具体的实现有关。

18）void＊bsearch（const void key，const void＊ base，size_t n，size_t size，int（＊cmp）（const void ＊，const void ＊））。

在 base[0] …base[n－1] 之间查找与＊key 匹配的项。在函数 cmp 中，如果第一个参数（查找关键字）小于第二个参数（表项），它必须返回一个负值；如果第一个参数等于第二个参数，它必须返回 0；如果第一个参数大于第二个参数，它必须返回一个正值。数组 base 中的项必须按升序排列。bsearch 函数返回一个指针，它指向一个匹配项，如果不存在匹配项，则返回 NULL。

19）void qsort（void＊ base，size_t n，size_t size，int（＊cmp）（const void ，const void ＊））。

对 base[0] …base[n－1] 数组中的对象进行升序排列，数组中每一个对象的长度为 size。比较函数 cmp 与 bsearch 函数中的描述相同。

20）int abs（int n）。

返回 int 类型参数 n 的绝对值。

21）long labs（long n）。

返回 long 类型参数 n 的绝对值。

22）div_t div（int num，int denom）。

计算 num/denom 的商和余数，并把结果分别保存在结构类型 div_t 的两个 int 类型的成员 quot 和 rem 中。

23）ldiv_t ldiv（long num，long denom）。

计算 num/denom 的商和余数，并把结果分别保存在结构类型 ldiv_t 的两个 long 类型的成员 quot 和 rem 中。

（8）错误处理函数。

当发生错误或到达文件末尾时，标准库中的许多函数都会设置状态指示符。这些状态指示符可被显示地设置和测试。另外，整型表达式 errno（在 <errno. h> 中声明）可能包含一个错误编号，据此可以进一步了解最近一次出错的信息。

1） void clearerr（FILE ＊stream）。

清除与流 stream 相关的文件结束符和错误指示符。

2） int feof（IFLE ＊stream）。

如果设置了与 stream 流相关的文件结束指示符，feof 函数将返回一个非 0 值。

3） void ferror（FILE ＊stream）。

如果设置了与 stream 流相关的错误指示符，ferror 函数将返回一个非 0 值。

4） void perror（const char ＊s）。

perror（s）函数打印字符串 s 以及与 errno 中整型值相应的错误信息，错误信息的具体内容与具体的实现相关。该函数的功能类似于执行下列语句：

fprintf（stderr，"%s:%s\n"，s，"error message"）

2．字符类别测试：<ctype. h>

头文件 <ctypte. h> 中声明了一些测试字符的函数。每个函数的参数均为 int 类型，参数的值必须是 EOF 或可用 unsigned char 类型表示的字符，函数的返回值为 int 类型。如果参数 c 满足指定的条件，则函数返回非 0 值（表示真），否则返回 0（表示假）。这些函数包括：

isalnum（c）	函数 isalpha（c）或 isadigit（c）为真
isalpha（c）	函数 isupper（c）或 islower（c）为真
iscntrl（c）	c 为控制字符
isdigit（c）	c 为十进制数字
isgraph（c）	c 为除空格的可打印字符
islower（c）	c 是小写字母
isprint（c）	c 是包括空格的可打印字符
ispunct（c）	c 是除空格、字母和数字外的可打印字符

isspace（c） c 是空格、换页符、换行符、回车符、横向制表符或纵向制表符
isupper（c） c 是大写字母
isxdigit（c） c 是十六进制数字

在 7 位 ASCII 字符集中，可打印字符是 0x20（' '）到 0x7E（'-'）之间的字符；控制字符是从 0（NULL）到 0x1F（US）之间的字符以及字符 0x7F（DEL）。

int tolower（int c） 将 c 转换为小写字母
int toupper（int c） 将 c 转换为大写字母

如果 c 是大写字母，则 tolower（c）返回相应的小写字母，否则返回 c。如果 c 是小写字母，则 toupper（c）返回相应的大写字母，否则返回 c。

3．字符串处理：<string. h>

头文件 <string. h> 中定义了两组字符串函数。第一组函数的名字以 str 开头；第二组函数的名字以 mem 开头。除函数 memmove 外，其他函数都没有定义重叠对象间的复制行为。比较函数将把参数作为 unsigned char 类型的数组看待。

在下列函数中，变量 s 和 t 的类型为 char *；cs 和 ct 的类型为 const char *；n 的类型为 size_t；c 的类型为 int（将被转换为 char 类型）。

（1）char *strcpy（s，ct） 将字符串 ct（包括'\0'）复制到字符串 s 中，并返回 s。

（2）char *strncpy（s，ct，n） 将字符串 ct 中最多 n 个字符复制到字符串 s 中，并返回 s。如果 ct 中少于 n 个字符，则用'\0'填充。

（3）char *strcat（s，ct） 将字符串 ct 连接到 s 的尾部，并返回 s。

（4）char *strncat（s，ct，n） 将字符串 ct 中最多 n 个字符连接到字符串 s 的尾部，并以'\0'结束；该函数返回 s。

（5）int strcmp（cs，ct） 比较字符串 cs 和 ct；当 cs < ct 时，返回一个负数；当 cs = = ct 时，返回 0；当 cs > ct 时，返回 0。

（6）int strncmp（cs，ct，n） 将比较字符串 cs 中至多前 n 个字符与字符串 ct 相比较。当 cs < ct 时，返回一个负数；当 cs = = ct 时，返回 0；当 cs > ct 时，返回 0。

（7）char *strchr（cs，c） 返回指向字符 c 在字符串 cs 中第一次出现的位置的指针；如果 cs 中不包含 c，则该函数返回 NULL。

（8）char *strrchr（cs，c） 返回指向字符 c 在字符串 cs 中最后一次出现的位置的指针；如果 cs 中不包含 c，则该函数返回 NULL。

（9）size_t strspn（cs，ct） 返回字符串 cs 中包含 ct 中的字符的前缀的长度。

（10）size_t strcspn（cs，ct） 返回字符串 cs 中不包含 ct 中的字符的前缀的长度。

（11）char *strpbrk（cs，ct） 返回一个指针，它指向字符串 ct 中的任意字符第一

次出现在字符串 cs 中的位置；如果 cs 中没有与 ct 相同的字符，则返回 NULL。

（12）char *strstr（cs，ct） 返回一个指针，它指向字符串 ct 第一次出现在字符串 cs 中的位置；如果 cs 中不包含字符串 ct，则返回 NULL。

（13）size_t strlen（cs） 返回字符串 cs 的长度。

（14）char *strerror（n） 返回一个指针，它指向与错误编号 n 对应的错误信息字符串（错误信息的具体内容与具体实现相关）。

（15）char *strtok（s，ct） strtok 函数在 s 中搜索由 ct 中的字符界定的记号。

对 strtok（s，ct）进行一系列调用，可以把字符串 s 分成许多记号，这些记号以 ct 中的字符为分界符。第一次调用时，s 为非空。它搜索 s，找到不包含 ct 中字符的第一个记号，将 s 中的下一个字符替换为'\0'，并返回指向记号的指针。随后，每次调用 strtok 函数时（由 s 的值是否为 NULL 指示），均返回下一个不包含 ct 中字符的记号。当 s 中没有这样的记号时，返回 NULL。每次调用时字符串 ct 可以不同。

以 mem 开头的函数按照字符数组的方式操作对象，其主要目的是提供一个高效的函数接口。在下表列出的函数 中，s 和 t 的类型均为 void *，cs 和 ct 的类型均为 const void *，n 的类型为 size_t，c 的类型均为 int（将被转换为 unsigned char 类型）。

（16）void *memcpy（s，ct，n） 将字符串 ct 中的 n 个字符拷贝到 s 中，并返回 s。

（17）void *memmove（s，ct，n） 该函数的功能与 memcpy 相似，所不同是，当对象重叠时，该函数仍能正确执行。

（18）int memcmp（cs，ct，n） 将 cs 的前 n 个字符与 ct 进行比较，其返回值与 strcmp 的返回值相同。

（19）void *memchar（cs，c，n） 返回一个指针，它指向 c 在 cs 中第一次出现的位置。如果在 cs 的前 n 个字符中找不到匹配，则返回 NULL。

（20）void *memset（s，c，n） 将 s 中的前 n 个字符替换为 c，并返回 s。

4. 数学运算：<math.h>。

头文件<math.h>中声明了一些数学函数和宏。

宏 EDOM 和 ERANGE（在头文件<error.h>中声明）是两个非 0 整型常量，用于指示函数的定义域错误和值域错误；HUGE_VAL 是一个 double 类型的正数。当参数位于函数定义的作用域之外时，就会出现定义域错误。在发生定义域错误时，全局变量 errno 的值将被设置为 EDOM，函数的返回值与具体实现相关。如果函数的结果不能用 double 类型表示，则会发生值域错误。当结果上溢时，函数返回 HUGE_VAL，并带有正确的正负号，errno 的值将被设置为 ERANGE。当结果下溢时，函数返回 0，而 errno 是否设置为 ERANGE 要视具体的实现而定。

在下列函数中，x 和 y 的类型为 double，n 的类型为 int，所有函数的返回值的类型均为 double。三角函数的角度用弧度表示。

（1）sin（x） x 的正弦值

(2) cos (x)　　x 的余弦值

(3) tan (x)　　x 的正切值

(4) asin (x)　　sin－1 (x) 值域为[－π/2, π/2], 其中 x∈[－1, 1]

(5) acos (x)　　cos－1 (x) 值域为[0, π], 其中 x∈[－1, 1]

(6) atan (x)　　tan－1 (x) 值域为[－π/2, π/2]

(7) atan2 (y, x)　　tan－1 (y/x) 值域为[－π, π]

(8) sinh (x)　　x 的双曲正弦值

(9) cosh (x)　　x 的双曲余弦值

(10) tanh (x)　　x 的双曲正切值

(11) exp (x)　　幂函数 e

(12) log (x)　　自然对数 ln (x), 其中 x〉0

(13) log10 (x)　　以 10 为底的对数 log10 (x), 其中 x〉0

(14) pow (x, y)　　x 的 y 次方, 如果 x＝0 且 y〈＝0, 或者 x〈0 且 y 不是整数, 将产生定义域错误

(15) sqrt (x)　　x 的平方根, 其中 x〉＝0

(16) ceil (x)　　不小于 x 的最小整数, 其中 x 的类型为 double

(17) floor (x)　　不大于 x 的最大整数, 其中 x 的类型为 double

(18) fabs (x)　　x 的绝对值|x|

(19) ldexp (x, n)　　计算 x＊ (2 的 n 方) 的值

(20) frexp (x, int ＊exp)　　把 x 分成一个在[1/2, 1] 区间内的真分数和一个 2 的幂数。结果将返回真分数部分, 并将幂数保存在＊exp 中。如果 x 为 0, 则这两部分均为 0

(21) modf (x, double ＊ip) 把 x 分成整数和小数两部分, 两部分的正负号均与 x 相同。该函数返回小数部分, 整数部分保存在＊ip 中

(22) fmod (x, y)　　求 x/y 的浮点余数, 符号与 x 相同。如果 y 为 0, 则结果与具体的实现相关

5. 诊断: <assert. h>

assert 宏用于为程序增加诊断功能。其形式如下:

void assert (int 表达式)

如果执行语句

assert (表达式)

时, 表达式的值为 0, 则 assert 宏将在 stderr 中打印一条消息, 比如:

Assertion failed: 表达式: 表达式, file 源文件名, line 行号

打印消息后, 该宏将调用 abort 终止程序的执行。其中的源文件名和行号来自预处理器宏__FILE__及__LINE__。

如果定义了宏 NDEBUG，同时又包含了头文件 <assert. h>，则 assert 宏将被忽略。

6. 日期与时间函数：<time. h>

头文件 <time. h> 中声明了一些处理日期与时间的类型和函数。其中的一些函数用于处理当地时间，因为时区等原因，当地时间与日历时间可能不同。clock_t 和 time_t 是两个表示时间的算术类型，struct tm 用于保存日历时间的各个构成部分。结构 tm 中各成员的用途及取值范围如下所示：

int tm_sec；	从当前分钟开始经过的秒数（0，61）
int tm_min；	从当前小时开始经过的分钟数（0，59）
int tm_hour；	从午夜开始经过的小时数（0，23）
int tm_mday；	当月的天数（1，31）
int tm_mon；	从 1 月起经过的月数（0，11）
int tm_year；	从 1990 年起经过的年数
int tm_wday；	从星期天起经过的天数（0，6）
int tm_yday；	从 1 月 1 日起经过的天数（0，365）
int tm_isdst；	夏令时标记

使用夏令时时，tm_isdst 的值为正，否则为 0。如果该信息无效，则其值为负。

（1）clock_t clock（void）。

返回程序开始执行后占用的处理器时间。如果无法获得处理器时间，则返回值为 -1clock（）/CLOCKS_PER_SEC 是以秒为单位表示的时间。

（2）time_t time（time_t *tp）。

返回当前日历时间。如果无法获取日历时间，则返回值为 -1。如果 tp 不是 NULL，则同时将返回值赋给 *tp。

（3）double difftime（time_t time2，time_t time1）。

返回 time2 - time1 的值（以秒为单位）。

（4）time_t mktime（struct tm *tp）。

将结构 *tp 中的当地时间转换为与 time 表示方式相同的日历时间。结构中各成员的值位于上面所示范围之内。mktime 函数返回转换后得到的日历时间；如果该时间不能表示，则返回 -1。

下面 4 个函数返回指向可被其他调用覆盖的静态对象的指针。

（5）char *asctime（const struct tm *tp）。

将结构 *tp 中的时间转换为下列所示的字符串形式：

Sun Jan 3 15：14：13 1988 \n \0

（6）char *ctime（const time_t *tp）。

将结构 *tp 中的日历时间转换为当地时间。它等价于下列函数调用：

asctime (localtime (tp))

(7) struct tm *gmtime (const time_t *tp)。

将*tp 中的日历时间转换为协调世界时 (UTC)。如果无法获得 UTC,则该函数返回 NULL。函数名字 gmtime 有一定的历史意义。

(8) struct tm *localtime (const time_t *tp)。

将结构*tp 中的日历时间转换为当地时间。

(9) size_t strftime (char *s, size_t smax, const char *fmt, const struct tm *tp)。

根据 fmt 中的格式把结构*tp 中的日期与时间信息转换为指定的格式,并存储到 s 中,其中 fmt 类似于 printf 函数中的格式说明。普通字符(包括终结符'\0')将复制到 s 中。每个%c 将按照下面描述的格式替换为与本地环境相适应的值。最多 smax 个字符写到 s 中。strftime 函数返回实际写到 s 中的字符数(不包含字符'\0');如果字符数多于 smax,该函数将返回值 0。

fmt 的转换说明及其含义如下所示:

%a	一星期中各天的缩写名
%A	一星期中各天的全名
%b	缩写的月份名
%B	月份的全名
%c	当地时间和日期表示
%d	一个月中的某一天(01~31)
%H	小时(24 小时表示)(00~23)
%I	小时(12 小时表示)(01~12)
%j	一年中的各天(001~366)
%m	月份(01~12)
%M	分钟(00~59)
%p	与 AM 与 PM 相应的当地时间等价表示方法
%S	秒(00~61)
%U	一年中的星期序号(00~53,将星期日看作是每周的第一天)
%w	一周中的各天(0~6,星期日为 0)
%W	一年中的星期序号(00~53,将星期一看作是每周的第一天)
%x	当地日期表示
%X	当地时间表示
%y	不带世纪数目的年份(00~99)
%Y	带世纪数目的年份
%Z	时区名(如果有的话)
%%	%本身

五、Keil C51 编译器扩展的关键字

关键字	类型	作　用
bit	位标量声明	声明一个位标量或位类型的函数
sbit	位变量地址定义	定义一个可位寻址变量的地址
sfr	特殊功能寄存器地址定义	定义一个特殊功能寄存器（8 位）的地址
Sfr16	16 位特殊功能寄存器地址定义	定义一个 16 位的特殊功能寄存器的地址
data	存储器类型说明	直接寻址的 8051 单片机内部数据存储器
bdata	存储器类型说明	可位寻址的 8051 单片机内部数据存储器
idata	存储器类型说明	间接寻址的 8051 单片机内部数据存储器
pdata	存储器类型说明	“分页”寻址的 8051 单片机片外数据存储器（或者说扩展存储器）
xdata	存储器类型说明	8051 单片机的外部数据存储器（或扩展存储器）
code	存储器类型说明	8051 单片机程序存储器
interrupt	中断函数声明	定义一个中断函数
reetrant	再入函数声明	定义一个再入函数
using	寄存器组定义	定义 8051 单片机的工作寄存器组